墨人著

本全集保留作者手批手稿

墨人博士作品全集【全60冊】

第五十一冊　墨人自選集2

文史哲出版社印行

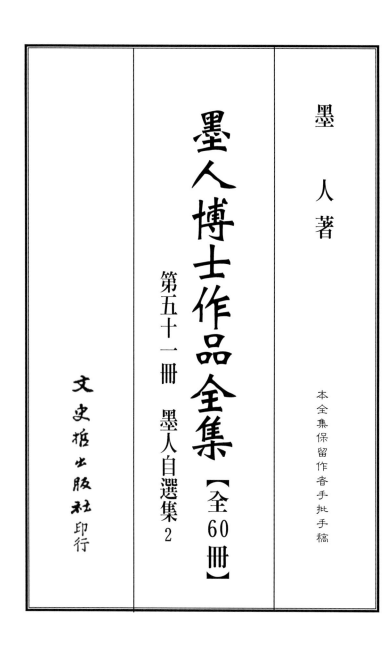

下冊

花嫁

草長鶯飛，柳絮撲面，桃花笑臉迎人。我帶着風箏，春桃帶着鞋面，我們共騎一條大水牛，來到長堤外面的揚子江邊。

河灘的草嫩綠得彷彿一張大絨毯，吃乾稻草過冬的牛，本來瘦成皮包骨，青草一長，又吃得肉厚膘肥。本來河灘的草已經是大好的美味，可是地裏的麥有三尺多高，更肥更美，大笨牛的嘴也饞，常常會溜到麥地裏大吃一頓，肚皮漲得像關帝廟裏的大鼓，這不但糟蹋青苗，牛也會脹死，因此春桃一個大姑娘，還得出來看顧牠。她家裏沒有請放牛孩子，她是最小的女兒，所以這份工作就落在她的頭上。

我是無事忙，先生生病以後，我就忙着吃，忙着玩，現在又忙着放風箏。書早就還給先生了，只記得「青草地，放風箏」這兩句。

風是柔軟的風，吹在臉上像春桃的手輕輕地撫摸。可是我的風箏就是放不起來，縱然升上一兩丈高，又會像斷頭雞樣打着轉轉栽下來。我很生氣，但是不明白是甚麼道理？因爲我並沒有看見別人放的風箏，只是看見書上的圖畫，便自作聰明地做了起來，事實上大人都忙，誰也不肯給我做這玩藝兒，我還是瞞着自己的父母溜出來放的。

春桃看我氣得想哭，便同情地說：

「兄弟，我看你是白費了心血，你一定沒有懂得訣竅？」

「春桃姐，妳懂不懂毛病出在那裏？」我問她。

「嗨！」春桃悵然一笑：「我只學針線，沒有學玩，這種雅事兒我怎麼會？」

「妳針線做得這麼好，怎麼這也不會？」我指指她手中的鞋面，針線比螞蟻排隊還細密整齊，我有點不相信她的話。

「俗語說隔行如隔山，」她向我一笑：「你會寫蒼蠅大的小字，怎麼也做不好？」

我做的風箏是八角形，用棉紙糊的，我看不出有甚麼不對，我要她看看，她把風箏檢起來，看了一會，也想不出是甚麼道理，但她爲了安慰我，替我拿着風箏帮我放，我跑出兩三丈遠，等到一陣風吹來，她連忙把風箏向上一拋，我連忙扯線，一扯一抖，風箏居然爬到四五丈高，我們兩人高興得大笑大叫；但風一弱，它又打着轉轉一筋斗栽下來。她嗨了一聲，嘆了一口氣。我氣得跑過去想一脚把風箏踏爛，她隨手把我一拉，摟在懷裏，輕輕地對我說：

「兄弟，你眞是人小脾氣大，你想你費了多少心血？一脚踏掉多可惜！」

她這一說我眞有點心疼起來，風箏是躲在茅房裏做的，費了多少手脚，痲繩是母親打鞋底的，我偷來放風箏她還不知道，日後一旦發現，一頓掃帚屁股是少不了的。

「春桃姐，妳看該怎麼辦？」我仰起頭來問她。

「不要像猴兒上樹那麼急，」她摸摸我的頭一笑：「關帝廟也不是一天做成的，我們慢慢想個法子。」

她檢起風箏，看了一會，又用她那細長的手指敲敲腦袋，思索了一會，無可奈何地對我一笑：

「兄弟，我們再試一次。」

於是我們又像先前一樣放了一次，又同樣地失敗，我們兩人正垂頭喪氣時，一位穿綠緞長夾袍的年輕書生走近我們，他看來有十八九歲的樣子。

江邊剛過來一隻渡船，事先我們沒有注意，他大概是搭這隻渡船過來的。

「小兄弟，你不上學，倒躲到江邊放風箏？」他向我搭訕地說。

「先生有病。」我說。

他望了春桃一眼，春桃紅着臉把頭一低。

他又檢起我的風箏看看，向我們一笑：

「你的風箏沒有尾巴，難怪在空中打轉轉，放不起來。」

春桃驚奇地看了他一眼，他乘機對她說：

「大姐，妳找根草繩子吊在下面都行，這樣它就不會打轉了。」

「我那裏去找草繩？」春桃望了周圍一眼，周圍是一片密密的青草，沒有別的東西，她望着他搖頭一笑，又把頭微微一低。

他望着她烏黑的大辮子，靈機一動，打趣地說：

「如果妳把妳這條大辮子剪下來，那就更好。」

「你讀書人怎麼這樣講話？」春桃立刻白他一眼。

「大姐不要生氣，我這邊有禮。」他抱拳向春桃微微一揖：「要想風箏上天，妳總得想個法子？」

「多謝你先生的好意，我們回去再想法子。」春桃向他微微一笑。

「這倒也有道理。」他望了春桃一眼，笑着走開。

「這人好生面善，莫不是賽西施的兄弟？」春桃望了他的背影一眼，輕輕地對我說。

我不認識他，聽春桃這樣說，我馬上大聲地問他：

「喂，你先生可是賽西施的兄弟？」

他馬上回頭笑着問我：

「小兄弟，你怎麼知道？」

「是春桃姐講的。」我指指春桃說。

春桃拉拉我的衣袖，不要我講，可是我話已出口，他又笑着走了回來。

「不錯，春香是我姐姐，」他邊走邊說，望着我們兩人問：「小兄弟貴姓？大姐貴姓？」

「三横王。」我搶着回答。

「啊，原來兩位是這裏的大戶大姓。」

「沒有甚麼，小門小姓。」春桃客氣地說。

「大姐何必客氣，誰不知道這是王家洲？」他爽朗地一笑：「妳認識我姐姐？」

「我們王家洲的人誰不認識賽西施？」春桃一笑。

「大姐，妳過獎了，妳才是賽西施呢。」他哈哈一笑，又仔細看了春桃一眼。

春桃被他看得臉一紅，可是樣子蠻高興。嘴裏卻嬌嗔地說：

「李家舅爺，你怎麼這樣看人？不怕眼睛生疔？」

「大姐妳眞會罵人！」

「是你自己討罵嘛！」她瞟了他一眼，噗哧一聲。

他索性在我身邊一坐，地上綠草如茵，他隨手把我一拉，我也跟着坐下，他又望望春桃：

「大姐妳不坐？」

春桃遲疑了一下，走開幾步，才歪着身子坐下。

現在正是桃花泛的季節，春江水漲，大輪船已能在前河通航，江上輪船帆船來往如梭，岸上綠草如茵，柳絮撲面，他不禁感慨地說：

「貴處的風水眞好，難怪男俊女俏。」

我還不大懂他的話，春桃卻盈盈一笑說：

「我們王家洲的人不喜歡戴高帽子。」

「大姐，我講的是眞心話，決不是奉承。」他認眞地說。

「你對你姐姐姐夫講好了，我們可不敢當。」春桃笑着拿起鞋面邊做邊說。

她的牛已經溜到麥地裏，她說了一聲「該死！」連忙跑了過去，身子像風擺柳，大辮子兩邊甩，他望着她有點發呆。

「小兄弟，他是不是你姐姐？」他突然問我。

「叔伯房裏的，不是同胞姐姐。」

他哦了一聲。我忽然想起只知道他姓李，還沒有問他的名字，因此直統統地問他：

「你叫甚麼名字？」

「小字家駿。」他斯斯文文地回答。

「你很像你姐姐。」我打量他一陣說。

「一母所生，那會走樣？」他向我一笑，笑得更像。

「妳姐姐是王家洲最漂亮的新娘子。」我說。

「那位大姐才是個美人胎子。」他指指春桃說。

春桃已經抓住牛索，把牛牽出麥地，可是她就站在那裏牽着牛吃草，並不過來。他看了一笑，輕輕地對我說：

「小兄弟，大姑娘害臊，我還是先走。」

他一走，她就把牛牽了過來，往我身邊一坐，指着李家駿的背影輕輕地說：

「他的臉皮有城牆厚。兄弟，他剛才和你扯些甚麼？」

「他說妳是個美人胎子。」我說。

「兄弟，你信他胡說？」他笑着把我一摟：「男人的嘴都要長疔，專會奉承人，你長大了可不要學他？」

「我看他說的是眞心話？」

「天曉得他是眞心假意？」她臉上浮起兩朵紅雲，輕輕一笑。

「春桃姐，妳怎麼這樣不相信人家？」

「兄弟，男人的嘴甜如蜜，哄死了人不償命。」

「他爲甚麼要哄妳？」我奇怪地問。

「天曉得他安的甚麼心？」她嫣然一笑。

李家駿長袍飄飄，瀟瀟洒洒，很快地走到他姐姐家，春桃望了幾眼，又輕輕地對我說：

「兄弟，你長大了要是有他這個樣子，就不愁沒有女人喜愛。」

「春桃姐，妳也喜愛他？」

她滿面緋紅，垂着頭不敢看我，過後又緩緩抬起頭來，正色地說：

「兄弟，你怎麼胡扯起來？你小心我擰你的嘴。」

「春桃姐，我不過隨便說說，妳又何必認眞起來？」

她又把我摟在懷裏，在我耳邊輕輕地說：

「這種話可不能亂說，我也沒有說我喜愛他，妳怎麼亂猜？」

「我猜得不對？」

「當然不對，」她把頭一昂，又低下來看看我：「你又不是我肚子裏的蛔虫，怎麼知道我的心事？」

「春桃姐，如果我沒有猜對，妳怎麼臉紅？連頭也不敢抬？」我笑着問她。

「你人小鬼大，會爛心的！」她又臉一紅，在我腦壳上輕輕地戳了一下。

我望着她得意地笑了起來，同時用食指在臉上刮刮，她紅着臉揚起手想打我，我在草地上一滾，溜跑了。她爬起來追趕我，卻抓我不到，因爲她沒有我跑得快。她最後只好站住，望着我直跺脚。

第二天，我和春桃再來到堤上時，風箏的尾巴已經做好，果然一放就爬得很高，不再在空中打轉，我高興得雙脚直跳，春桃也很高興，但她笑着調侃我：

「你就是會想歪心思，你看人家的心思多巧？」

「春桃姐，我要是趕得上他，你就不會打我了。」

「貧嘴！」她笑着白了我一眼。

她罵我時我發現李家駿正向我們走來，春桃沒有發現，我不作聲，他走近時春桃想避開又不好意思，紅着臉和他打了一個招呼。

「小兄弟，你看我的法子對不對？」他笑着問我，又望望春桃。

我笑着點點頭，故意拉着風箏跑開，越跑越遠，把身子隱在一棵大樹後面。

他們的談話我聽不見，他們的舉動我看得清楚。

春桃低着頭雙手扭弄着大辮子，不時膽怯地向我這邊望望。她穿着黑短褂，黑長褲，從頭到脚一身黑。她比李家駿矮不了多少。

李家駿好像在找她說話，他湊過來一點，她連忙把身子移動一下，生怕李家駿粘住了她似的。

李家駿不時抬起頭來望望我放在天上的風箏，還故意指給她看看，她看了一眼又低下頭去。

李家駿向四周望望，看看沒有人，就坐了下來，裝作等船過渡的樣子。春桃低着頭，他抬起頭來正好從下面望着她，春桃嗤的一笑，把身子一扭，黃蜂般的細腰差點扭斷。

但是她並沒有走開，她不時抬頭望望天上的白雲，望望我的風箏，又向我這邊探望一下。

我不想久躲，又拉着風箏跑到他們身邊去。

「小鬼，你躲到那裏去了！」我走近春桃時她笑着向我一指。

「我廻避一下還不好？免得礙手礙脚。」我笑着回答。

李家駿聽了一笑，春桃卻指着我把嘴一嘟：

「小鬼，你那裏學來的一張油嘴？」

我望着她笑而不答，她又教訓起來：

「我看你呀簡直像放牛的野孩子，那裏像個讀書的學生？」

「春桃姐，妳這眞是兜着豆子沒有鍋炒，何必拿我出氣？我到底犯了甚麼忌？」

我這一問春桃竟紅着臉無話可說，李家駿卻笑了起來，她轉過身去嬌嗔地白了李家駿一眼，他更好笑。

春桃更窘，咬着下唇把辮子扭來扭去。

「春桃姐，妳今天的辮子梳得才好，扭散了多可惜？」我說。

「誰要你狗咬耗子，多管閑事？」她白了我一眼。

「唉！今天我眞起早了！」我故意自怨自嘆地說。「出門時娘在我腦殼上敲了兩下，妳又不給我一點好顏色。」

她聽了噗哧一笑，把我往懷裏一摟，她的大辮子在我頸上掃來掃去，我怕癢，禁不住笑了起來。她也忍不住笑了。

渡船划了過來，李家駿隨即站起，在屁股上拍拍，笑着對我說：

「小兄弟，我要回去了。」

「你甚麼時候再來？」我問。

他望了春桃一眼，春桃又把頭一低，他朗朗地說：

「你們兩姐弟如果不嫌棄，我會常常來。」

春桃望了他一眼，他一笑而去，嘴裏卻吟誦起來：

雲淡風輕近午天，傍花隨柳過前川。
時人不識余心樂，將謂偷閒學少年。
這首詩我自己雖然沒有唸過，却聽過先生和別的同學搖頭晃腦地唸，我覺得很有意思，他唸起來更有意思。
「嘻！自己又沒有七老八十，賣甚麼老。」春桃輕輕一笑。
李家駿上了渡船，他站在船頭向我們揮揮手中的紙扇，我也想揮手，可是我的手一抬恰和春桃擧起的手一碰，我回頭望望春桃，春桃的臉紅得像兩片桃花，結果我們兩人都沒有揮手。
「春桃姐，妳怎麼像喝醉了酒？」我笑着問她。
「小鬼，你總有許多話說！」她把我輕輕一推。
我望着渡船划着李家駿過去，她也望着渡船。
我把風箏繩上的樁子往地上一插，讓它在空中飄盪，不去管它。
春桃也開始做鞋子，我躺在她旁邊的草地上。我看她好像有點心不在焉，手中在做事，眼睛卻望着天上的白雲，終於一針刺上自己的指頭，她兩眉一皺，喲了一聲，手指上沁出一團血，她連忙放進嘴裏一吮，又拿出來揉揉，向我赧然一笑。
「春桃姐，你剛才想到那裏去了？」我笑着問她。
她的臉微微一紅，然後支吾地說：
「我看天上的雲，像羊、像船，……像……」
她說不下去，我接着說：

「像人。」

「不像。」她搖頭一笑。

「當然不像我，」我笑着說：「它只像一個人。」

她望着我兩眼翻了幾下，突然把手一揚，我連忙滾開，她指着我笑罵：

「小鬼，你要爛心！」

「春桃姐，妳不要瞞我，妳先前和李家駿講些甚麼私話？」我坐起來問她。

「我一句話也沒有講。」她搖搖頭。

「妳又不是啞吧，怎麼會不講話？」

「我不會把嘴閉起來？」

「閉着嘴那多難過！」

「講多了話會爛舌頭。」她暗暗罵我。

「春桃姐，就算妳不講話，李家駿總不會是啞吧？他講些甚麼？」

她望了我一眼，隨後在鼻子裏輕輕地哼了一聲說：

「你們書呆子，還不都是講些瘋話？」

「李家駿聰明得很，他才不瘋呢！」

「不瘋？」她望着我一笑：「才瘋得很哩！」

「春桃姐，他怎樣個瘋法？講了些甚麼瘋話？」

「你又不是包打聽，你問這麼多幹甚麼？」她兇了我一眼，但那樣子一點不兇，還格外可愛。

「妳不告訴我，放在肚子裏會爛腸子。」我說。

「小鬼，你死壞！」她用力向我一指，笑了起來。

「春桃姐，妳就只會駡我，」我不服氣地說：「李家駿既然講瘋話，妳爲甚麼不駡他？」

她的臉一紅，望着我不知道怎麼回答。

「人家是客人，怎麼好駡他？」過了一會她才這樣說。

「客人也不能講瘋話，要是我早糊他一身爛泥巴。」

她嗤的一笑，又指着我說：

「小鬼，我說你壞你就是眞壞！」

「我才不壞，我只是不願意受人欺侮，不像你，連頭都不敢抬！」

她滿臉通紅，趕過來想打我，我又一溜煙跑掉，她不再追趕，只是伸長手，指著我駡：

「小鬼，你眞要爛心！你躲在甚麼地方偷看？」

「我有千里眼，還有順風耳，」我故意逗她：「妳和李家駿講的話，我也句句聽到，妳別想瞞我。」

她的臉色一白，過後又向我招招手，和顏悅色地說：

「兄弟，你過來，我有話和你講。」

「妳會打我，我才不上妳的當。」我故意走開。

「好兄弟，妳過來嘛！姐姐打你就是這個！」她翹起尖長的小指，尖得簡直像毛筆。

我知道小指代表小人，大指代表君子，這是我們的共同標誌。他既然不願做小人，我就放心地走了過去。

「好兄弟，你一個人聽到了不要緊，」她雙手扶着我的肩膀說：「可千萬不要傳出去？」

「春桃姐，那妳怎麼感激我？」

她翻翻那對黑亮的眼睛，又低頭向我一笑：

「我煮幾個糖心蛋給你吃好不好？」

我笑着點點頭，她家裏的鷄大，蛋大，她又很會弄菜，糖心蛋煮得不嫩不老，平時我吃不到，只有受了先生或父母的處罰，不准我吃飯時，她才會偷偷地煮兩個糖心蛋給我吃。今天是她做賊心虛，曲意籠絡我，其實她講些甚麼？我一句也沒有聽見。

第二天先生病好了，我又關進鐵籠子，整天不得出來。李家駿和春桃是否再會過面，我不知道。直到端午節，有幾天假，我才能野一下。就在端午節這天上午，我發現了一件大事。

我到河堤上去找春桃時，發現李家駿和春桃正在堤下談話，我連忙隱身在一棵大楊樹後面。他們談了幾句，李家駿便從口袋裏摸出一個小紙包，拿出一對綠耳墜子，抖了兩下，雙手送給春桃，春桃起先推辭了兩次，過後又笑着收下。李家駿一把握住她的手，她身子扭了兩下，隨卽低着頭讓他握着，過後又像受驚的小鹿一樣跳開，兩眼注視李家駿，李家駿也盯着看了她一會，然後笑着走了。

李家駿走遠後，她拿起綠耳墜子看了一會，還放在耳珠上比比，然後雙手覆在胸前，望着藍天微笑。

過了一會，她才小心地把耳墜子包好，往懷裏一塞，又謹愼地按按摸摸，高興得輕輕地唱了起來。

在她高興得有點忘形的時候，我走了出來，她沒有注意我，直到我叫她時才帶着驚奇的眼光看着我：

「怎麼，你逃學了？」

「春桃姐，妳怎麼過糊塗了？今天是端午節呀！」我說。

「哦！對了！」她笑着點點頭：「下午還要賽龍船哪，我帶你看白娘娘和許仙。」

「春桃姐，李家駿也是來看龍船的嗎？」

「你怎麼知道他來了？」她臉色一變，怔怔地望着我。

「我親眼看見的嘛！」

「你在甚麼地方看見他的？」她歪着頭注視我。

「在那邊，」我用手一指，李家駿已經快走到他姐姐門口：「春桃姐，妳看見他沒有？」

他望了我一眼，速忙搖搖頭。

我不禁一笑，她看見有點蹊蹺，扶着我的肩膀輕輕地問：

「兄弟，你是不是檢到了發財票？」

「王家洲都是土財主，金銀財寶都埋在地下，我怎麼檢得到發財票？」

「那你爲甚麼發笑？」

我望着她不作聲，我看見她的臉在慢慢發紅，紅得像搽了一層胭脂。我越是盯着她看，她的臉紅得越厲害，她幾乎是求饒地說：

「兄弟，不要這樣看我，看得我有點心慌。」

「春桃姐，妳懷裏是甚麼東西？」我笑着指指她胸前一個小包。

「兄弟，你越來越邪了！」她臉色一整，故意白我一眼：「每一個女人長大了，胸前都會生兩個大疱，你怎麼別的地方不看單看這個地方？」

我看她那副假正經的樣子忍不住大笑起來，笑得肚子作痛，不能不彎着腰。我再抬起頭來，她有點心慌意亂，不敢正眼看我。

「春桃姐，妳和我講了半天假話，那又何必？」

「兄弟，你又看見了？」她顫着聲音問我，幾乎要哭。

我點點頭。她懇求地說：

「兄弟，你千萬不能講出去呀！」

「春桃姐，妳放一百二十個心，我決不會講出去。不過，妳怎麼能接他的東西呢？妳有了婆家呀？」

她一把摟着我哭泣起來，邊哭邊說：

「兄弟，本來我不敢接的，但是我好像喝了迷魂湯，我又接下了。」

「那妳怎麼辦？」

「兄弟，我眞不知道該怎麼辦？」她望着我求助地說。

「春桃姐，妳說實話，妳喜不喜歡他？」

她望我一會，紅着臉點點頭。

「我們應該想個法子才好？」我說。

「兄弟，你讀了書，開了竅，替我想想法子好不好？」她好像抓住救星似地抓住我說。

「春桃姐，不要急，我們慢慢想，說不定天上會掉下星來？」

她抹抹眼淚一笑。

可是我想了幾個月還沒有想出一個辦法來，她連提也不敢提，直到臘月她婆家送了日子來，她悄悄地拖着我哭着說：

「兄弟，怎麼辦哪？你看到底怎麼辦哪？眞的急死人了！」

我看她急得像熱鍋上的螞蟻，便硬着頭皮告訴了母親，希望她想個法子，把春桃姐的婚事退掉，好讓李家托媒人來說親。母親聽了我的話臉色一變，教訓我說：

「你瘋了！書不好好地讀，管這種閒事？劉家的孩子又不聾、不啞、不瞎，怎麼可以退婚？王家大門大姓，王家的女兒還作興退婚的？」

「劉家老大是捋牛尾巴的，配春桃姐不上，只有李家舅爺才配！」我斗着膽子說。

「快別胡說了！」母親搖頭擺手：「你爹要是知道你和春桃搞出這種鬼事，他會剝你的皮！」

原先我以爲我置身事外，膽子還壯些，母親這一說，才知道我自己也脫離不了干係，父親發起脾氣來像打雷，即使不用刀子剝我的皮，他的鞭子也會抽掉我一身皮，我便不敢再吭氣。

春桃姐知道這種情形後，整天以淚洗面，她還是不敢吐露半個字。我母親也守口如瓶，把我的話爛在她自己的心裏。

春桃出嫁的頭一天，她交了一雙男人的鞋子給我，這雙鞋是上等直貢呢的料子，做得特別精細，雪白的鞋底是用細蔴繩打的，針脚比螞蟻還細得多，線路筆直，像用墨線彈過，底又打得特別結實，這雙鞋子眞不知道化了她多少心血？

「兄弟，請你把這雙鞋子轉給他，我是一針一淚。」春桃哭着說：「你就說我這一輩子也不會忘記，今生今世不能結成連理，但願給作一對來世的夫妻！」

「春桃姐，我很對不起妳，我沒有替妳想出個法子。」我看她哭得傷心，更感到抱歉。

「兄弟，我不怪你，你只有這麼一點大。你自己也趁早多燒點香，免得將來痛斷肝腸。」她抹抹眼淚，悄悄地從後門溜走。

第二天清早，她家大門口就貼了紅紙對聯，喜氣洋洋，她卻從清早就哭起，不飲不食。劉家花轎一到，她哭得更傷心，我擠到她的床邊，她拉着我的手號啕：

「兄弟呀！兄弟……」

我被她哭得鼻酸心傷，也陪着她落淚。

她大哥抱她上轎時，她拉着我的手不放，兩脚亂蹬，不肯上去，哭得上氣不接下氣，兩隻眼睛腫得像兩隻大紅桃，伴娘替她搽的胭脂水粉，像大雨沖洗的新石灰牆壁。

看熱鬧的人除了我以外，沒有誰知道她的心事，沒有誰瞭解她爲甚麼這麼痛哭？

花轎把她抬走之後，女人們嘖嘖地說：

「嗨！春桃眞會哭嫁！連叔伯兄弟也捨不得。」

「好哇，越哭越發！」她母親也含淚微笑：「明年再請大家吃紅蛋。」

龍虎門

一

落日的餘暉照着西子灣的海水血一般的殷紅。

黑虎幫的老大胡群，率領着十五個弟兄，殺氣騰騰地來到西子灣。他的齊耳的棕紅的頭髮，和細在牛仔褲腰裏的火紅的背心，經落日的餘暉一照耀，更鮮紅如血。

他看看沙灘上闃無一人，心裏不免有點奇怪，約好了六點鐘在這裏決鬥，蛙人怎麼一個也沒有來？他望望沙灘上那幾堆黑色的礁石，忽然靈機一動，把武士刀向那堆礁石一指，對站在自己身邊的那群弟兄命令地說：

「去幾個人到那邊看看！」

馬上有五六個手握武士刀、鐵棍之類的武器的年輕人，向那堆礁石包圍過去，他們很小心地搜索前進，把那些礁石搜索遍了，却毫無所獲地走了回來。

「怎麼？一個也沒有來？」胡群大聲地威嚴地問那幾個年輕人。

「一個鬼影子都沒有。」

胡群把武士刀往沙灘上用力一插，掏出一枝新樂園來往嘴裏一塞，旁邊一個穿花香港衫的黑瘦青年馬上吭嚓一聲，把點燃的打火機遞到他的嘴邊，他用力吸了一口，吐出一道道烟圈，一個套着一個，臉上露出一絲輕蔑的笑容。

「老鼠怕見貓，我諒他們也不敢來！」一個拿着四五尺長的粗鐵棍的青年趾高氣揚地說。同時把鐵棍向沙上一擣，鐵棍插下去了三四寸，穩穩地立在沙灘上。

「假如他們有種來，我會把他們砍成肉醬！」另一個粗壯的青年人把武士刀用力一揮。

「如果他們今天不敢來，我們明天再找上門去！」一個赤膊、胸膛上刺着一隻老虎的青年說：「老二那口氣不能不出！」

「當然要出！他們敢在太歲頭上動土，我們不殺掉他幾個還想守住這個碼頭？」馬上有人附和。

「我眞想吃幾塊蛙肉！」一個馬臉的青年說。

他們你一句，我一句，七嘴八舌，耀武揚威。老大胡群却從牛仔褲的口袋裏掏出一張信紙，嘴裏刁着香煙，歪着頭看：

黑虎幫的老大：

你們的戰書收到了，我們接受你們的挑戰。你們有多大的本領儘管使出來。明天西子灣見！

蛙人謹覆

「眞他媽的鐵嘴豆腐脚！」老大胡群輕蔑地一笑，用手指輕輕一彈，那張信紙便飄落下去。另一個青年伸手一抄，抓在手中，看了兩眼便三把兩把撕成粉碎，往沙灘上一扔，同時吐口痰：「愛叫的麻雀沒有四兩肉，呸！去你媽的！」

其餘的人哈哈一笑。

老大胡群沒有跟着他們笑，他吸了一口烟，慢慢地吐出來，想着這幾天來和蛙人結樑子的事。

上星期六，他帶着手下幾個人和老二劉紀明在國際看完了晚上最後一場電影，散場時人很擁擠，老二的鞋子被人踩了一脚，老二火起，一拳打了過去。想不到那人有眼不識泰山，居然還手？於是老二和幾位弟兄便圍着那人拳脚交加，想不到那人很有幾手，沒有被他們打倒，他自己剛拔出小刀準備刺下去時，警察趕了過來，他們只好作鳥獸散。

三天後，他和老二劉紀明帶着張強去春月茶室收保護費，想不到寃家路窄，那人也在春月茶室喝茶，老二眼尖，馬上向那人把手一招，命令地說：

「出來！」

想不到那人並不示弱，居然站了起來，而且坐在那人對面的人也站了起來。

他們三人同時掏出小刀，那兩人也迅速地解開寬帆布腰帶，當他們三人挺着小刀蜂湧而上時，那兩人腰帶一揮，一下就捲掉了老二和張強的兩把小刀，他自己正舉着小刀奮力一擊時，手肘上却挨了一脚，小刀幾乎震飛，他看看情形不對，馬上退後幾步，對張強遞了一個眼色，張強馬上跑了出去。

那兩個人知道張強出去是找人增援，便想逃走，他和老二馬上堵在門口，準備甕中捉鱉，老二已經檢起了他那把小刀，恨得牙癢癢的，想不到那兩個人一手握着皮帶，一手握着汽水瓶直衝過來。

當那兩人同時擲出汽水瓶時，他總算身手敏捷，閃避得快，沒有被打中，老二的鼻子却被打個正着，馬上血流如注，他一個人守不住，終於被那兩個人衝了出去。

幾分鐘後，他的大隊人馬到達，他吩咐手下把老二送進醫院，自己馬上率領十幾個人去追趕，但沒有追上。

他非常氣憤地帶領原班人馬返回春月茶室，嚴厲盤問女侍應生，終於問出了那兩個人的姓名住址，而且知道他們是蛙人。

以後一連兩天，他和自己的手下全體出動，公別在各個公共場所尋找蛙人，他下了這樣一道命令：

「先斬後奏！」

可是就再也沒有碰上！他猜想蛙人一定是躲着不敢出來。因此他下了一份戰書，決心要把蛙人幹掉，不然黑虎幫的威風就再也維持不住。那次在春月茶室丟了很大的面子之後，老闆便故意向他訴苦，說有人搗亂，生意不好，保護費實在付不出。他聽了很氣，把刀子往檯上一插，示威地說：

「你看我收拾他們！」

他原先以爲蛙人不敢接受挑戰，那樣他就要費很多手脚，不能痛痛快快地幹他們一頓。昨天接到蛙人的那封信之後，他認爲機會來了，召開了一次緊急會議，挑選了十五個最勇敢的好手，集中了最精銳的武器，他知道對方最多也不過十五個人，但是他估量他們不能携帶武器。

今天，他率領大隊人馬，準時殺奔西子灣而來。可是對方却沒有準時到達！他想，那些蛙人大槪打聽出了他的黑虎幫是怎樣打出天下來的？所以一直躲着不敢出來，今天的決鬥自然也不敢上陣了。至於那封回信，不過是走夜路吹口哨，或者以進爲退，一早就躲到別的地方去了？

想到這裏他嘴角又露出一絲輕蔑的笑，隨手把烟蒂取下來，用中指輕輕一彈，烟蒂飛出兩丈多遠，落在海邊的沙灘上，一個小浪捲上來，便把烟蒂捲走了。

超過約定時間二十分鐘，還不見對方的人影，那些手握武士刀和鐵棍的青年，更趾高氣揚叫囂謾駡。

「什麼狗屁蛙人？原先我還以為他們吃了豹子膽，敢和我們作對？現在證明他們都是縮頭的烏龜！」

於是一陣訕笑。一個又胖又黑、穿着背心短褲的青年還伏在沙灘上學烏龜爬，另外一個青年在他屁股上踢了一脚，他跌了一個狗吃屎，引起大家一陣哄笑。

「走！收兵！」老大胡群看看決鬥不成，不願再等，拔起武士刀對大家說。

「難道就這樣饒了他們不成？」那個在地上學烏龜爬的青年人一躍而起，站在胡群面前問。

「我幾時饒過敵人？」胡群瞪了他一眼。

「對！」另一個青年馬上接腔：「老大向來不饒人！」

於是大家揮舞着武士刀和鐵棍，跟在老大胡群後面呼嘯而去。

二

第二天，潛龍隊隊長章韜接到黑虎幫一封限時信，沒有客套，沒有稱呼，氣勢凌人地提出如下的條件：

一、你們既然不敢和我們決鬥，必須交出王立人、李長青兩個傢伙，由本幫處置；

二、由你們備五桌上等酒席，向本幫全體弟兄道歉，並由王立人、李長青買鞭炮一掛，在春月茶室門口鳴放，當衆向本幫老二陪禮。

以上條件，限二十四小時內答覆！

後面沒有署名，只畫了一隻黑老虎。

「這班太保眞正胡鬧。」章韜讀完這份哀的美頓書淡然一笑。
「隊長，他們欺人太甚，我們不能再示弱了。」王立人說。
「昨天我們沒有去，所以他們現在更兇。」李長青接着說。
「本來前天我連信都不想覆，你們一定要我那麼做；後來我想警告他們一下也好，想不到他們會錯了意？」章韜苦笑地說。
「如果不給他們一次重重的打擊，以後更要橫行霸道！」王立人說。他想到那天夜晚不由分說地挨揍，猶有餘憤，如果不是警察及時趕到，很可能死在他們的刀下。幸好自己身體好，要是普通人，那一頓打就受不了。以後在春月茶室，如果不是和李長青一道，也要吃大虧的。
「我們已經好多天沒有出去了，總不能老是做縮頭的烏龜？」李長青說。
「眞他媽的！廈門我們都敢去，在高雄還要躲這班兔崽子！」另一位弟兄憤憤地說。前年雙十節前夕，他們曾經去廈門升起一面大國旗，還宰了幾個敵人。
「哼！」李長青冷笑一聲：「他們要隊長把我們交出去，老王，我們就一人帶一挺衝鋒槍去，送他們見閻王好了！」
「不可以胡鬧！」章韜望了李長青一眼說。
「那你眞準備五桌酒席？」李長青反問章韜。
李長青這一問可把章韜問住了！五桌上等酒席，每桌起碼一千塊，這是一個多大的數目？他們怎麼出得起？即使出得起，這個人也丟不起，這眞是一個難題。
王立人看章韜有點爲難，故意向他說：

「那你乾脆把我和李長青交出去，免得大家跟着我們兩人關禁閉，活受罪。」

「那怎麼可以？」章韜望了王立人一眼：「他們會殺掉你們的！」

「殺掉算了！比關禁閉總好受一點。」李長青乘機激章韜一下。

「我們不能和他們一般見識。」章韜好言勸說。

「你看他們的條件多苛？」王立人指着信說。

大家聽了會心地一笑，其中一個弟兄也插嘴說：

「隊長，你這太不公平，他們兩人打了架，怎麼連我們也關禁閉？」

「我是要大家避避鋒頭，」章韜抱歉地一笑：「萬一鬧出人命，那可不是玩的。」

「唉！眞洩氣！」那位弟兄嘆口氣說：「就是老虎我們也要拔掉牠的鬍鬚，這麼光天化日反而要躲太保？說起來多丟人，人家眞會以爲我們被這些太保吃住了！」

大家你一句，我一句，把章韜弄得進退兩難。他自己覺得這許多天來不准大家出去，固然是息事寧人的方法，但也太委屈了弟兄們，太滅自己的威風。而黑虎幫還以爲自己的弟兄眞的怕了他們，這封信更有點欺人太甚，不留一點餘地。請酒既然請不起，王立人李長青兩個人又不能交給他們，那只有接受挑戰的一條路可走了。但這不是演戲，一旦交手，非死卽傷，打過之後又如何收場？他實在想不出一個萬全之策，但他對黑虎幫的這封信和自己的弟兄，又不能不有個交代，因此他對大家說：

「你們別再七嘴八舌，對於這封信你們看到底應該怎樣處理？」

「依我的意見，乾脆由我和李長青帶兩枝衝鋒槍到西子灣去，他們來多少殺多少。」王立人說。

「別廢話！」章韜白了王立人一眼。

「反正請酒請不起，」李長青說：「乾脆和他們在西子灣拚刀子好了！」

「你知道他們黑虎幫有多少人？」章韜問李長青。

李長青搖搖頭，隨後又補充一句：

「反正不會比我們少。」

「我們總共才十五個人，如果他們來四五十，那我們就吃癟了。」章韜審愼地說。

「那我們一人帶兩把刀子好了。」王立人說。

「對！」李長青馬上附議：「一刀一個，要他們一個也跑不了！」

「隊長，你放心，那些兔崽子能有多大的本領？我們十五個人足夠啦！你不去也可以，免得你背責任。」另一個弟兄說。

「我不能不去！」章韜嚴肅地說：「就是鬧出人命我也要負責。」

「你去自然更好，」王立人高興地說：「你一個人可以抵他們十個。」

章韜用他那兩隻大而有神的眼睛掃視了大家一眼，然後十分嚴肅地說：

「我告訴你們，這是一件不得已的事，我覺得比去廈門升旗更困難。」

「隊長，你別長他人的志氣！」一個弟兄氣鼓鼓地揷嘴。

「好！」章韜大聲地說：「那你們一定要聽我的話！」

「我們幾時沒聽你的話？」王立人說：「如果不聽你的話，我早就把那班兔崽子打成黃蜂窠了！」

章韜安慰地一笑，然後豪氣干雲地說：

「好！我馬上回他們的信。」他隨卽從枕頭底下翻出信紙信封，伏在床舖上寫下這麼三條：

一、大函收到。

二、本來我們不願意和你們決鬥，既然你們誤解了我們的意思，提出我們無法接受的條件，那我們只好應戰。

三、明天下午六點西子灣見。

蛙　人

三

六點還差五分，黑虎幫的老大胡群，就率領了十九位弟兄在西子灣的沙灘上嚴陣以待。他們比上次加了四個人，多了四把武士刀。

落日的餘暉仍然照着西子灣的海水血一般的殷紅。

胡群棕紅的頭髮，火紅的背心，顯得更紅。

他雙手扶着武士刀柄，兩腿微微分開地站在那裏，一臉的殺氣。他決定把蛙人斬盡殺絕。

「老大，要是他們今天再黃牛那怎麼辦？」張強問。

「殺到他們隊上去！」胡群斬釘斷鐵地說。

「要是他們來了呢？」另一個又黑又瘦的青年問。

「你們放手殺！殺他個片甲不留！」

「我這把武士刀昨天晚上磨得更快，」張強把他的武士刀一亮，在落日的餘暉下閃着耀眼的光芒，他又隨手檢起一節樹枝，用刀一揮，樹枝立刻變成兩段，他笑着向胡群說：「你看像不像切西瓜？」

胡群滿意地一笑說：

「等會對付蛙人也要這樣乾淨俐落。」

「老大，你要不要換一把？」張強把自己的武士刀送到胡群的面前說。

「我的比你的更快！」胡群神氣地說。

「那就好，」張強笑着說：「他們就是鋼骨水泥，我們也要砍他個稀爛。」

「嘿！我這一棍也要打得他們腦殼開花！」那個上次在地上學烏龜爬的青年人說，同時擧起他那粗重的鐵棍向沙灘上打了一下，打得沙石齊飛。

「好，時間快到了，」胡群嚴肅地說：「等會大家齊心合力，打完了我請客，誰最勇敢，誰最出力，黃月華今天晚上就歸誰。」

大家馬上咧嘴一笑，躍躍欲試。

六時正。

胡群把眼睛向四處搜索，岸上不見對方的人影，沙灘上死樣的寂靜。他正懷疑對方又不敢來，臉上浮起一絲輕蔑的笑意時，海裏忽然同時冒出十五個人頭，使他微微一怔。

他一眼認出其中兩個人，一個是李長青，一個是王立人。

他們並排地走上沙灘，每人右手握着一枝匕首，左手握着一隻菠蘿。

他們每人身上只穿一條黑三角褲，此外一絲不掛。

每人的皮膚都是一樣的古銅色，身上的肌肉像剝了殼的板栗，胸脯和臂膀上的肌肉更是高高地鼓起。

他們幾乎是同樣的高矮，幾乎每一個人都比自己幫中的弟兄高大結實，王立人和李長青也是一樣，可是，當他們穿了衣服時却看不出來。

他們像一座鐵塔並排站在海邊。

胡群估量他們的匕首，決非武士刀和鐵棍的對手，何況自己又多四個人，因此放了心。但是他想不出那些菠蘿有什麼用處？難道那是炸彈的僞裝？如果是炸彈或手榴彈，那可要特別當心，因此他機警地掃了弟兄們一眼，示意他們不要亂動。

但是如果是眞的菠蘿呢？那就非常可笑了，難道他們臨死還要吃菠蘿？

正在他狐疑難決時，對方却自行揭開了這個謎底。

排頭首先把菠蘿向空中一抛，抛起兩三丈高，然後迅速地飛起手中的匕首，向空中的菠蘿擲去，匕首馬上插進菠蘿的中心，雪亮的刀尖直穿而過，露在菠蘿外面，匕首柄緊緊地抵住菠蘿的表皮。當它們從空中墜落時，胡群面色慘白，他手下那個學烏龜爬的青年禁不住「啊！」了一聲。胡群馬上瞪了他一眼。

當第一個蛙人把菠蘿匕首檢起時，第二個蛙人又如法炮製，和第一個蛙人一樣地準，匕首也插得一樣地深。

黑虎幫的英雄們，看得臉色一陣白，一陣青。

從第三個一直輪到第十四個，個個如此，匕首飛得同樣準，插得同樣深。

輪到最後一個人，他把菠蘿抛得更高，足有三四丈高，第一次縱身一躍，從正面飛出匕首，匕首迎着向下降落的菠蘿，不偏不倚地插了進去；第二次他又把菠蘿抛得同樣高，身子一旋，從反面抛出匕首，匕首又不偏不倚地插進菠蘿。

黑虎幫的英雄們不自覺地連聲「啊！啊！」

當他第三次把菠蘿抛向空中時，黑虎幫的老大胡群却閉上了眼睛，他不想再看。而當他聽見自己的弟兄幾聲驚呼又不由自主地睜開眼睛時，人家却從容地從沙灘上檢起菠蘿，抽出匕首。然後他威嚴地向前走了八步，站在蛙人正前方，向黑虎幫發話：

「我是潛龍隊的隊長章韜，誰是你們的老大？」

黑虎幫的英雄們低着頭不敢答話，胡群的臉色一陣白，一陣青。

章韜看見對方鴉雀無聲，又大聲地喝問：

「誰是你們的老大？」

他的個兒高大，聲音大得嚇人，眞有點石破天驚，黑虎幫中的幾個英雄禁不住身子微微一震。

胡群的臉上有點掛不住，他終於把胸脯微微一挺，應了一聲：

「我是老大。」

但他的聲音沒有平時響亮，而且有點顫抖。

「很好，」章韜望了胡群一眼：「現在雙方的人馬已經到齊，你說怎麼打？儘管劃出道子來！」

胡群望了自己人一眼，又望了蛙人一眼，沒有作聲。

章韜看他不作聲，又繼續問發：

「你說，到底是個對個，還是打羣架？」

胡群望望自己人，沒有一個有先前那種氣概，大家都把頭低下來不敢看他。他再回頭看看敵人，一個個胸脯挺得那麼高，站在那裏不動不搖；看看章韜，他的肩膀胸脯特別寬，腰却很小，那一身鼓起的肌肉彷彿會跳，他不禁心中一涼，期期艾艾地說：

「隊長，只怪我們有眼不識泰山，請你原諒我們冒犯。」

「你兩次打我們的弟兄，還要逼着我們決鬥，這是什麼意思？」章韜嚴厲地問。

「隊長，那實在是誤會，請你原諒。」胡群陪着笑臉說。

章韜望着他冷笑，然後大聲地說：

「好！我原諒你的弟兄。」

黑虎幫的那些英雄們，聽見章韜這樣說，都輕輕地透了一口氣。胡群也趁機說：

「謝謝隊長！」

「你且慢謝，」章韜向胡群一笑：「你既然是老大，一定很有幾手，來！我們兩人比劃幾下！不要錯過機會。」

章韜的話弄得胡群啼笑皆非，臉色慘白。

章韜故意把匕首向空中輕輕一拋，匕首在空中一連翻了好幾個筋斗，然後他伸手一抄，輕輕接住。

胡群望着章韜噤若寒蟬。

章韜隨即把匕首菠蘿向自己的弟兄一拋，王立人剛好接住，然後他轉身過去對胡群說：

「來！我徒手，你用武士刀。」

胡群聽了突然膽氣一壯，他想你章韜肌肉再結實，我的武士刀也會像砍豆腐一樣把你砍得血肉糢糊，你這下不是自己找死？但他沒有把自己內心的喜悅表現出來，他心裏還有顧慮，如果自己眞的把章韜砍死，他還有十四個弟兄，那十四把飛刀便會把自己的腦袋當作菠蘿，那可不是玩的，因此他狡黠地一笑，對章韜說：

「隊長，你是不是開玩笑？」

「誰和你開玩笑？」章韜嚴肅地說。

「要是我傷了你怎麼辦？」他試探地問。

「那你夠資格作老大。」章韜一笑。

「你不找我算賬？」胡群接着問。

章韜搖搖頭。

「你的弟兄呢？」他狡黠地望了章韜背後十四個弟兄一眼。

「放心，他們不是小人。」

「好！」胡群開心地一笑，走了兩步：「那我動手了？」

「別急，」章韜一笑：「我還有話和你講。」

胡群一怔，馬上站住。章韜接着說：

「假如你敗了呢？」

胡群一怔，過後又坦然一笑說：

「我怎麼會敗？」

章韜哈哈一笑，輕鬆地對他說：

「譬如說，我奪下了你的武士刀？」

胡群心裏好笑，他想，我會那樣草包？我不殺掉你才怪！

「只要你能奪下我的武士刀，我的老大就讓給你！」胡群豪爽地說。

「誰希罕你的老大？」章韜一聲冷笑：「如果我奪下了你的武士刀，你乖乖地解散黑虎幫，改邪歸正！」

胡群大大地一怔，想不到章韜會出這個題目？他回頭望了自己的弟兄一眼，又望望章韜，然後把牙一咬：「好！依你的！」

隨卽大踏步向章韜走了過來。

他的火紅的背心和棕紅的頭髮，顯得非常刺眼，他的眉毛也豎了起來，眼睛彷彿在冒火。他咬着牙，一步步地向章韜逼近。

起先他右手提刀，當他走到章韜面前五六尺的距離時，就雙手握刀了。

章韜靜靜地站着不動，兩隻大眼睛定定地注視他。

雙方的弟兄都揑一把汗。

章韜的弟兄雖然知道他空手奪白刃的功夫高人一等，但不願意他冒這個險，事先他們實在沒有想到他會有這一着？不然一定不讚成。尤其是王立人，他想解決胡群這樣的太保，何必費這麼多的手脚？刀一出手他不兩脚朝天才怪？

胡群的弟兄也知道老大有兩手，他學過柔道，看來他雖然不是章隊長的敵手，但他手裏握着武士刀這情形就大不相同了，鹿死誰手？實在很難預料。如果萬一老大砍死了章隊長，也一定逃不過那些飛刀，說不定黑虎幫的每一個人都要遭殃？武士刀鐵棍雖然厲害，但人家隔了幾丈遠就可以把刀子插進自己的腦袋，像插進菠蘿一樣。

大家都提心吊膽地望着章韜和胡群兩個人。

當胡群走到章韜面前約兩公尺時，他慢慢地雙手舉起武士刀，準備向前一撲，直砍下去。

章韜故意把手在他面前一晃，胡群馬上向前一撲，砍了下去。

章韜迅速地把身子一旋，像一陣風樣地轉到胡群的背後，乘他雙手力量用足，身子向前微傾的時候，提起脚來在他屁股上用力一蹬，胡群便狗吃屎地跌出一丈多遠，連武士刀也摔在一邊。

章韜連忙躍過去用脚踩住武士刀柄，幾乎是同時，胡群也爬起來搶奪武士刀，章韜對準他的下顎一拳，打得他身子一仰，兩脚朝天，重重地跌在沙灘上，半天爬不起來。

章韜從容地檢起武士刀，握在手中，他的弟兄們馬上爆發出一陣歡笑。

當胡群慢慢地從地上爬起時，呆呆地望着章韜，他的嘴巴歪了，樣子非常難看。

「你還想怎樣？」章韜問他。

「請你把武士刀還我？」胡群結結巴巴地說。

章韜冷笑一聲，隨手把武士刀用力一甩，抛進海裏。然後指着他說：

「乖乖地回去！改邪歸正！」

他望了章韜一眼，像隻鬥敗的公鷄垂頭喪氣地走了。

黑虎幫的英雄們，也紛紛作鳥獸散。

太陽完全下落了，海水恢復了原有的藍，原有的澄清。

西子灣一片寧靜。

章韜和他的弟兄們坐在海邊削菠蘿，海水的微波輕吻着他們的赤脚，星星彷彿要從藍色的夜空跳下來，投進他們的懷抱。

金榜樂

一

韓飛拿着三十多年前的中學文憑，軍校畢業證書，和半年前的退役令報名參加大專聯考時，檢驗證件的助教王小姐，一面看證件一面打量他，他怕王小姐以爲他是假冒，便自言自語地解釋：

「唉！三十多年了，幸虧我還保留了它，只是大印有點模糊，不過妳放心，決不會假。」

「老先生，證件倒不假，」王小姐抬起頭來向他一笑：「如果我推算不錯，你今年該五十八了？」。

「一點不錯！」他連忙點頭：「今年三月我滿五十七，現在正走五十八。」

王小姐忍住笑，望着他說：

「老先生，你的雄心眞了不起，只是年紀大了一點。」

「怎麼？」韓飛有點緊張起來：「投考大學還限定年齡嗎？」

「那倒沒有這個規定，」王小姐連忙解釋，又看看他的報名單說：「不過甲組的功課很重，你就是考取了恐怕也吃不消？」

「就怕我考不取！」韓飛哈哈一笑：「要是僥倖考取了，我相信我還對付得過去。我覺得我並不老，人生七十才開始是不是？」

「有人這麼說。」王小姐含蓄地一笑。

「那我還沒有開始啦！」韓飛豪爽地說：「還早得很哩！」

周圍的人都驚奇地望着他，在幾十對睜大的眼睛中，他終於完成了個別報名手續，拿到了准考證。

「老先生，祝你金榜題名。」當他從王小姐面前經過時，王小姐笑着祝福他。

「小姐，謝謝妳的金言，就怕我是個考不取的老童生。」他豪放而謙虛地回答。

大家目送着他走出大門，他肩膀寬濶，步伐穩定，一個年輕人冒失地說：

「要是這老頭子能考取，我就算白繳了一年補習費。」

韓飛聽了這兩句話，回頭望了那年輕人一眼，可是並沒有生氣。他知道考大學並不容易，多少剛高中畢業的學生都考不取，自己的功課丟了三十多年，僅僅幾個月的溫習，顯然處於劣勢。不過他也不氣餒，他在考場上一向是順利的，當年以第一名的成績考取軍校，又以第一名的成績畢業，這三十多年來，也經過不少考試，都沒有失敗過。

「小子，硬碰硬，我不怕你，只要你不『偷鷄』，失敗了我也心甘。」他心裏這樣想，嘴角泛起一絲笑意。

走到公共汽車站，那裏已經排了一條長龍，大多是報名的學生，他接了上去。那些學生嘻嘻哈哈，唧哩哇啦不停，隨後又來了一些學生，那個輕視他的學生也在裏面，他又成了他們視線的焦點。

等了三班車，他才擠上去，像沙丁魚樣，塞在那些年輕人的中間，一個太保樣的學生還故意把手肘撐起，不讓他接近。他看了又好氣又好笑。

回到家裏已經滿身大汗，他的老伴兒連忙拿着木拖板迎上來，笑着問他：

「報上了沒有？」

他從香港衫口袋裏掏出准考證，在她面前一揚：

「總算過了第一關。」

「我怕他們以爲你的文憑是檢來的？」她打趣地說。

「就算是我檢來的，還能派上用場，」他接過木拖板說：「送給那些小子們也沒有用，連那位驗證件的小姐，我看比我這張爛文憑還小得多哩！」

「你站在那些年輕人面前也不臉紅？」

「太太，紅什麼臉哪？」他把木拖板往脚上一套：「我又不是去和他們談戀愛！」

「這我倒放一百二十個心，」她風趣地一笑：「誰和你老頭子談戀愛？要是再早三十年嘛，我就不放心你考大學了？」

他做聲哈哈一笑，隔着三間屋子都能聽見，和他隔着一層泥壁的鄰居余濟民上校夫婦，雙雙走了過來，余上校笑着問他：

「老韓，爲何發笑？是不是中了愛國獎券？」

「他對愛國獎券才沒有興趣，」韓太太接腔：「他報上了名考大學了！」

「吓？老韓，你這麼大年紀了，還有這股勁？」余濟民驚奇地望着他。

「老余，黃忠不服老，我也還沒有報廢，退役下來，正可以補讀平生未讀書。」

「老太爺，你的大少爺都在作事，小少爺今年考留美，你坐在家裏享福不好，何必用那麼大的腦筋去考大學？」余太太說。

「他是有福不會享，捉隻蝨婆頭上抓。」韓太太說。

「老韓，我們上了年紀，腦筋不管用了，你怎麼能戴着老花眼鏡和那些小伙子競爭？」余濟民同情地望着他。

「人家美國七八十歲的老太太還上大學，比起她們來我還年輕得很。」韓飛彈彈腿，伸伸臂。

「駱駝踢飛腿，你別獻醜吧！」韓太太望着丈夫一笑。

「妳別以爲我老掉了牙？」他也笑着回答：「孩子們說我老了，妳也以爲我老了？」

「老韓，五十不蓋屋，六十不種樹，你別好強，到底歲月不饒人囉！」余濟民說。

「老余，你年紀比我小，怎麼這樣老氣橫秋？」

「你以爲我小，明年就該退役了。」

「那不正好，我們一道去上大學。」韓飛向他一笑。

「我可不敢和那些年輕的小伙子趕考。」余濟民搖搖頭。「我腦筋不行。」

「老余，洋人在我們這種年齡還是生龍活虎，穿大紅大綠的香港衫，我們一過五十就要賣老，這種心理實在要不得，我們起碼還有二三十年好活，何必等死？你是聰明人，腦筋一點不笨，不要怕難爲情，作老學生丟什麼人？我們就開開風氣之先好了。」

「樹老葉兒稀，人老把頭低，等我退役以後再看有沒有那股勁？」余濟民笑着摸摸後腦殼。

「以前我們單位裏有個二等兵，只讀過一年初中，就靠自己努力，現在已經拿到碩士學位了，馬上要到美國去讀博士學位，誰敢說他將來不是第二個李政道楊振寧？所以事在人爲，我們不要以爲一退役就沒用了，當了個把上校就是通才，我們可幹的事兒還多，應該學的東西更多，捨得金弓彈，才打得巧鴛鴦，只有自强不息，才不會被淘汰，你說對不對？」

「韓先生，有幾個像你這樣老來嬌啦！」余太太一笑。

「余太太，不怕妳見笑。我不是聖人，不是天才，我只是不服老，大熱天抱着書本不放，就是這點兒傻勁。」韓飛淡然一笑：「要是今年考不取，明年再來，決不洩氣。」

「從前的人六十歲進棺材，你六十歲進大學，眞是世界變了！」韓太太笑着說。

「余太太，我們作小孩子的時候還沒有見過飛機，現在我們的大孫兒準定可以上月球了。當年我考軍校拿毛瑟槍也很神氣，現在人家用飛彈了，我們的老觀念還能不改？」

「韓先生，你要是考上了大學，要你的大孫兒替你揹書包好了。」余太太打趣地說。

「那眞是反穿皮襖了！」韓太太笑着接腔：「以前是公公揹孫兒上學，他怎麼好意思要孫兒揹書包？」

「你放心，」韓飛望着太太一笑：「那幾本書我還不在乎，一百公尺我還能跑十六秒，體育還勉強可以及格，說不定比那些女孩子還強？」

大家聽了哈哈大笑，他的大孫兒虎的一下跳到他的膝上，他雙手一抱，把孫兒舉了起來，高興地唱着快板：

「軍爺說話理太差，不由我黃忠怒氣發……」

余太太笑得一仰一合，余濟民也笑着說：

「老韓眞的返老還童了！」

二

韓飛報名考大學的事很快就傳了出去，親戚、朋友、長官、部屬，都好奇地趕到他家裏來，使他應接不暇。

「韓飛兄，我以為你退役下來當老太爺，想不到你胸懷大志啦！」他往日的頂頭上司張處長好久沒來，一來就打哈哈說。

「處長好說，我不過是想多讀點書，這算得什麼大志？」他謙虛地回答。

「韓飛兄，現在考大學可眞不容易，我老大去年就沒有考取，今年還不知道怎樣？」張處長話裏的意思是要他知難而退。

「難是難一點，只要功夫下得深，還是有希望。」他笑着回答。

「你丟了三十多年，沒有還給老師嗎？」

「最初拿起書本來似曾相識，就是記不起，幾個月下來，現在又混熟了。」

「要不要你公子幫忙？」

「數理方面，有不懂的地方當然要問問我老三。」

「這倒好，你用不着花補習費。我老大進補習班，這一年就花了我好幾千。」

「我是完全自己啃，萬不得已才問我老三。」

「我老大沒有玩過槍桿，就缺乏你這種獨立作戰精神。」

「張處長，他也是拼老命。」韓太太笑着插嘴：「趕半夜，起五更，八十歲學吹鼓手，何苦來哉？」

「太太，妳怎麼又潑我的冷水？」他回頭望了她一眼。

「韓太太是一番好意，」張處長乘機說：「其實我也不贊成你考什麼大學，你陸大、參大、聯大都進過了，還在乎一張普通大學文憑？」

「學問無止境，隔行如隔山，我想多學點別的東西，從頭幹起。」

「你有三十多年的汗馬功勞，也對得起國家社會了，應該休息休息。」

「處長，人一休息就老得快，和年輕人在一起學習，才有生氣。」

「早知如此我眞不該讓你退役。」

「那是國家的法令，舊的不去，新的不來，我不退年輕人就升不上去。做學問不怕年紀大，薑是老的辣。」

「可是你一參加聯考，我兒子的機會又少了一份了。」張處長打個哈哈站了起來。

「不會，不會，我一定考不過他。」韓飛笑着送張處長出去。

張處長剛走不久，他的兩個部屬又聯袂進來，他只好放下書本，陪他們坐坐。

「聽說副組長要考大學，我們特地來道賀。」兩人同時說。

「考大學又不是升官發財，有什麼可賀的？」他淡然一笑。

「我們是說副組長的精神了不起，値得我們學習。」那位少校說。

「這倒還像句話！」韓飛豪放地點頭一笑：「你們比我年輕得多，不要浪費了大好光陰，有空還是多摸摸書本。學問爲濟世之本，沒有學問，你們官做得再大也不行。」

他們兩人連忙點頭，對於這位脚踏實地的長官，他們一向都很尊敬。

「惟願副組長旗開得勝，馬到成功。」年輕的上尉說。

「這一仗難打的很，我也是懷裡抱個西瓜，滾上滾下。」

「六門功課副組長有三門是拿得穩的，一定可以考取。」少校說。

「對，副組長的國文、英文、三民主義這三門功課起碼可以拿兩百多分。」上尉說。

「數理化可不保險。」他謙冲地一笑。

「如果副組長報乙組，考史地那也是十拿九穩。」少校說。

「他老興不淺，還想當李政道楊振寧呢。」韓太太笑着插嘴。

這時幾個男男女女同時走了進來，屋子裏像飛來一群烏鴉，聒聒不休，笑聲不停。一位年輕的女客笑着對韓飛說：

「姑爹，你發什麼瘋嘛？孫兒不抱，要去考大學！人家中國小姐年紀輕輕的都不去考，你何必拼命嘛！」

「妳們女人只要長得漂亮，就不愁找不到長期飯票，姑爹又老又醜，不多讀點兒書連閻王老子也不會要。」他笑着回答。

大家一陣哄笑。

「姑爹，我好心好意勸你，你怎麼指着禿子駡和尚？」她小嘴一撇，身子輕輕一扭。

「妳姑爹是狗咬呂洞賓，不識好人心，他眞是越老越糊塗了，不考個大鴨蛋才怪！」韓太太笑着摸摸姪女兒。

她噗哧一聲笑了出來，別人也忍不住大笑。

「姑爹，春天不是讀書天，夏日炎炎正好眠。這麼大熱天，家裏熱得很，不宜於用腦筋，電影院有冷氣，我請你同姑媽去看場電影好了。」他那位內姪女兒又笑着說。

「謝了，姑爹能上火燄山，何況臺北這種天氣？」

韓飛笑着回答她，並且巧妙地把一屋子的客人打發走，把籬笆院子的竹門一拴，笑着對太太說：

「眞是一群搗蛋鬼，犧牲掉我好幾個鐘頭。」

隨後又囑咐孫兒：

「要是再有人來，你不要去開門，就說公公不在家。」

「你怎麼教孩子扯謊？」韓太太馬上糾正。

「太太，我一天到晚應付客人，那還讀什麼書，考什麼大學？」

「為了考大學也不能教孫兒扯謊，敗壞我們的家規。」韓太太義正辭嚴地說。

「好，妳倒訓起我來了？」他抓抓頭皮，望着太太一笑。

「平時你就是這樣訓兒孫，不准他們扯謊，怎麼你自己作法犯法？」韓太太反問他。

「太太有理，恕我急不擇言。」她連忙陪個笑臉。

「這樣吧，我來替你把門好了，免得得罪親戚朋友。」

「不必勞動大駕，我有我的跳牆法。」

他從抽屜裏找出一小張過年時寫對聯多餘的紅紙，寫了這麼兩行字：

主人閉門讀書

至親好友恕不接待

他拿出去張貼時被太太看見了，一把截過來，責怪地說：

「你眞的瘋了，怎麼可以六親不認？我以爲你眞有什麼妙計？原來是這個狗屎主意！」

「太太，煮飯就靠一口氣，這一陣子最要緊，要是我眞的名落孫山，那怎麼見人？」他望着她苦笑。

「你關起房門讀書好了，一切由我應付。」

「六個榻榻米的房間，泥巴糊的墻壁，你在外面和別人談話，我怎麼安得下心來？」

「那有什麼辦法？誰教你自討苦吃？老三還不是這樣做功課的？」

這個橡皮釘子碰得他哭笑不得，他只好把門一關，報復地對太太說：

「你們誰也不准進來。」

「望六十的人了，眞是何苦來哉？」韓太太搖頭一笑。

「媽，憑爸爸這股子勁，他起碼要活一百歲。」大媳婦輕輕地接腔。

「他活一百歲，我可沒有那麼長的眉毛，讓他一個人單吊！看他活得有什麼味道？」

媳婦吃吃地笑，隨後又說。

「也許爸還想上月球呢？」

「現在月裏又沒有嫦娥，他上去還不是白跑一趟？」韓太太風趣地說。

「據說月球裏面沒有聲音，不像我們家裏這麼吵，那爸爸正好埋頭讀書呀！」媳婦笑着說。

「怎麼我們家裏盡出些書呆子？」韓太太望着媳婦一笑，又攀着手指頭數：「老大、老二、得了學士還想得什麼碩士博士，一下班就捧着書；老三成了四眼田鷄，還想留美；現在又加上這位老天眞；連這個小不點兒也要看連環圖畫；妳嘛，睡在床上看小說，眞是一屋的書呆子！」

「太太，這才叫做書香世家呀！」韓飛拉開門，露出半個腦袋：「妳師範畢業在家裏服了三十多年務，我看明年也申請保姆師大吧？」

「見你的鬼，黃土蓋到眉毛尖上來了，我才不受那個洋罪，我要好好地享幾年清福。」

「到底是女人，沒有一點兒志氣。」韓飛揶揄地一笑，連忙把門關上。

「你八十歲學吹鼓手，看你『吹』得幾年？」韓太太望着緊閉的房門笑罵。

媳婦連忙轉過身去掩着嘴笑。

三

韓飛爲了增加臨場經驗，小兒子參加留學考試時，他特地抽出兩小時陪考，仔細觀察了一下考場情形和考生的表情。兒子出場以後，他又和兒子討論了一番。

「爸爸，考試也有訣竅，」兒子以沙場老將的語氣對他說：「一是鎭定，不要心慌；二是揀容易的先做，把難的留在最後；三要仔細，做完了最少要再看兩遍；四是字跡不可潦草，清清爽爽，看卷子的人才有耐性看下去，不會扣分。你後天考試只要把握這幾點，就容易過關。」

他笑着點頭，完全同意兒子的意見。又問兒子這一堂考得怎樣？兒子很有信心地回答他：

「八十分沒有問題。」

「好，我們父子兩人雖不同科，但願同登金榜。」

隨後他又買了一瓶黑松汽水給兒子喝，連忙趕回家來準備功課。

考試前夕，他又開夜車開到十二點還不想睡，韓太太看了非常同情，溫婉地對他說：

「老頭子，該睡了。」

「煑飯也靠最後一口氣，我可不能少燒一爐香。」他眼睛看在書上，嘴裏回答。

「你何必這麼窮緊張？考不取也沒有什麼關係。」

「人要臉，樹要皮，考不取我這張老臉皮往什麼地方放？」他托托老花眼鏡，望着太太說。

「老頭子，不是我潑你的冷水，你丟了三十多年，又沒有參加補習，六個月的功夫，溫習三年的功課，一切等於重新做起，怎麼能同那些剛畢業的孩子比？」

「妳不要長他人志氣，滅自己威風。」他取下老花眼鏡不服氣他說。「我身經百戰，過五關，斬六將，中國歷史上最大的場面都經過，豈在乎一個小小的課室？」

「老頭子，好漢不提當年勇，考大學又和打仗不同，你何必在我面前誇海口？」韓太太向他一笑。

「我們幾十年的夫妻，妳對我還不了解，妳以為我是個牛皮大王？」

「你只要年輕二十歲，考個狀元也不稀奇。」

「妳不要以為我老，黃忠照樣能斬夏侯淵，我也是不打沒有把握的仗。」

「老頭子，你又偷不到試題，有什麼把握？」韓太太不覺失笑。

「笑話！我生平不做偷鷄摸狗的事，青石板甩烏龜，硬碰硬。」

「老頭子，你到底有什麼法寶？不妨說給我聽聽，我也好參謀參謀。萬一法寶不靈，明天還可以裝病，這樣也可以保住你的老臉皮。」韓太太風趣地說。

韓飛一躍而起，哈哈大笑，走到太太面前，故意輕輕地問她：

「太太，妳不給我打氣，怎麼儘出些歪主意？」

「老頭子，我再要打氣，怕你兩脚一伸！」她笑着回答。

他不以爲忤，他不像一般上了年紀的人怕談死字，反而笑着對她說：

「妳既然怕我翹辮子，趕快替我冲杯牛奶來。」

韓太太笑着在一個大奶粉筒裏挑三調羹脫脂奶粉倒在大洋瓷缸裏，拌好用開水一冲，遞給丈夫喝。這種奶粉是教會發的救濟品，韓太太以十來塊錢一袋的價錢向別人大批地買回來給全家人吃，韓飛每天早晚一杯，已經成了習慣。

他端着缸子喝了一口，笑着對太太說：

「太太，不管我的法寶靈不靈，我決不裝病，砍掉腦殼也不過盌口大個疤。」

「我知道你這股牛勁。」

「現在我向你分析一下我的實力。」他又喝了一口牛奶：「先說國文，不是我吹牛，那些小孩子我教他們都游刃有餘，三十年前我就寫四六句兒，搞平平仄仄，單憑我這筆字，閱卷的教授們也未必寫得出來？再說英文，你知道我考取過留美，在美國也學了八個月的通訊，美國人講課我們不用翻譯，就是老三的英文，也還差我一級，Conversation那些小孩子更不必談。」

「這兩樣該你吹牛，還有四門你怎麼辦？」

「三民主義嘛，我讀了二三十年，還教過這門課，在軍中每年還有一次政治大考，也是考的這些，我還當過政士，這總不假？」

她笑着點點頭。

「所以三民主義這一課，我更是手擒到來，不考它一百，也要拿它八十。」

「數理化這三門恐怕你過不了關？」

「當然，這三門我比較弱，別人也不一定強得太多，前年聯考數學還是有很多人吃鴨蛋，但那年的題目我也能做出一半，理化情形也差不多，這三門我不希望分數太高，平均四十五十應該沒有問題。六門功課作保守的估計，我應該有三百五十分上下的實力，考取應該沒有問題。」

「如果考取的是私立大學，一學期好幾千，你也讀不起。」韓太太躭心地說：

「妳放心，退役軍人還要加分，我還沒有計算在內哩！」他一口喝完缸子裏的牛奶，又伏在桌上看書。

韓太太一催再催，直到兩點他才上床睡覺。韓太太躭心地說：

「今天又睡得這麼晚，明天準會暈頭暈腦。」

「放心，打仗時三天三夜不睡是常事。」他滿不在乎地說。「何況還能睡四五個鐘點？」

韓太太爲了使他早點安睡，便不再和他講話。

第二天早晨六點三十分鬧鐘就響了。他連忙翻身下床。他受過嚴格的軍事訓練，動作迅速，三十分鐘之內洗臉、漱口、大小便、早餐，全部完畢。

「爸爸，要不要我陪你去考？」小兒子孝順地問他。

「爸爸不是考初中，用不着你陪。」他笑着回答。

小兒子又把自己的鋼筆交給他，他的鋼筆也吸足了墨水，他接過小兒子的鋼筆往香港衫口袋一插，大步走出門去。

韓太太匆匆忙忙地從房裏趕出來，大聲地叫他：

「老頭子，你的老光眼鏡忘記了帶。」

他連忙停住，轉身伸手接過眼鏡一笑：

「差點兒馬失前蹄。」

「老頭子，不戴老光眼鏡，你會把X當作Y，準考個大鴨蛋。」

兒子媳婦都笑了起來，他自己也好笑。

鄰居余上校夫婦望着他的背影更笑哈哈地說：

「眞笑死人，望六十的人了，還去趕考。」

四

韓飛七點四十趕到考場，七點五十進入教室。當他一走進教室時那些年輕的孩子們以爲他是監考的教授，立刻肅靜起來。後來看他規規矩矩地坐在座位上，都睜大眼睛望着他，同時交頭接耳，喞喞喳喳，間或爆發出輕輕的笑聲。

分發試卷時一位三十來歲的監考講師，拿起他位子上的准考證和身份證看了又看，他把老光眼鏡戴起來，也看看那位年輕的講師，那位講師笑着問他：

「老先生，你也來考？」

「我來試試看。」他笑着回答。

年輕的講師望着他迷惘地一笑，帶着幾分敬意走開。同室的考生都把視線集中在他身上。

第一堂國文，他把試題匆匆看了一遍，胸有成竹，不慌不忙地寫下答案。作文時，突然鎂光燈一閃，他抬頭一看，一位攝影記者正把鏡頭對準他，鎂光燈又閃了一下。

第二天清早，他的照片見了報，小兒子拿着報紙笑着報告他：

「爸爸，你上了報，你的照片登出來了。」

他搶過報紙一看，果然看見自己戴着老花眼鏡坐在一群年輕的考生中間，他不禁啞然失笑。

「老頭子，時來風送滕王閣，你這風頭可出得大啦！」韓太太走過來打趣地說。

「嘿！要是榜上無名，這個人可丟得更大啦！」他微微一笑。

「爸爸，不要躭心，我相信你一定考得取。」小兒子搶着說。

「新聞記者眞是無孔不入！」他望着報紙苦笑，又望望兒子說：「要是爸爸考不取，那眞要跳淡水河了。」

「老頭子，考完了再跳吧，時間不早了。」韓太太笑着催他出去。

他連忙從桌上抓起眼鏡盒子，匆匆走了出去，嘴裏還在嘀咕：

「新聞記者眞搗蛋！」

韓太太聽了好笑，向兒子媳婦輕輕地說：

「老頭子眞是自作自受！老三，你等會去照顧他一下，這麼大熱天，考量了可不是玩的。」

這天考數學時眞有好幾個年輕人暈倒，可是韓飛若無其事，三堂考試下來，他反而一身輕鬆，笑嘻嘻地和小兒子一道回家。

「老韓，今天考得怎樣？」余上校迎着問他。

「天機不可洩漏。」他神秘地一笑。

「雙手按住一隻鱉，看樣子你好像很有把握嘛？」

「老余，不管是冬瓜蠶豆，種下去了拉倒。」他哈哈一笑。

這天晚飯，韓太太特別弄了幾樣好菜慰勞他，同時調侃地說：

「你要是考從前的狀元，我會殺隻鷄給你吃，現在的大學生不值錢，你就是考取了也沒有什麼稀奇。」

「將來我要是考個洋狀元回來那就值錢了。」他笑着回答。

「哼，學士、碩士、博士、矮子上樓梯，還夠你爬哩！」

「現在反正沒有我的事了，」他望望兒子媳婦一笑：「我就慢慢爬吧。」

他好久沒有看電影，晚上韓太太又陪他去看了一場「梁山伯與祝英台」，他居然感動得兩眼淚汪汪。韓太太看在眼裏，打趣地說：

「老頭子，你眞是人老心不老啦！」

「嗯，」他含淚一笑：「想當年我們……」

「別想當年了，人都會被你羞死！」韓太太輕輕地說。

他又哈哈一笑。

這夜是他最輕鬆愉快的一夜，開了許久的夜車，終於得到一次充足而甜蜜的睡眠。

五

考試過後，韓太太就不讓他再看書，同時天氣太熱，頭腦暈暈沉沉，他和小兒子也乘機讓腦筋休息一下，中午兩小時的午覺，下午就和小兒子一道出去游泳，或是打打網球，他的身體好，和運動很有關係。

晚飯後，他多半和太太帶着孫兒在附近散步，或是和老朋友坐在小院子的絲瓜架下聊聊天，清茶一杯，也可以三皇五帝地聊上三兩個小時，不然就和太太下幾盤象棋。

三十多年來，他從來沒有最近這麼清閒自在。

長夏無事，他唯一的一件事就是等放榜。

小兒子的留學考試先放榜，金榜題名，一家人都很高興。他服完兵役以後，明年秋天就可以留美了。學校方面他已經請到獎學金，旅費動用爸爸的退役金，到美國三五個月以後就可以寄回來，中國留學生多半是半工半讀，在讀書期間，每月還可能寄二三十塊美金回來，所以這並不是一件賠本的生意，只要肯吃苦，還可能賺點外滙。

「老頭子，老三考取了，現在看你的？」韓太太在興奮之餘，打量了丈夫一眼。

他笑了一下，沒有作聲。兒子考取了他自然高興，要是自己名落孫山，那他這個父親的面子就沒有地方放了。在家庭裏面這是美中不足，在社會上眞有點難以見人，因此他心裏又有點責怪那位攝影記者了。

甲組放榜的頭一天下午，晚報先登出了優秀考生的姓名和照片，他看了有點羨慕，又有點躭心，他們都是本屆高中畢業生，只有十七八歲，分數高達四百七十左右，使他有點氣餒。

晚上，兒子、媳婦都圍在收音機旁邊聽廣播，他反而不敢走近收音機。他們聽了半天都沒有聽到他的名字，韓太太悄悄地走近他們，輕輕地問：

「怎樣？聽到爸爸的名字沒有？」

他們搖搖頭。

「老頭子在受罪，我眞怕他投水？」韓太太幽默地一笑。

「媽，要是爸爸眞的沒有考取，您可不能笑他？」小兒子輕輕地說。

「誰教他發瘋？考什麼大學？那不是自作自受？」她故意冷諷。

「媽，您不能這樣說，爸的勇氣眞了不起！」小兒子替父親辯護。「不管爸爸個人成功失敗，他已經開風氣之先，掃除了中國人老氣橫秋的毛病。」

「想不到你們父子情深？」韓太太一笑。

「媽，爸人老骨頭硬，是眞了不起，」媳婦插嘴。「要是我有他那股子勁，大學不會讀得半途而廢。」

「好，有你們兩人捧場，老頭子就是沒有考取，他也一身是勁。」

公立大學錄取甲組新生的名字，臺大的他們只聽到後面一部份，其他的全部聽過，沒有發現韓飛這個名字，他們也有點洩氣。開始報私立大學時，他們的興趣減低了不少，因爲私立大學費用太貴，就是考取了也不一定能讀。所以韓太太悄悄地走開了。

就在她離開收音機時，門鈴響了，她自然地走過去打開院子的竹門，兩位生人站在門口，其中一位背着照相機。

「韓先生在家嗎？」背着照相機的問。

「在，兩位有什麼貴幹？」

他們先說明自己的身份，隨後笑逐顏開地說：

「我們是來向韓先生報信的，恭喜他考取臺大了。」

韓太太驚喜地呀了一聲，兒子媳婦連忙把收音機一關，跑到門口，韓飛也不自覺地走了出來。

韓太太回頭看見丈夫，連忙向他把手一招：

「老頭子，快過來謝謝這兩位先生，你考取了。」

韓飛笑着走過去，兩位記者迎面走過來，背着照相機的從肩上把照相機卸下，笑着對他說：

「老先生，你站好，我替你拍張照。」

韓飛伸手把小兒子往身邊一拉，笑着對記者說：

「這是我小兒子，他剛考取留美，我們父子兩人合照一張好了。」

攝影記者點點頭，喀嚓一聲。韓飛要他們進來坐，他們不肯，就站在院子裡和韓飛談話，問他怎樣讀書，和考大學的動機等等。

「我讀書沒有什麼巧，就是功夫用到，不存僥倖心理，至於說我考大學的動機，我倒不在乎那張文憑，是想眞正學點東西，貢獻社會。」韓飛回答。

「老先生，你是不是覺得晚了一點？」那位空着手的記者問。

「不！」韓飛用力搖頭：「我相信我還可以活二三十年，二三十年要作多少事？」

那位記者點頭一笑，他又補上幾句：

「我覺得我們中國人的觀念眞應該改變，人生七十才開始，六十怎麼算老？應該隨時進取，隨時學習，這樣才會年輕。千萬不可倚老賣老，一作老太爺什麼都完了！記者先生，你說對不對？」

「對。」他們笑着回答，同時轉身出去。

「記者先生，這該不會是葫蘆藤爬上絲瓜架吧？現在同姓同名的多得很哪？」韓太太趕上一步問。

「不會的，」背着照相機的搖頭一笑：「韓先生的准考證號碼是一三四五七，上次我也替他拍過一張照，怎麼會弄錯？而且韓先生的年齡是最大的。」

「請問你我考取的是臺大那一系？」韓飛笑着問。

「理學院心理學系。」那位記者說完以後兩人一道跳上三輪車走了。

「可惜是第二志願。」韓飛意猶未足地說。

「老頭子，人要知足，你沒有考個大鴨蛋就是祖上有德啦。」韓太太笑着說。

「媽，爸爸考取了臺大，你應該好好地犒賞他一下才對？」小兒子拉拉母親的衣袖說。

「不用你操心，」他向小兒子輕輕地說：「明天早晨的牛奶裏我會冲個鷄蛋，中午加點菜。」

「嗨！媽太小器！這樣的大事怎麼可以輕輕帶過？」小兒子笑着叫着。

「給他吃得太好他將來還想留學呢，把我一個人摔在臺灣怎麼辦？」韓太太笑着回答。

兒子媳婦都大笑起來。韓飛摸摸嘴巴一笑：

「眞是婦人之見。俗話說妻以夫貴，我要是考個洋博士，你也有臉面哪！」

「哼！」韓太太馬上回嘴：「你人老心不老，你要是討個洋婆子，我不見了鬼？」

韓飛和兒子媳婦都哄笑起來，停了一會韓飛指着太太說：

「妳這副心眼兒如果用在書本上，保妳考取師大！」

師生

我從台中坐七點五十五分的觀光號回台北，車到新竹時停了一會，下去了一些客人，我身邊的一位時髦美麗的少婦，也在新竹下車。我們同坐了兩個小時，始終未交一言，她塗着指甲油的殷紅的尖尖的十指，白嫩秀麗的面孔，滿身的香氣，以及披着黑色的秋大衣的優美坐姿，的確給我一個很好的印象；但她不斷地抽煙，也給我不少的困擾。她抽的雖是高級的長壽煙，挾煙的姿勢也極老練優美，然而那白色的煙圈，不時向我面前飄散過來，我不吸煙，也不願意聞那種煙草味道，尤其是在舟車之中，簡直有點討厭。她給我的好印象，也給煙霧冲淡了，加之我一向不愛和生人搭腔，尤其是漂亮的女士，我更三緘出口，以免麻煩。因此我們有同座之雅，而無片言之歡。

下去了一些客人，自然也上來了一些客人，上來的多是衣冠楚楚的紳士淑女，只有一位穿青色洋裝上衣，花裙子的村姑，她用一種怯生生的眼光在車廂內打量了一番，又看看手上的票子號碼，尋找對號坐位。

她像一隻低着頭尋食的小母鷄，尋到我的坐位上來，看到原先那位漂亮的少婦坐着的八號紅字號碼，又看了手上的票子一眼，再羞怯地望望我，才輕輕地落座。

她用一塊大頭巾，包了一大包新上市的削皮柿子，她不將布包放上鐵架，卻小心地放在自己的膝上，雙手摟着，生怕別人搶去似的。

我看她的穿着和舉止，知道她是個鄉下姑娘，但她不像一般台灣鄉下姑娘進城時那麼濃裝豔抹——

臉糊得像石灰牆壁，嘴塗得腥紅，眉畫得向上揚起，看來格外俗氣。她不是這樣，一點沒有打扮，完全是本來面目，眞的是眉清目秀。鼻樑雖不高，可也不像某些[redacted]女孩子那麼塌扁，嘴唇不厚不翹，有稜有角。

她和我坐在一塊，顯得有點拘束，不像先前那位少婦那麼自然，洒脫。她把身子儘量向外靠，不和我接觸，我也把身子儘量向窗口移，不使她受窘，因此我們中間的空隙幾乎還可以坐一個人。

坐船坐車，我都喜歡看看窗外的風景，所以這次台中去來我都是買靠窗口的坐位。我之能夠不和那位漂亮的少婦談話，窗外的風景吸引我也不無原因。這位鄉下姑娘顯然不是一個長舌婦人，她摟着那一包柿子默不作聲。我望着窗外青葱的相思樹，海邊的防風林，田裏金黃的稻子，以及飄浮於天空的白雲。

隨觀光號服務的小姐，都是百中挑一的，既年輕，又漂亮，大半是中學畢業，再受短期訓練，才上車服務的。因此她們的服務態度很好。過新竹不久，又端着盤子向每一位客人遞送乾淨的小手巾，遞到我旁邊的這位鄉下姑娘時，她遲疑了一下才接過來，隨便擦了一下手，又不知道往什麼地方放？她看我放在窗邊，她也跟着放在窗邊。服務小姐來收手巾時，她羨慕而又奇怪地望着她，她們的年齡差不多，相形之下，她顯得有點土氣，而且有點自卑感。

車到板橋時，服務小姐在擴音器裏向旅客報告：

「各位旅客，台北到了，請各位不要忘記自己的東西……」

於是大家忙着收拾自己的東西，我也將皮包從架子上拿下來。她突然怯生生地問我：

「先生，請問到大陸新村怎樣走法？」

「你去大陸新村？」我笑着問她。

她點點頭。

「正好，我就住在大陸新村，你同我一道走好了。」我說。幸好她問了我，大陸新村是市郊偏僻地區，要換兩次巴士，還要走一段路，不容易找。

她聽我這樣說馬上高興起來，我又問她：

「你到大陸新村找誰？」

「看我的老師。」她得意地回答，臉上泛起一絲光彩。

「你的老師是誰？」我摸不着頭腦，又問她一句。

「他是一位作家，叫黃樹人，你先生大概知道？」她望着我說。

這眞是大水冲到龍王廟，想不到她要看的就是我？因此我笑着說：

「你不必去看他了，我就是黃樹人。」

「哦！」她臉一紅，輕輕地叫了起來，「你就是黃老師？」

我點點頭，她連忙說：

「老師，我是林秀美。」

「哦！你是林秀美？」我也有幾分驚奇。

她連連點頭。我又仔細看了她一眼，她有九分高興，一分害羞。

車子突然停住，大家搶着下車，我們也夾在人潮中下車。月台上的人多得很，接的，送的，簡直擠得水洩不通。她緊緊地跟在我的後面，生怕迷失似的。這使我想起她的一篇散文「我第一次上台北」，記述她十七歲時第一次跟她大哥到台北來看雙十節閱兵，第一次擠公共汽車，車上的人多得很，她不但找不到坐位，連吊着的皮帶也抓不到手，像一隻沙丁魚樣夾在中間。突然車子猛一刹住，站着的人紛紛倒下，她本能地伸手一抓，抓到一把東西，她根本不知道是什麼？只聽到喲的一聲尖叫，她以爲有人跌傷了，或是踩傷了，她的手抓得更緊，她身上有人壓着，她也壓在別人身上。車子停穩之後，跌倒的人慢慢爬起，她也跟着爬起，手中的東西仍然緊抓不放，她還怕車子再來一下。

可是當她定睛一看，手上抓着的是一大把灰白的鬍鬚，那個被抓住的老頭子氣得眼睛直翻，一句話也講不出來，只張着嘴喘氣。別人看了哈哈大笑，她一聲尖叫，手一鬆，紅着臉鑽進人堆裏去，鑽到她哥哥身邊躲了起來。

看了她那篇文章，我大笑了好幾次，甚至現在想起我還忍不住笑。

「老師，你是不是笑我太土？」她趕上一步，輕輕地問我。

「不，不。」我連忙搖頭。

她左一句老師，右一句老師，叫得我反而有點不好意思。因爲我沒有上過她一堂課，而且一直沒有見過面。

這十年來，我批改過無數的愛好文藝的青年的卷子。以職業分，農工商學兵都有；以年齡分，最小的只有十五歲，最大的卻有五十高齡，當然最多的是青年人；以教育程度分，有大學中文系、外文系的在學學生，也有小學程度的失學的人。林秀美就是一個國民學校畢業沒有繼續升學的女孩子。我之所以有機會和這麼多愛好文藝的青年人結文字緣，那是因爲幾個文藝函授學校都請過我批改過卷子；而林秀美卻是我和朋友創辦的文藝函授學校的學生。

我對林秀美的印象特別深是因爲我十年來所看過的卷子都是用鋼筆或毛筆寫的，紙張也多是整整齊齊。只有林秀美的卷子是用鉛筆寫的，而且是寫在一張包東西的紙張上面，字跡模糊不清，紙張也起了皺紋，我看得非常吃力，但我發現她有一種抑鬱心理，她的文字並不十分通順，錯字也多，但她能表現女孩子的奇怪心理，她所表現的感情尤其細膩，我認爲她是個可造之材，所以我耐心批改下去。看到最後我發現幾行模糊的小字：

老師：

我是一個失學的鄉下人，國校畢業後家裏就不准我讀書，我是用自己積的零用錢上函校的，我要瞞着家人走十里路到郵政代辦所去取講義，請原諒我用鉛筆寫字，因爲我沒有鋼筆。

爲了她，我曾和那位朋友商量給她免費，那位朋友不同意，甚至我願意代她繳費他也說「不必」。因爲我只負責教務，不負責經費。我只好在後面批了幾句，要她下次好好地寫一篇，我替她修改拿去發表，她可以得到稿費補助。同時說明如果她願意接受，我會買枝鋼筆寄給她。

第二次她寄來一篇兩千字的散文，同時附了一封信給我：

老師：

謝謝你的好意，鋼筆我不能接受，我從來沒有接受過別人的東西。作文請你費心多改。

林秀美

看了她這個短簡，我知道她是一個很有個性而又有强烈的自尊心的女孩子。我就歡喜有個性的人，我不以爲忤，我把她這篇散文仔細修改之後，直接寄給一個以中學生爲對象的刊物，總算那位編者買我這份薄面，一個月後給她發表了。

可是當那位編者把十塊錢的稿費通知單寄給我時，我眞不知道如何是好？兩千字十塊錢，這是我事先沒有想到的，他算給我的稿費是五十塊錢一千字，我以爲最少要給她三十塊錢一千字，這樣她可以買一枝普通鋼筆，或是繳兩個月的學費，十塊錢就只能買幾枝鉛筆，作不了什麼用途。我懷着幾分歉意把雜誌稿費單一併寄給她，我怕她會生氣把稿費退回來，但是沒有退。半個月後她特別寫了一封信給我：

老師：

雜誌稿費我都收到了，我眞沒有想到你是好人。以前我對外省人的印象很壞，現在我才知道外省人也有好人，我不得不改變我的看法。老師，我是個鄉下人，本來是很難改變的。

我家裏已經知道我在上函授學校，我父親不給我零用錢，我哥哥檢查我的信件，他把我的書燒了，把你批改的卷子也燒了，他對你很不諒解，以爲你不懷好意。

老師，現在我坦白告訴你，我心裏實在很痛苦，我喜歡讀書，家裏不但不讓我升學，連函授學校也不讓我上，他們認爲鄉下女孩子國校畢業就足夠了，他們哪裏知道我只愛讀書，對別的事毫無興趣？我怎樣解釋他們也不肯聽！媽同情我，但是她沒有一點辦法，家裏的事完全由爸爸哥哥作主，他們是日本人的作風，我和媽沒有一點地位。

下月起我要退學了，謝謝你的栽培。

生秀美上

我很同情她的處境，同時認爲她是個可造之材，她的文字中有種靈性，她的學識雖遠不如那些大學生，可是很多大學生都缺少她這種靈性，憑我這麼多年的經驗，我可以斷定一個人能不能寫作，不在於他的學歷，而在於靈性。缺乏這種靈性，中文系外文系畢業也是枉然。而她先天上卻具備了這種條件，只要好好地指導，必然有成。因此我覆了一封簡單的信給她，說我願意盡義務替她批改。這種事我作了不止一次，也不止她一個人。

以後她眞的退了學，每月寄一篇稿子給我批改，字裏行間，她的心情顯得非常抑鬱，表現了她的多愁善感，我自己也是一個心病很重的人，我不想再聽到別人發自心靈深處的輕嘆，有兩次我指定題目給她作，希望她不要再寫痛苦呻吟的東西，那篇初遊台北抓住一個老頭子的鬍鬚的妙文就是這樣產生的。從這篇文章當中，我又發現了她的俏皮和幽默，如果她是處在一個稱心如意的環境裏，她是不會那樣長嘘短嘆的。

忽然有兩三個月她沒有寄稿子給我批改，我不知道她發生了什麼事？但我又不便寫信去問，一方面是她的家庭對外省人有成見，一方面是她哥哥誤會我不懷好意，所以我連批改也特別小心，以免節外生枝。

三個月以後她又寄了一篇稿子來，還附了一封信：

老師：

這兩三個月來我心裏煩悶得很，連稿子也沒有心思寫，你一定會責怪我懶惰吧？其實你是不知道我的處境，家裏逼我訂婚，我死也不答應！我怎麼能和一個彼此都不瞭解，沒有一點愛情的人訂婚呢？我並不貪圖人家的錢財，婚後過舒服的生活，我只想有一個氣味相投，共同讀書談心的良伴，生活苦一點也沒有關係，但是在我們這種偏僻的鄉下，怎麼找得到這種人啊！家裏硬要替我作主，我不願意，我心裏想的人又提不出來，因此我父親哥哥和我天天鼓着眼睛相向，好像有仇似的，我媽一天到晚在我耳邊嘀咕，人都煩死了！我只好橫着心對我媽說：

「我一輩子也不嫁人，我要讀書。」

老師，你看我有什麼辦法呢？

生秀美上

自然我不敢隨便給她出主意，我勸她最好在父兄的安排下選擇一個合意的對象，同時告訴她人生不如意事常八九，尤其是月下老人，專門和世間的男女找寃家對頭，希望她不要想得太美。

我不知道她同不同意我的說法？她沒有回信，稿子照常寄來。

她很用心，寫作很有進步，我指出的缺點她都能改正，錯字也愈來愈少，我又爲她介紹發表過一篇作品。

她對我發表的一些有關大陸風景名勝的文章，非常歡喜，那些文字當中我自然流露出懷鄉之情，她寫了一封信問我：

「老師：大陸的山水一定比台灣美得多吧？不然你怎麼那樣懷念呢？大概是你一個人在台灣，太寂寞了吧？我想到台北來看看你，不知道你歡不歡迎？……」

我怕她眞的來台北，便在卷子後面寫了幾句話，說我要環島旅行，我快六十歲了，家庭美滿，子女已經成人，不乘這個機會遊遊山，玩玩水，說不定那天兩腿一伸，閻王再也不會放我重來人間走一遭的，那時後悔也來不及了。

這以後她寄來的稿子又是那麼抑鬱，彷彿有無限幽怨，寫作的情緒也低落了。

一個月前，她突然寫了一封信來，信上這樣說：

「老師：我現在完全聽候命運的安排，不管好壞，只要能夠繼續讀書。最近我要訂婚了，我父親哥哥對你已完全諒解，訂婚那天他們希望你能光臨，如果你能來，我再報告你確實的日期，親自到車站來接。」

我回信告訴她說，訂婚那天我不能來，結婚時我一定來道賀。我們「師生」一場，我的確想看她完成這件人生大事，也想看看她是怎樣的面目？

想不到我們在火車上不期而遇！

我們穿過擁擠的天橋，她在我後面亦步亦趨，我把她帶到鐵路餐廳休息，時間已經不早，可以吃午飯了。我們在一個火車卡座對面坐下，她重新打量了我一番，我也仔細看了她一眼，我覺得她眉宇間有股清秀之氣，只是帶點淡淡的哀愁，這就構成一副楚楚可憐的樣子。

「你訂婚沒有？」我問。

她點點頭，但是沒什麼喜悅。

「對方是不是合你的意？」

「鄉下人，初中畢業，很會種田，不愛讀書。」她平淡地回答，像說着別人的婚事。

「我倒很想種田，就是無田可種。」我說。

「老師，你寫文章不好，何必種田？」她奇怪地問我。

「寫文章不如種田，台灣種田的人生活比我強多了。」

她望着我捉摸不定，過了一會才說：

「老師，要是我也能像你一樣寫文章過日子，我就不種田。」
「爲什麼？」
「寫了文章大家看，種田有什麼好看的？」
「收成好可以吃得更飽。」
「老師，人吃飽了飯難道就沒有別的事？」她反問我。「我看還有比吃飯更重要的。」
「誰說還有比吃飯更重要的事？」我故意裝迷糊。
「書上說的。」她頭一抬，兩眼望着我，「老師，這兩年來我看了不少書，你指定的書我都看過了。」
眞是徒弟打倒了師父，我無話可說了。
「你怎麼會忽然來台北看我？事先也不通知我一聲？」我對於她的突然來訪，有點不大明白，也許她有什麼事情？因此我乘機轉變話題。
「我怕你不肯見我，所以事先不讓你知道。」她得意地回答。
「幸好你昨天沒有來台北，不然你要空跑一趟。」我說。「你到台北來，你家裏知道嗎？」
「是我阿爸要我來的，」她拍拍那包柿子說。「老師，阿爸說你是好人，要我送點柿子給你嚐新，山上的土產，不成敬意。」
「謝謝你爸爸的好意，我心領了。」我不想提這包柿子擠公共汽車。
「老師，你是不是嫌它太土？」她指指布包自卑地說。
「不，我很喜歡柿子。」我立刻改變口氣。我的確很喜歡柿子的涼爽清甜，在大陸時我爲了吃這種削皮柿子，曾經在左手中指上削了一刀，現在還留了一條疤痕。台灣的柿子雖然小，但她這包柿子比市面上的大，可能是特別挑選的。

「老師，那我們走好了，」她提着布包站起來。「我送去先給師母嚐嚐。」

這倒使我有點為難，她哪裏有什麼鬼的師母？我帶她到這裏來坐就是怕她發現了我的秘密，我的房間盡是報紙，書籍，臭襪子，髒襯衣，亂七八糟見不得人的。我之所以在大陸新村租了一個房間，是圖房租便宜，房間寬大，地點偏僻，空氣裏面沒有煤煙，朋友們也不來打擾，我可以自由自在，也不怕出洋相。怎麼能讓她這麼一個鄉下大姑娘到我的「香閨」去？因此我推托地對她說：

「那邊的車子三十分鐘才有一班，擠得很。」

「只要能去，擠點有什麼關係？」她笑着說。

「那路車的司機冒失得很，常常來個緊急刹車，」我也笑着對她說。「我怕你又會抓着別人的鬍鬚？」

她臉一紅，噗哧一聲笑了起來。過後又望着我說：

「老師，你還把那件事當作笑話？」

「你那篇文章寫得很有意思，我永遠不會忘記。」

她聽我這樣說非常高興，兩隻抑鬱的眼睛立刻放射出兩道智慧而快樂的光彩。過後又自謙地說：

「老師，你不要老是捧我。」

為了安慰她失學的痛苦，我總是在卷子上加一些誇獎她的評話，在好句子旁邊多打幾個紅圈，這對她的確有點鼓勵作用。當然她也的確具有慧心，能夠揣摩我的評語，發揮她的潛能，幾乎每一篇東西都有進境。

「我不隨便捧人，你的確寫得很好。」

我要她坐下，侍應生端來兩杯熱咖啡。

她似乎沒有喝過咖啡，不知怎樣是好？我替她加好糖，攪勻。我怎麼喝，她也照樣做，只是顯得有點拘束。

「老師，這比呷太麻煩啦。」她講了一句台語，向我一笑。

「那你可以寫一篇呷咖啡的文章了。」我也笑着說。

「不行啦，我不能再丟人了，以後老師你又會笑話。」她帶點嬌羞地搖搖頭。

我要了兩客火腿蛋炒飯，又是叉子調羹，她又不大習慣，說了幾句可笑的話。

飯後她又要到我住的地方去，我自然不讓她去，我要她早點回家，她要我把那包柿子帶回去吃，

我實在不想提，她瞭解我的意思，看看我的皮包，問我：

「老師，我替你放進皮包好不好？」

我的手提皮包不小，裏面只放了一疊稿紙和毛巾牙刷，倒是可以裝些柿子。

我點點頭，她隨即把我的皮包打開，將稿紙毛巾牙刷統統拿了出來，小心地把柿子一個個地放進

去，由於她放的得法，居然把一包柿子統統放進去了，只是皮包鼓得像一個大肚皮的孕婦。

裝好以後，她用手提提，笑着對我說：

「老師，這該不土氣吧？」

「你想得很周到，只是稿紙、毛巾、牙刷沒有地方放了。」我說。

「我替你買份報紙包好。」說着她就跑了出去，沒有多久帶了一份報紙回來，又小心地替我把稿紙牙刷毛巾包好。

我替她買了一張回新竹的快車票，另外買了幾本她喜歡的文藝雜誌，和兩本女作家的小說。

「老師，名義上是我來看你，結果要你這麼破費。」她興奮而又微感不安地說。

「難得你這番盛意。」我說。

「老師，我眞不知道應該怎樣報答你呢？」她望着我十分誠懇地說。

「我不要你報答，你把文章寫好了我就非常高興。」我說。

「老師，我不可能成爲女作家啊！我是一個鄉下人，又只有小學畢業，我怕你會失望？」

「這沒有關係，只要你不斷努力。」

我把她送進月台，她特別對我說：

「老師，千萬請你代我問候師母一聲，不然她一定會怪我鄉下人不懂規矩。」

「你放心好了，我一定代你問候。」我嘴裡這樣說，心裏卻在嘲笑自己。

她上車以後，我站在她的窗口外面，她仔細地看了我幾眼，突然伸出頭來對我說：

「老師，你騙了我？」

我聽了一怔，我對她一番好意，兩年來不斷鼓勵愛護，匀出自己寫作的時間，替她批改卷子，她怎麼反而說這種話？我實在不大明白。

「我幾時騙過你？」我反問她。

「老師，你說你快六十了，我看你還像個年輕人？」

我哈哈大笑起來，索性對她說：

「人生七十才開始，我吃了長生不老藥，看起來自然不老。」

她迷惘地一笑。

火車在我的笑聲中開動，她靠在窗口迷惘地望着我。

回家以後，我首先削一個大柿子吃，那股清冷甜爽的味道直甜到心底。房東太太問我從哪裏買來這麼好的柿子？我得意地對她說：

「外面買不到，是學生送的。」

「你又沒有教書，哪來的學生？」房東太太奇怪地問我。

「唏，在學校裏謀不到這麼好的學生。」我咬了一大口柿肉。

「男生，女生？」房東太太斜着眼睛問我。

「女生。」我坦白地回答。

「喲！」房東太太打量了我一眼，「難怪得你這麼高興？只怕另有文章吧？」

「文章多得很，我已經改了幾十篇。」我說。

「我看你不必再打光棍了吧？」房東太太偏着頭打量我，像老母鷄打量天上的麻鷹。

「王太太，柿子和打光棍沒有關係，你不要多心。」我笑着說。

「你們男人的話，鬼才相信！」房東太太是個老世故，她先生常常背着她在外面拈花惹草，一回到家卻特別恭順，對她說盡好話，獻盡殷勤，有時我聽了都會好笑。可是她並不當面揭穿，睜一隻眼，閉一隻眼，有時還故意「幽」她先生一「默」，弄得她先生啼笑皆非。

「王太太，我在你家裏住了好幾年，可是規規矩矩？」我問她。
房東太太一笑，幽默地說。
「是倒是一隻不吃魚的貓，不過這樣也不太好。」
「王太太，這也不是，那也不是，作人眞難！」
房東太太格格地笑了起來，隨後又一板正經地說：
「說眞的，我倒希望你能抓住機會，上了鈎的魚不要再放進大海。」
房東太太的話已經離了題，我不再置一詞，一心吃我的柿子。
林秀美送我的柿子，我足足吃了一個禮拜。柿子吃完，她的稿子也寄來了。
這篇稿子不長，只有兩千多字，在稿子後面附了幾句話：

老師：

謝謝你送我的雜誌和書。看到你那麼精神，怎麼也不相信你是六十歲的人了！眞的，三四十歲的人也比不上你哩！祝你長命百歲。

生秀美上

看了這封信我又好笑，也有點內疚於心。也許我眞能活一百歲，但靠賣文爲生，還要受六十年的罪，那又有什麼意思？
一天我突然收到一份喜帖，同時收到林秀美一封信：

老師：

父親要我結婚，我不得不結婚。本來我是不大樂意這樁婚事的，但是你屢次教我聽父兄的話，不要和家庭鬧翻，我才將將就就了此終身大事。

老師，你說過我結婚時你一定來，請你先告訴我動身的時間，我要哥哥到新竹車站來接。（哥哥現在知道你是眞愛護我，培植我。）最好你提着那隻皮包，以便哥哥認識，同時帶點土產回台北。

生秀美上

我答應了的事自然不能食言，我查查火車時間表，立刻覆了一封信給她。告訴她坐那一班車，什麼時間到。

林秀美的吉期是星期天，我準時動身。到新竹車站後，我正徘徊張望間，發現出口處有一個青年人向我招手，看上去大約二十五六歲，我向他走近，他用生硬的國語問我：

「你是不是台北來的黃先生？」

我點點頭，他又自我介紹：

「我是林秀美的哥哥，我來接你。」

我說了聲謝謝，走出出口。他連忙去推脚踏車，這是一部載貨的新車，後面的鐵架子相當寬大結實，他把車子推到我的面前，抱歉地說：

「黃先生，我們鄉下不通汽車，眞對不起，我用脚踏車搭你。」

在大街上我怎麼好意思像個女人一樣坐在脚踏車的後面？因此我婉謝了。他瞭解我的意思，也不勉强我坐。我們離開市區，走上小路之後，他才對我說：

「黃先生，這裏離我家還有二十里路，我們鄉下人坐慣了脚踏車，不會有人見笑的，你坐上來，我騎得很快。」

我看小路上來往的脚踏車後面不是帶貨，就是帶人，我也顧不了許多，只好坐上去。

林秀美的哥哥年輕力壯，踏着車子兩輪如飛，鄉村的景色很好，不知不覺就到了他們的村莊，一個座落在山邊的村莊，有幾十戶人家。

林秀美的房屋是U字形，正屋三間，兩邊是廂房。林秀美曾經告訴我她的家庭雖不十分富有，但可以算得上小康，她的房屋證實了她的話。

她的父母對我非常尊敬，倒茶遞煙，誠懇殷勤，簡直出乎我的意料之外。他們大約五十來歲，身體很好，忠厚而有點古板，不大會講普通話，對我笑的時候比講話的時候多。

林秀美不在家，她的婚禮在附近國民學校的禮堂裏舉行，我休息了一會之後，她父母哥哥一同陪我到國民學校去。

學校裏喜氣洋洋，擠滿了男女老幼。他們把我帶到林秀美的化粧室，化粧室裏人不多，一位四十多歲的女人，大概是「開臉」的，兩位年輕的「伴娘」，和幾個蹦蹦跳跳的男女孩子。

林秀美一看見我就激動地叫了一聲「老師！」同時滾出兩顆淚珠，是悲？是喜？我分不清楚。她化粧之後自然漂亮多了，雖然算不得是絕世美人，但足可以稱之爲鷄窩裏的鳳凰，因此我笑着對她說：

「秀美，我差點不認識你了。」

「老師，我眞躭心你不會來呢！」她笑着回答，但笑得不十分開心。

「今天是你的大喜日子，我怎能不來？」我說。

她的哥哥父母都望着我開心地笑，還說了許多感謝的話。這時一個胸口掛着「新郎」的紅條子青年人走了進來，他穿了一套新做的台灣料子的西裝，上身比我的短得多，褲脚像兩隻筆筒子，很像日本人的西裝樣式，又結着大紅領帶，看來十分土氣。人倒是很老誠的，不像我在台北所看到的那些梳飛機頭，髮脚留得特別長，油頭粉面的本省阿飛型的子弟。

「這是我老師！」林秀美指着我對他說。

他恭恭敬敬地向我鞠了一躬，隨即牽着林秀美走進禮堂。

結婚儀式是半新半舊，我也被林秀美的父親哥哥半拉半請弄上台去致詞，本來我最討厭在這種場合講話，但今天我很高興，我確實讚了林秀美幾句，祝福他們夫婦婚姻美滿幸福，同時也希望鄉下人改變觀念，讓歡喜讀書的子女多讀幾年書。

我講完下台之後，林秀美的哥哥和父親都對我表示歉意，後悔沒有讓林秀美繼續升學。她哥哥說：

「黃先生，我阿爸沒有讀書，我只初中畢業，起先我們以爲秀美有小學畢業就夠了，沒有想到她那麼喜歡讀書？經你先生好心栽培提拔，她的文章還見了報，眞比我高明多了。」他停頓了一下，向我一笑：「不過，我和阿爸的意思是，女人學問再好，還是要嫁人的，我們是鄉下人，還是讓她嫁個種田的好，我也知道妹妹心比天高……」

他最後那句話說得很輕，終於戛然而止。

吃酒時他們父子兩人又把我拉在主婚人和新郎新娘那一桌，而且把我這個台北來的外省人推在首席，全桌的人對我都格外客氣。

林秀美和她父親哥哥還特別留我在她家裏多住一天，她親自弄了幾樣好菜給我吃，本來我不喜歡吃本省菜，我嫌生腥甜淡，她弄的卻很合我的口味，沒有腥氣，也多放了一點鹽。

我走時她又把我的皮包塞得滿滿的，那是做好了的柿餅和花生。花生在我自己的家鄉是用牛車木船裝，但本省出產不多，他們視爲珍品。

她和她哥哥丈夫三人，一人騎一輛脚踏車，把我送到新竹車站，我對林秀美夫婦說：

「如果你們有空去台北渡幾天蜜月，我要好好地招待你們一番。」

「好的，」她高興地回答，「這次我一定要看看師母。」

「你一定要先通知我，我好有個準備，不能像上次那樣突如其來。」我笑着踏進北上的柴油快車。

她掩着嘴笑。

一星期後我接到她的信，約好日期來看我。這天一大清早我就跑到中央市場去買菜，回來後又忙着整理房間，把亂七八糟的東西都塞進床底下去，桌椅也抹了一番，顯得比平時乾淨多了。幾樣小菜我自己會炒，兩樣大菜我拜托房東太太代弄，我甚至央求她臨時權充一下「師母」，雖然她大我六、七歲，但她不肯吃一點虧，還訓了我兩句：

「你想佔老娘的便宜？那可辦不到！」

我只好陪罪。

林秀美夫婦來到之後，看我的房間井井有條，非常高興。林秀美嗅嗅我書桌上剛買來的一盆水仙，看看牆壁上朋友送我的兩幅畫，她羨慕地說：

「老師，你的寫作環境眞好！」

我心裏暗叫慚愧。

林秀美看我上上下下總是孤家寡人，沒有誰來幫我一下，不禁輕輕地問：

「老師，師母呢？怎麼不肯出來讓我拜見？」

「師母在大陸啦，還不知道是死是活呢？」房東太太既然不肯臨時冒充，我也只好直說了。

她聽了目瞪口呆，終於眼圈一紅，滾出兩顆眼淚。

這天她在我家裏玩得很不開心，連飯也吃得很少。

她回去以後的第三天，我接到她一封信，但只有兩句話：

「老師！你爲什麼要一再騙我呢？」

祖孫父子

一

陳老太太虔誠地在「陳氏歷代祖宗之位」前點燃三柱大香，然後笑着對老伴兒陳念祖說：

「老頭子，你先來磕個頭吧，但願列祖列宗保佑開先他們一路平安飛到臺灣。」

陳念祖手裡提着一個乾淨的墊子，笑瞇瞇地走上前，把墊子對正祖宗神位放下，恭恭敬敬地跪下去磕了三個頭，站了起來，讓到一邊，右手向陳老太太一伸，笑容可掬地說：

「請！」

陳老太太也恭恭敬敬地跪下去磕了三個頭，隨手提起墊子，望着陳念祖在紅紙上寫的「陳氏歷代祖宗之位」那一行王字，端詳了一會，讚揚地說：

「你這幾筆字和老家那個祖宗牌位的字眞是半斤八兩。」

「唷！妳這一抬舉，我這塊老臉皮也掛不住。」陳念祖笑着說：「父親是進士出身，他那筆何字我還差得遠。」

「我看你比開先又強的多，他的洋文雖好，中國字寫的比我還不如。」陳老太太說。

陳念祖望望自己的手筆，摸摸嘴巴，也有幾分得意。過去他住的是公家宿舍，那種格局的房子連安一個祖宗神位都辦不到。今年為了準備兒子媳婦回國，他特地把十幾萬元的退休金和幾萬塊錢的積蓄提出來，買了這棟一樓一底獨門獨院的花園房屋。樓下有一個十六蓆的大客廳，他第一件事就是在正中設了一個祖宗神位，而且親筆書寫，他想給兒孫一個印象，他們在國外久了，恐怕他們數典忘祖。有了這個祖宗神位之後，陳老太太每逢初一十五必定上香。自兒媳動身回國的那天起，她是每天早晚上香，叩頭。今天兒子自東京起飛，預計三兩個鐘頭以後就可以抵達臺北，在去松山機場之前，她又上了三柱香，希望列祖列宗保佑他們平安無事。最近飛機失事很多，她實在提心吊膽。

「現在是他們的世界，洋文好才吃香，中國字不會寫都沒有什麼關係。」陳念祖從自我陶醉中慢慢清醒過來，解嘲地說。「要不是開先弄了兩個洋博士，在美國幹得很好，也沒有這麼多大學爭聘他當教授。」

「你多少也帮了他一點忙。」陳老太太說。

「不是我帮他的忙，是他們利用我這個父親的關係，爭取開先夫婦回國。」陳念祖笑着說。

「老頭子，別說寃枉話，」陳老太太白了丈夫一眼：「我們兩老比誰都希望兒子媳婦回國。」

「妳想抱孫兒嘛！自然比誰都急。」陳念祖調侃太太。

「說眞的，」陳老太太感慨地一笑：「我們都七十了，還有幾年好活？不趁現在看看我的么兒，說不定就沒有機會囉！」

陳念祖高興地嘆了一口氣，望着太太說：

「幸好當年把開先帶了出來，不然送終的人都沒有哩！」

陳老太太聽了這句話，臉色馬上黯淡下來。他想起大兒子陳開元，他們來臺灣時他正上大學四年級，是學校裡的「前進份子」，鬧風潮的首腦人物，他們要他同到臺灣來，他不但不聽，反而批評父親是「頑固份子」。他故意幾個星期都不回家一次，聽說他還改名「陳新」，表示同一切舊的關係一刀兩斷。他們動身時要求見他一面，他也不理。後來聽說他當了共產黨，非常活躍。三年前他還向陳念祖夫婦一再指名廣播，勸他們「覺悟」，他們聽了又傷心，又好氣，又好笑。但是去年又聽說他被自己的兒子告密，遭到整肅，不到二十年功夫，就得到報應。他那一九五〇年出生的兒子，現在該是紅衛兵了？他們兩老都沒有見過這個孫兒的面，甚至不知道他叫甚麼名字。如果一旦相見，他一定不會認他們這兩個祖父母，甚至鬥爭一番。想着，想着，眞不知人間何世？陳老太太重重地嘆了一口氣。

「好端端的妳嘆甚麼大氣？」陳念祖奇怪地望着太太。

「我想起了開元。」陳老太太揉揉眼睛說。「還有，那沒有見過面的孫兒，現在該有十五六了吧？」

「可不是？也許正當紅衛兵呢！」陳念祖兩手一攤，搖頭嘆氣。

「唉！眞是家門不幸！」陳老太太說：「不知道當初是什麼鬼迷了開元的心竅？」

「那是個大傳染病。」

「唯願列祖列宗保佑他們父子兩人。」陳老太太說着又不自禁地跪下去叩了兩個頭。

「他們不要祖宗，我看妳這兩個頭是白磕了。」陳念祖黯然地說。

「不管他們怎樣不孝，我盡我的心，」陳老太太撣撣膝蓋說。「唯願三粒胡椒有一粒辣，老么不像老大。」

「果眞一樣，我們活着也沒有什麼意思。」陳念祖說。

「老頭子，我們別胡思亂想吧，說不定開先快到了？」陳老太太強作歡笑地說。

「好吧，我們馬上到飛機場去。」陳念祖眞的高興起來。

陳老太太囑咐下女幾句，就和丈夫一道出來。

他們年齡大了，不敢和年輕人擠公共汽車，叫了部計程車，直開松山機場。

時間還早，西北航空公司的班機一小時以後才會降落。他們並不後悔來的太早，高興地在候機室踱來踱去，談着卽將回到他們身邊的兒子媳婦和孫兒孫女。

陳開先是高中畢業就出國的。那時陳念祖從大陸帶來的老本還有不少，美國方面又有人照顧，他運用了很多人事關係讓兒子提早出國。那時的陳開先只是十七八歲的孩子，去國十五年，現在已經三十二三了，早已成家立業。雖然有照片寄回來，但本人究竟如何？倒很費猜測。媳婦孫兒孫女更未見過面，媳婦是在大陸淪陷以前去美國的，據說那時她才六歲，完全受的美國教育。

「時間過的眞快，難怪我們會老。」陳念祖從懷裡掏出兒子的全家福看看，笑着對老伴兒說。

「恐怕他都不認識我這個老娘了？」陳老太太高興地揉揉眼睛說。

「那時我的頭髮還沒有白，」陳念祖指指自己的頭髮說：「現在眞是白髮三千丈了。」

「你這又言過其實！」陳老太太望着丈夫一笑：「待會兒見了兒子媳婦，還要充充少年，免得他們看見我們老態龍鍾着急。」

「妳說的是，不要讓他們見了我們就想到棺材。」陳念祖打趣地說。

候機室的人越來越多，陳念祖的幾位老朋友也來了，他忙着和他們打招呼，感謝他們的盛意。不久幾位大人物也來了，他們都是來歡迎陳開先夫婦的。先忙着向陳念祖老夫婦道喜。

兒子媳婦一下飛機，幾位大人物一湧上前，把他們圍在中間，陳念祖夫婦反而擠不上去。後來一位大學校長讓開路，他們才會見兒子媳婦，兩老都喜極而泣。

兒子衣冠整潔，十分英俊，標準的西方紳士風度。媳婦也很漂亮，除了皮膚長相完全是中國人外，言談舉止全盤西化，她和歡迎的大人物以英語交談。也指着陳念祖夫婦對兒子女兒說：「grandfather, grandmother」。陳念祖聽得懂，不大介意，陳老太太聽不懂洋話，她感到很窘，睜大眼睛望望兒子，丈夫。陳念祖看見人多，連忙遮掩過去。

她看五歲的孫兒三歲的孫女十分可愛，又喜上眉梢。她伸手對孫女兒說：

「婆婆抱，婆婆抱。」

孫女兒似乎聽不懂，睜大眼睛望着她，隨後又往媽媽懷裡一躲。陳開先替女兒翻譯，女兒也只怯生生地望了陳老太太一眼。

回到家裡，陳老太太又忙着上香，笑着對兒子說：

「你們一路平安，都是祖宗保佑。來，你領着他們先向祖先磕個頭。」

陳開先望望太太面有難色，太太望着正中的紅紙黑字，向丈夫說了幾句英語，陳開先陪着笑臉對母親說：

「媽，我們信基督教，不拜祖先。」

「這是什麼話？」陳老太太目瞪口呆地望着兒子：「你們又不是土裡蹦出來的，怎麼能不敬祖先？」

陳念祖連忙打圓場，笑着說：

「兒子媳婦在外國住久了，剛回來還不習慣。只要我們以身作則，慢慢地他們自然瞭解。」

「那我們代他們磕個頭，謝謝祖宗，請祖宗原諒他們年輕不懂事。」於是他拉着陳念祖一道磕頭。然後領着兒子媳婦上樓看房間。

樓上有三房一廳和衞生設備，窗明几淨，家具齊全，下女也早巳舖好床舖，眞像新房。陳念祖怕兒子媳婦不滿意，還特別解釋了幾句。兒子又向媳婦解釋，看樣子他對太太是由愛生怕，一點不敢得罪。媳婦偶爾講了兩句廣東話，陳念祖老夫婦都聽不懂。兒子望着父母一笑，隨後又和太太兒女以英語交談，陳老太太像聽外國人講話，覺得他們不是自己的骨肉。

把他們料理停當之後，陳念祖老夫婦兩人才走下樓來。陳老太太半喜半憂亦莊亦諧地對老伴兒說：

「唉！老頭子，想不到接回來一屋的假洋鬼子？」

二

陳開先對太太百依百順，出門替她穿大衣，回家時替她提着大包小包的東西，對她講話也輕言細語，和顏悅色，看來像個僕人。回來兩天，他們四人談話時還一直是用英語，兒子叫媳婦「瑪琍」，媳婦叫兒子「亨利」，孫兒叫「約翰」孫女叫「南西」。陳老太太聽來非常刺耳，心裡有種說不出來的酸溜溜味道，他簡直有點想哭。她盼了十幾年才盼到兒子回來，誰知回來之後，她覺得兒子完全變了，不再是她的兒子了。

「當初我本不想讓開先出國，你偏要洋迷信，彷彿兒子不鍍金鍍銀，就沒有臉見人。現在好了，他有頭有臉了，連祖宗也不要了，有了老婆連娘也不要了。……」陳老太太對丈夫嘮叨。

陳念祖看見兒子媳婦孫兒孫女本來十分高興，但兩天下來，他也覺得他們之間好像隔了一道牆。不過他希望這情形會慢慢改善，媳婦和孫兒孫女會學會國語，語言的障碍一去，情感自然容易溝通，因此他委婉地對老伴兒解釋。

「他們還是剛剛回來，你不要太急，人會慢慢改變的。」

「我看不慣開先那副當差的樣子！」陳老太太用力搖頭。「男子漢大丈夫，怎麼好在女人面前低三下四？」

「妳不知道，那是洋規矩。」陳念祖笑着說：「洋人興『lady first』，所以他才那個樣子。」

「你在我面前放甚麼洋屁？」陳老太太鼓着眼睛望着丈夫：「我們是中國人，中國人有中國人的禮數。就算時代進步，男女平等，女人也不能騎在男人上頭。」

「好、好、好，算妳有理。」陳念祖笑着點頭。

「還有，媳婦取洋名字我不說，怎麼開先也叫什麼亨利？孫兒孫女依照家譜命名，應該是『國強』，『國華』之類的名字才對，怎麼也扯不上『約翰』，『南西』，這不是數典忘祖？」

陳念祖望着她半天沒有作聲，他沒有理由反駁，隨後支吾地說：

「說不定那是隨便取的乳名？」

「縱然是乳名，為什麼不叫『寶寶』，『毛毛』？偏要叫『約翰』，『南西』，就算月亮是外國的圓，難道名字也是外國的香？」

「那天我們和開先談談，替孫兒孫女取個譜名好了。」陳念祖順着她的口氣說。

陳老太太聽見丈夫附和，彷彿帮了她一手，更理直氣壯地說：

「既然是陳家的子孫，又回到國內，自然要依老祖宗的規矩。」

陳開先挽着太太，牽着孩子從樓上下來。陳開先對母親說：

「媽，我和瑪琍去國賓飯店吃飯，約翰南西請妳照顧一下。」

「你們放心去好了，我會照顧。」陳老太太看見孫兒孫女高興地回答。

陳開先夫婦對兒子女兒講了幾句英語，揚揚手，笑着出去。

陳老太太摟着孫兒孫女一邊一個。孫兒孫女和她唧哩哇啦，她聽不懂，望着他們苦笑，她教他們國語，他們也聽不懂，小眼睛骨溜溜地轉。她又好氣又好笑，望着陳念祖說：

「老頭子，這簡直是兩個小洋鬼子，你有什麼辦法把他們變成中國人？」

「讓他們多和別人家的小把戲玩玩，自然會講國語。」陳念祖說：「小孩兒學什麼都快。」

陳老太太聽老伴兒這樣說，連忙把孫兒孫女帶出去，哄着外面的孩子和他們玩，她希望孩子三兩天就會說中國話，她好逗着他們玩，免得像現在這樣隔着一重山。

孩子們很容易混熟，兩人快樂地和別的孩子玩。動作就是語言，他們雖然聽不懂別人的話，別人做甚麼他們也會照做。約翰是男孩子，大膽頑皮，歡喜打打結結，一不小心，跌了一跤，頭上撞破了一塊皮。陳老太太心痛，連忙把他抱回來，擦紅藥水和消炎藥膏。同時埋怨自己：

「唉，我眞的不中用了，連孩子也照顧不好。要是媳婦說我幾句，我這張老臉皮往那裡放？」

「只擦傷了一點油皮，沒有甚麼關係。」老伴兒安慰她。

「老頭子，我就怕好心不得好報。」

「妳別多心，自己的骨肉，還有什麼話說？」

話雖這麼說，陳老太太心裡還是不大熨貼，對孫兒孫女更小心照顧。一手牽着一個，不讓他們亂跑一步。

兒子媳婦春風滿面地回來。一看見男孩子頭上擦了紅藥水，兩人都趕過來圍着他。陳開先問母親是怎麼回事？陳老太太源源本本地告訴他，他又轉告太太，太太眉頭一皺，怪老太太不該把孩子帶到外面去，還說她連黑人也不如。隨即抱着女兒牽着兒子上樓。

陳念祖知道媳婦講些什麼，但他沒有告訴老伴兒。陳老太太雖然不懂媳婦的話，但看得出媳婦的臉色，她像挨了一耳刮子。

陳開先跟着太太上樓。陳老太太叫住他：

「開先，你等會上去，我有話和你說。」

陳開先望了太太的背影一眼，看她沒有什麼反應，悄悄地走了過來。

陳老太太把兒子叫到房裡，要他坐下，她自己坐在床沿上，面對着他，她望了丈夫一眼，然後問兒子：

「開先，剛才媳婦唧哩咕嚕講些什麼？」

陳開先望望父親，一臉尷尬，然後對母親囁嚅地說：

「媽，沒有講什麼。」

「怎麼你口裡含了個大蘿蔔，哩哩囉囉？」陳老太太望着兒子說：「我耳朵聾了，聽不懂她的洋話，我的眼睛可沒有瞎！我帶孫兒到外面玩，是希望他們早點學會中國語，免得我們家裡盡是假洋鬼子，這該不犯法？」

陳開先臉上更加尷尬。陳念祖連忙打圓場：

「只怪我不好，如果我不多那麼一句嘴，你媽就不會帶孫兒出去玩。」

「中國人學中國話是那一點兒錯？」陳老太太瞪着老伴兒說：「難道從外國回來一定要放洋屁？」

陳開先看母親生氣，連忙陪個笑臉：

「媽，您別見怪，我們是不得已。」

「甚麼不得已？難道你不會講中國話，媳婦不是中國人？」陳老太太氣虎虎地問：「故意當着我的面放洋屁，欺侮我這個老婆子？」

「媽，您會錯了意。」陳開先連忙搖頭：「瑪琍從小受美國教育，只會講點廣東話，偏偏我又聽不懂，所以我們乾脆講英語，免得多費唇舌。」

「兒子女兒是你生的，你應該教他們說國語！」老太太說。

「媽，我和瑪琍都在做事，又不是住在唐人街，周圍都是美國人，家裡也是請的黑人照顧，根本沒有講國語的機會。」陳開先說。

「你總也有休息的時候？在家裡教他們幾句總可以？」

「媽，美國的生活很緊張，我實在太忙，除了吃晚飯時和他們在一塊外，很少有時間陪他們。」

「晚上總要在一塊睡？」

「我們向來不睡在一塊，晚上也是由黑人照顧。」

「好，你這是養甚麼兒女，當初我是怎樣帶你們的？」

「媽，美國的生活方式和我們完全不同。」

「不要開口美國，閉口美國，你要記住你是中國人！」

陳開先不好作聲，望着父親苦笑。陳老太太又接着說：

「還有，兩個孩子你怎麼不取譜名？要叫甚麼約翰，南西？那麼洋裏洋氣！我看將來他們連自己姓什麼都不知道。」

陳開先啞口無言，陳老太太望望老伴兒說：

「現在他們都回來了，怎麼說都是陳家的子孫，你還是替他們取個譜名。」

「媽，那沒有甚麼用處，他們的出生紙上就是那兩個名字，美國不會承認他們的譜名。」陳開先說。

「這是中國，管它甚麼美國不美國！」陳老太太又生起氣來。

「媽，他們一生下地就是美國人。」

「怎麼？他們是美國人？」陳老太太一怔，差點倒了下去。

「是，人家的法律如此規定。」陳開先解釋。

「好哇！我空歡喜一場！自己的骨肉變成了外國人！」陳老太太傷心地哭了起來。隨後又緊張地問：「你呢？你該不是美國人吧？」

「媽，我怕您不高興，還沒有入美國籍。」陳開先委婉地說。不過他是當然的監護人。

陳老太太欣慰地點點頭，隨後又說：

「媳婦想必也是美國人了？」

陳開先點點頭，陳老太太又傷心落淚。

突然媳婦在樓梯口大聲喊叫：

「亨利—亨利—」

陳開先如奉聖旨地連忙跑出去。陳老太太望着兒子的背影搖搖頭，嘆口氣，黯然地對老伴兒說：

「四個有三個是美國人，我看這一個也靠不住的。」

陳念祖茫然地望着太太，想起媳婦那幾句話他也涼了半截，不過他決定埋在心裡，不告訴老伴兒。

三

幾天應酬過後，兒子媳婦都在家裡吃飯。起先大家同桌，後來媳婦覺得大家把筷子往盌裡夾菜，把湯匙往盌裡勺湯，不合衞生，他們四人另外在樓上吃。

自從約翰撞傷頭皮之後，她也不讓老太太帶孩子，要下女到樓上照顧。這兩件事使陳老太太心裡十分難過。但她不和媳婦理論，因爲她不會講英語，媳婦也不會講國語，縱然想吵架也吵不起來。可是她和兒子沒有語言隔閡，她把氣都出在兒子身上。

「你們都講衞生！怎麼我們也活到七十歲了？美國人講衞生，怎麼美國人也得癌症，也得肺病？」她質問兒子。

陳開先起先不作聲，後來故意說是生活習慣問題，瑪琍不習慣這種吃飯的方式。

「習慣可以改變，慢慢地自然會習慣。爲什麼你們不和我們一道吃？我們兩個老傢伙天天盼望你們回國，就是希望享受一點天倫樂趣，想不到你們連飯也不和我們一道吃，連孩子也不讓我帶，這是什麼意思？你知道『孝』字是怎麼寫的？」

陳開先覺得無法和母親說清楚。美國是小家庭制度，兒女一結婚就和父母分開，縱然來往也像作客。老年人寂寞就養猫、養狗、養鳥，或是出國旅行，那有甚麼天倫樂趣？他們過慣了美國生活方式，自己的母親却還做着舊夢。瑪琍實在不願和父母住在一塊，他還不敢說哩。

陳老太太看兒子不作聲，又接着說下去：

「媳婦是黃皮膚的外國人，你總不是外國人？你怎麼一點不懂倫理？也沒有一點男子氣，讓鷄婆還年？」

「媽，現在時代不同，女人第一。」陳開先說。

「胡說！女人第一？是你嫁給她還是她嫁給你？」

陳念祖聽了不禁一笑，隨後又對兒子說：

「開先，你們這次回國，我們本來很高興。除了你以外，我們沒有親骨肉。你哥哥在大陸，生死不明，你侄子十成當了紅衞兵，我們只當沒有他們。雖然現在時代不同，我們不希望你特別孝順，不過既住在一塊，就要像一家人，多少要有一點親情，不要讓人家看了笑話。反正我們沒有幾年好活，你不妨做給你自己的子女看看？」

陳念祖的一番話，說得兒子俯首帖耳。陳念祖看他不作聲，又和顏悅色地對他說：

「剛纔你娘也不是責備你，她和我不同，一心想抱孫兒，有了孫兒又看不見，抱不着，好像外人一樣，你想想她是甚麼心情？」

陳開先在美國十幾年，成天跟着機器轉，只想到生產效率，想到多賺錢，實在沒有想到這些。聽了父親的話，心裡多少有點慚愧，不聲不響地出來，悄悄地上樓。委婉地把父母的話告訴瑪琍。瑪琍淡然一笑，不置可否。

「我們明天還是和父親母親一道吃飯好不好？」

「那樣吃法實在太不衞生。我們沒有回來他們還不是三個人吃？」瑪琍回答。「說實話，我眞不想在臺灣久住。」

陳開先不敢再說下去，支吾地把兒女帶下樓來，讓母親親熱親熱。但陳老太太滿腔熱情無法表達，只是抱着他們，用嘴親親，自怨自嘲地說：

「婆婆老了，不會說洋話。你們快點學中國話吧，咱們老少兩代也好談談心。」

陳開先教兒子女兒叫婆婆，教了幾遍，兩個孩子居然像小學生唸國音字母一樣「婆婆，婆婆……」地叫了起來。陳老太太笑出了眼淚。

「你爹好不容易把你送到美國去，現在你成了家，立了業，孫兒孫女還沒有叫他一聲公公呢！」陳老太太望着兒子說。

陳開先又教兒子女兒叫公公，孩子也學會叫了。陳念祖笑着說：

「你們這一聲公公，花了我幾十年的心血。」

瑪琍在樓梯口拖聲拖氣地叫「南西—南西」，陳開先連忙抱着女兒牽着兒子趕上樓去。

瑪琍因爲語言不通，很少和公婆在一塊閒話家常，再加上生活方式和思想觀念的不同，更是格格不入。

瑪琍和陳開先都歡喜跳舞，週末參加外面的派對往往夜深回來。平時也愛放唱片在樓上跳跳。開收音機也不聽中國節目，單收聽美軍電臺，不然就放西洋唱片。陳念祖老夫婦雖不歡喜，可也決不干涉。他們兩人共同的嗜好是收聽平劇，或是放平劇唱片。陳開先不懂平劇，瑪琍却深惡痛絕，她說這是野蠻人的歌劇，一聽見鑼鼓聲她就雙手蒙住耳朵，或是氣冲冲地跑出去，往往使兩位老人家十分尷尬。

住了不到三個月，她就吵着要回美國，她不願意和陳念祖老夫婦同住，又說這裡的待遇太低，文化落後。陳開先也想走，但他還顧慮父母年紀太大和聘約的關係，所以遲疑不決。當他把瑪琍要走的意思告訴兩老時，兩老都呆住了，過了半天，陳老太太傷心落淚地說：

「不管怎樣，等我死了你們再走。」

「開先，瑪琍爲什麼要走？你不妨直說。只要我們辦得到，我們一定遷就她。」陳念祖說。

陳開先起初吞吞吐吐，經兩老一再追問，他才照實說了出來。

陳念祖嘆了一口氣，十分沉痛地說：

「第一點好辦，我和你母親簡單得很，隨處都可以安身，這座新房子本來就是爲你們買的，我們就是要住也住不了幾年。至於待遇，自然比不上美國，但在此時此地，你們已經是天之驕子。談到文化，她根本不瞭解這兩個字，根本不瞭解自己的祖國。連你也只摸到一點皮毛！現在我眞後悔不該那麼早送你出國。」

陳開先面紅耳赤。陳老太太淚眼盈盈地對他說：

「爲了兒孫，一切我都可以忍受。你告訴她，叫她不要走。」

四

從前住的公家宿舍已經退還，不能再住，租房子又沒有合適的，而且要一筆不小的開支。他們的錢都擠到那個新房子上去了，幸好陳老太太有兩萬塊錢的私蓄，這是預備後事用的。經過這次感情的創傷，他們兩老已經心灰意冷，不想再在鬧市生活。以前他們聽說過臺灣的廟宇只要花一筆錢，就可以吃住到死，因此他們想到鄉下住廟，落個清靜。

臺北市附近的廟宇他們都去看過，看來看去，覺得內湖金龍寺倒很合適。這裡香火不盛，交通方便，風景又好，客房也強差人意，飲食方便。他們和住持交涉的結果，兩人繳一萬五千塊錢就可以住下去。

他們決定以後，也不告訴兒子。等兒子媳婦都出去時，他們收拾了簡單的行李。陳老太太又在祖宗神位前上了三柱香，從樓上把孫兒孫女抱下來，一同向祖宗磕了頭，纔吩咐下女叫了一輛計程車來。下女跟了他們三年，問他們到什麼地方去？他們也不告訴她，陳老太太叮囑她說：

「好好地服侍少爺少奶奶，照顧約翰、南西。我想念他們時我會回來看看。」

隨後她又摟着孫兒孫女，逗他們叫公公婆婆，他們學着叫了，陳老太太又喜極而泣，陳念祖也忍不住滾下兩顆眼淚。

陳老太太給孫兒孫女每人一張一百元的新票子，又輕輕地囑咐他們說：

「不要忘記你們是陳家的子孫，不要忘記你們是中國人。」

孩子張大眼睛望着她，不知道她講些什麼？陳念祖苦笑地對她說：

「妳簡直是對牛彈琴，我們走吧！」

陳老太太一泡眼淚一泡鼻涕地離開自己的家，比五十年前出嫁時離開娘家更傷心。

住廟以後，陳念祖以大部份的時間研究佛經，陳老太太也跟着尼姑唸經。他們都絕口不提兒媳，竭力忘記他們。可是活潑可愛的孫兒孫女，總是在他們眼前跳來跳去，怎樣也拂拭不掉。

一天早飯後，陳老太太轉彎抹角對老伴兒說：

「我想去臺北一趟？」

「臺北車多人多，煤烟又重，沒有一點事，何必去找苦吃？」

「我想去看看幾位老姊妹。大家都是風前燭，瓦上霜，見一次少一次。」陳老太太說。

「既然這麼說，我就陪妳去一趟，免得妳一個人亂碰亂撞。」陳念祖說。

「眞是少年夫妻老來伴，難得你這份好心。」陳老太太欣慰地一笑。

「作了幾十年的夫妻，黃泉路上也要走在一道，免得一個人單調。」陳念祖打趣地說。

於是兩人一道下山，慢慢地走到內湖。搭十六路車，再轉十七路車。兩個月沒有到臺北來，覺得市面更加熱鬧，和山上那種清靜生活相比，簡直是兩個世界。

到中山堂下車，陳念祖問老伴兒先到誰家？她却反問他一句：

「你看呢？」

「我又不是妳肚子裡的蛔蟲，我知道妳要看誰？」他和她打太極拳。

她望望他，臉上忽然浮起一朵微笑：

「老頭子，既然來到臺北，還是去看看兩個小傢伙吧？」

陳念祖嗤的一笑，調侃地說：

「我早知道妳葫蘆裡賣的甚麼藥，就等妳自己露出馬脚。」

「老頭子，想不到你還是這麼壞！」她笑着罵他。

她看見一個橘攤，走過去買了幾斤橘子，叫了一輛三輪車，直接回自己的家。

「不知道那兩個寶貝有沒有學會幾句中國話？」她望着他說。

「如果讓他們進幼稚園，很快就可以學會。」他說。

「不知道現在長了多少？」

「妳沒有帶尺來量量？」

「我看南西眞像她娘？」

陳老太太高興地一笑，又望望老伴兒說：

「你看約翰像誰？」他問。

「和他老子小時候一模一樣。」

「這樣說來是屋簷水點滴不差了？」

「有種像種，無種不亂生。縱然他取了個洋名字，到底是我們陳家的人。」

「妳忘記了他是小老美？」他笑着提醒她。

「所以我不讓他娘帶他回美國去。」她得意地說：「只要他們住下來，自然會是中國人。」

三輪車踏得很快，穿過小巷就望見他們那棟花園樓房。這時他們突然有一種近「屋」情怯的感覺。他們不告而別地離開自己的家，兩個月來兒子媳婦沒有找過他們，彷彿他們死了一樣。想到這裡陳老太太突然一陣傷心，望着老伴兒說：

「老頭子，兒子媳婦眞沒有良心，他們簡直當我們死了。希望他們這時不在家裡，我眞不想再見他們。」

「你不想見他們，恐怕他們眞不想見我們呢！」陳念祖說。

到了門口，他們下了三輪車，兩人互相望了一眼，誰也沒有伸手去按門鈴，你等我，我等你，等了一會，陳念祖輕輕地對老伴兒說：

「是妳要來的，妳怎麼不敢按鈴？」

「老頭子，不知道是怎麼回事？我心虛的很？」她悄悄地說。

「要是我不陪妳來，我看妳要打退堂鼓了？」他故意激她。

她白了他一眼，突然伸手用力一按，不服氣地說：

「是我的家，我爲什麼打退堂鼓？」

下女匆匆地跑來開門，一看見兩位老主人，高興得叫了起來。陳老太太搖搖手，叫他不要作聲，又悄悄地問她：

「少爺少奶奶在不在家？」

下女搖搖頭，他們這才放心走進來。一進客廳，陳老太太就發現紅紙寫的祖宗神位扯掉了，代替的是一幅大耶穌像。老太太氣的臉色發白，大聲地問下女：

「是誰換的？」

下女不敢作聲，經兩老一再追問，才囁嚅地說：

「是少奶奶要少爺換的。」

「畜牲！」陳老太太破口大罵：「他們是從那裡來的？他們不是人生父母養的？」

孫兒約翰聽見有人大聲講話，好奇地從樓上跑了下來。一看見祖父母，驚喜得大叫：「公公，婆婆！」

陳老太太眼淚一滾，連忙跑過去把他抱住，哭了起來。陳念祖也趕上樓去把孫女兒抱了下來。

兩個孩子看見一簍大橘子，高興地拍手，搶着拿，唧哩咕嚕，老太太看了又好氣又好笑。

「乖兒，你們到底是中國人還是洋人？」陳老太太禁不住問。

「中國人！」兩個孩子清脆地回答。

兩老驚喜得目睜口呆，他們不知道孩子怎麼會這樣回答？老太太問下女：

「阿珠，是少爺教的還是少奶奶教的？」

「是我教的。」下女回答。

「阿珠，多謝妳！妳教的對！」老太太一疊連聲地說：「以後還希望你多多教導他們，不要讓他們像老子娘一樣變成假洋鬼子！」

人與樹

一

自從住進這個山窩之後，我整天面對着青山，只要一抬眼，就自然地與山接觸，這座山雖然沒有故鄉廬山那麽雄偉莊麗，但在此時此地來講，已經算是很不錯的了。

每當我推窗外望，首先映入眼中的就是山上那一簇白色的天主教公墓，白色的十字架掩映在綠竹與相思樹之間，看來有一種肅穆寧靜之感，我想：卽使是一個非常熱中於權勢的人，只要天天看看這些十字架，也許會慢慢地恬淡下來。

除了這簇天主教公墓之外，最引我注目的就是山中間那一株張着翠綠的傘蓋，如巨人般矗立的古松。這種松樹在我二十年前居住廬山的那些日子，是看得太多了，可是離開廬山之後我就很少看到，尤其是到了臺灣，連幾尺高的小松樹也沒有看見過，更不要說枝葉婆娑，高可十丈的巨松了。因此，對於這座山上這株唯一的大松樹，我更覺得它氣概不凡，落拓不羈了；而尤其觸發我思古之幽情的，是那株大松樹旁邊有一所簡陋的房屋，它配合得竟那麽巧妙！當我還是個學童的時候，在含鄱口底下，在蘆林一帶的深山中，就看見過好幾處高大的松樹旁邊搭蓋着一所矮小的茅屋，而裏面住的又盡是些高雅人士，一襲青藍布大褂，走起路來飄飄欲仙，談吐之間又迴異於市井俗人。據說他們過去都做過大官，一提起他們的姓名，連老師們都肅然起敬，青芝老人每年暑假上山時還要去探望他們呢！但是當時我實在想不通，牯嶺，廬林多的是一塵不染的別墅精舍，他們為什麽不去住，偏要住這種簡陋的茅屋，嚼菜根淡飯，反而怡然自得呢？二十年後的今天，我雖然還是不怎麽了解，但重新看見這種松樹，這種簡陋的房屋，我便有一種如見故人和時光倒流之感了。

但是那房子裏住的是什麽人呢？是高人雅士嗎？不會，我想不會，今天大家都忙於爭權奪利和最低限度的生活，那有那種曠達的胸懷呢？我想準是世居深山的窮苦人家，我的一個女兒曾經告訴過我，她說她有一個同學就住在很高的山上，說不定就是那家人家吧？

因爲我是一個忙於最低限度生活的俗人，雖然住在山窩裏面整日面對青山，可是却無遊山的雅興，因此對於高山上松樹旁邊的那戶人家，還是一個謎，別的人對它更漠不關心，要打聽也無從打聽，我除了白天多望它幾眼之外，夜晚下班經過那段山坡時也總要駐足抬眼望它幾下。那豆大的燈光在深山裏隱隱約約，更增加了它的神秘和對我的誘惑，不管我回來多遲，它裏面的燈光總是亮的，難道它的主人也和我一樣是幹夜間工作的嗎？住在深山裏的人也有此必要？這眞令我難以理解。

一天下午，我心裏苦悶得很，只想發脾氣，看什麽都不順眼，自己覺得自己也有點討厭，我簡直像一座快要爆發的火山，如果不及時制止，那又要鬧得很不愉快，唯一的辦法只有轉換一下環境。有些人會出去看場電影，或上街買醉，我這裏離城市很遠，看電影買醉都不方便，青山却在眼前，於是我循著一條最近捷的路上山，這是我在這裏住了一年後的第一次上山。

我不走那條去天主教公墓的大路，我沿着小徑向另一個方面走，這是一條很少人走的小路，兩邊佈滿荆棘茅草，鵝卵石子大小不一，不小心就會摔跤，而且彎彎曲曲，眞如古話說的羊腸小道。

我循着小徑信步而行，我想這條小徑也許有個盡頭，也許能夠通到山頂。要是眞的通到山頂，我準備爬上山頂去看看大海，它的高度足夠擴展我的視線，那上面的新鮮空氣，也可以洗滌我胸中的鬱悶。

因爲路不好走，沒有走多久我就累出一身汗，幸好山風很冷，兩旁竹葉蕭蕭，頓覺心曠神怡。

我低着頭走，我並沒有注意那株松樹和房屋，加之竹林比我更高，密茂的竹葉又擋住了我的視線，所以我看不遠，但是回頭看却一望無際，山下的房屋像積木一樣擁擠，大人變成小孩，矮了半截，而我自己却像偉大了很多。

走着，走着，我忽然聽到一陣陣松濤，抬頭一看，我已經走到松樹底下了。這條小徑到這裏也就斷絕了，它沒有再向山頂延伸上去，一塊巨大無比的靑石擋住了我的去路。

我在松樹底下停了下來，我欣喜地用雙手去圍抱樹幹，剛好可以合抱，抬頭望上去，更覺得它的高大婆娑。它所覆蔭的面積很廣，那個簡陋的房屋有一半在它的枝葉籠罩之下。

我正考慮該不該進屋去拜訪主人時，忽然一隻健壯的大黑狗向我撲過來，使我嚇了一跳，這隻狗雖然勇敢，却很有靈性，牠彷彿察出我並無惡意，撲了一下就沒有再撲，只是虎虎地監視着。正在我進退兩難的時候，從房子裏走出一個四十來歲的健壯的漢子，他手裏提着一枝槍，我心裏一驚，我生怕遇着了亡命之徒，但我看看那人的面貌一點也不兇，只是顯得很安祥堅定，隨後我又發現他提的不是步槍，是一枝獵槍，我的膽子就壯了起來。

我驚魂甫定就聽見他沉着地問我：

「請問你找誰？」

「我不找誰，只是隨便走走。」我笑着回答。

他也回我一個微笑，然後提示我說：

「前面沒有路。」

「走到這裏我才知道。」我抱歉地說。

「你從什麽地方來的？」他問。

「山下。」我指着我來的地方說。

「你住在下面？」他又問我。

我點點頭，他似乎也放了心，把槍放下來，和善地說：

「請到裏面休息一下。」

他迅速地轉身，向黑狗一招手，黑狗就蹦蹦跳跳地跑到前面去了。

這所房屋是舊式的瓦房，一連三間，墻脚是用磚砌的，三尺以上却是用的土磚，屋頂蓋了一層薄薄的紅瓦，所有的竹木材料一看就知道是就地取材，非常簡陋，但是周圍的環境却很清潔。

一進屋我就聽見鷄聲咯咯，彷彿有很多鷄，我不禁欣喜地問：

「怎麽你也養了鷄？」

他先點點頭，然後又反問我：

「看樣子你也養了這玩藝兒？」

我用力點頭，他笑着說：

「那我們是『有志一同』了！」

我向他一笑，我覺得他的話很風趣。

「我可以參觀一下嗎？」我指着兩邊的房間問他。

「你知道養這玩藝兒是不歡迎別人參觀的，」他向我一笑，隨後又補充說：「不過你是第一個光臨的貴賓，我願意讓你看看。」

「在我以前沒有別人來過嗎？」我奇怪地問。

他搖搖頭，停了一會又說：

「別人不願意跑這麽遠的山路，我也不希望別人來擾亂我的心情。」

「那我太冒失了！」我向他道歉。

「我知道你不是有意的。」他寬容地說。

他一共養了一百隻鷄，五十隻來亨，五十隻蘆花，都是用籠式飼養；左邊房間養來亨，右邊房間養蘆花，都在生蛋，養得很不錯。

「你的成績很好。」參觀過後我讚賞地說。

「我也失敗過。」他平淡地回答。

接着我們談了一些養鷄的問題，談得很投機，我問他飼料和鷄蛋的問題怎樣解決？他說每個星期天有人把飼料送到山脚下，然後由他自己揹上山來，鷄蛋是用同樣的方法交換，他因爲不願意下山來，所以自己不賣鷄蛋。但是這很吃虧，飼料商人兩頭賺，我把這意思向他說明白之後，他却爽朗地笑笑：

「他賺兩頭，我賺中間，我還是可以維持生活。」

接着他又向我解釋，除了養鷄之外，他還種了青菜和地瓜，主食副食都不成問題，爲了證明他的話，他又帶我看了屋前的菜圃，和旁邊的地瓜，他說這都是他開山開出來的。山地本來非常貧瘠，但他用鷄糞作肥料之後，土壤就好多了，所以瓜菜也長得嫩綠可愛，只是地瓜藤很短很瘦，比平地的差多了。

我發現他房間裏陳設非常簡單，只有一張單人竹床，一張竹桌，此外就是洗臉用具，和一隻樟木箱子，因此我不禁問他：

「你一個人嗎？」

「還有一隻黑虎。」他笑着向我指指那隻黑狗說。

本來我想問他有沒有結婚？有沒有女朋友這類問題，但是由於初見面，不便深談，所以話到嘴邊我又忍住了，不過，我還是浮泛地說了一句：

「不太寂寞嗎？」

「我並不喜歡熱鬧。」他向我淡然一笑，不能完全掩飾心底的凄涼。

「如果你不見棄，我歡迎你下山玩玩。」我向他建議，同時告訴他我的姓名住址。

「謝謝你，我已經一年不下山了。」他誠摯地說。

臨走時我忽然想起我還沒有請教他的尊姓大名，因此我抱歉地說：

「眞該死，我還沒有請教貴姓？」

「劉。」他簡單地回答。

「臺甫呢？」我又問。

「朋友，我想這已經很夠了。」他拍拍我的肩頭向我深沉地一笑，然後又表示幾分歉意地對我說

：「假如你不見棄的話，就叫我老劉好了。」

當然，我不便再問，他這種答覆我已經很滿意了，我覺得他在某些地方還是很豪爽的。

「我可以再來嗎？」走到門外時我又這樣問他。

他沉吟了一下，然後爽快地說：

「你是例外，別人我可不歡迎。」

「謝謝你。」我握了握他的手。

他也緊緊地握了一下我的手，但是沒有作聲。

他把我送到松樹底下就不再送了。

我走了一段路之後，無意地回頭望望，發現他和那條黑狗仍然隱約地站在松樹底下。

二

回來之後，我心裏老是惦念着山上的老劉，我不知道他爲什麽要一個人獨居深山？說是隱居嗎？他又不大像我在廬山遇見的那種隱士，而廬山的那些隱士又都是有太太或小姐作伴的，雖然淸高，並不寂寞，甚至生活費用也有別人接濟。但是老劉不同，和他作伴的只有一條黑狗，他雖然隱居深山，還要養鷄、種菜、種地瓜，甚至打獵來維持生活。他是自食其力，似乎沒有任何人接濟，在這種人跡罕至的深山，達官貴人是不會蒞臨的，那能同廬山那種隱士相比？如果說他是一個純粹的勞動者，那又不對，他沒有一般勞動者的那種世俗觀念，他的修養看來是遠在一般人之上的。當初，我絕對想不到山上會住着他這種人，而且是孤伶伶的一個。

因為惦念老劉，我常常不自覺地打開窗戶，望着山上那棵松樹和房屋發呆，他在星期天雖然要到山脚邊來揹飼料，但是我並沒有碰見他，我不知道他什麼時候來？雖然他並不拒絕我再度造訪，可是我有我的工作，很少空閒，所以我一直沒有再上山去看他。

畢莉颱風過境，我的籬笆統統吹垮了，鷄也差一點「報銷」，因此，我把我自己的籬笆編好，鷄重新安置之後，連忙跑上山去看老劉。

路邊的竹子有很多都吹倒了，有些大樹竟連根拔起，我眞有點躭心那棵大松樹和房屋，先前我忙着自己的事，沒有心思看它們，匆匆忙忙上山之後，又被竹林樹木遮住了我的視線，想望也望不見。但是等我走到松樹底下一看時，那棵松樹仍然像巨人一般矗立在那裏，它的粗根深深地鑽進那塊大靑石底下，不動不搖，甚至連樹枝也沒有吹斷一根，而那些針狀的葉子經過大雨的冲洗，反而顯得格外蒼翠，只是老劉的克難房屋揭去了不少瓦片，老劉正蹲在屋頂上一心一意檢瓦，所以他沒有發現我。倒是黑虎機伶，我一走到松樹底下，牠就衝到我面前來，不過這次沒有第一次那種敵視態度，牠顯然友善多了，我輕輕地叫牠「黑虎」，牠竟向我搖起尾巴來。

由於黑虎的跳躍和歡欣的叫聲，使老劉回頭望了一下，他一發現是我來了，竟掩飾不住內心的喜悅，高興地對我說：

「想不到你會來，你的鷄怎樣了？」

「總算萬幸，沒有什麽損失。」我說：「你的鷄呢？」

「瓦揭走了不少，有幾隻在患感冒。」他站在屋頂上回答我。

「要不要我幫忙？」

「不必，我快補好了。」他說着又蹲下去急忙檢瓦。

沒有多久，他從竹梯上爬了下來，赤膊短褲，兩手烏黑，他攤開手向我一笑說：

「我不和你握手了。」

說過之後他就迅速地走到竹筒那邊去接水洗手，隨後又張着口接水漱了幾下，再跑過來和我一道進屋去休息。

房子裏的積水還沒有十分乾，鋪蓋完全打濕了。

「昨夜你怎麼過的？」我關心地問。

「在雨裏淋了一夜。」他笑着回答。

「我看這屋頂應該澈底翻造一下。」我說。他現在這種屋頂是經不起颱風的。

「慢慢來。」他淡淡地回答。

這時我聽見兩邊房間裏有鷄短促的咯叫，確是傷風感冒了，我問他有沒有藥？他說已經給牠們吃了蘇爾美，大約兩三天就會好的。

畢莉確實給他帶來了不少災害，除了屋頂損壞之外，他種的茄子、絲瓜、豇豆都吹倒了，只有空心菜反而欣欣向榮。我躭心他的菜蔬供應會受影響，他却爽朗地說：

「明天我就會把它們統統扶起來，就是一樣空心菜也照樣可以吃飯。」

「這次山上的竹子和樹木吹倒了不少，只有這棵松樹安然無恙。」我說。

「它是永遠吹不倒的！」他望着那棵松樹很得意地說：「它的年齡可能比我們大幾倍。」

「我眞躭心你的房子。」我又看看頭上單薄的屋頂和那些土磚墻說。

「吹倒了我會再蓋。」他毫不考慮地回答。

「你這房子蓋了多久？」

「兩年。」他伸出兩個指頭，隨後又望望山下說：「那時你們的房子還沒有蓋，山下一片荒地，夜晚還有鬼哭。」

我聽了有點毛骨悚然，我知道他不是說假話，我初搬到這裏來時，三兩天就有人抬着棺材從我門口經過，別人也許不相信有鬼，但我以前會親眼看見過鬼，他說有鬼哭，也不會是嚇唬我的。不過我心裏有點奇怪，那時山下沒有人烟，這山中就更孤寂了，他爲什麼會住上來？因此我問：

「你怎麼會選擇這地方住下來？」

「我喜歡清靜，但是我又不願意在深山古廟裏作掛單和尚，所以我選擇了這個地方。」他穿起一件無領的白布汗衫說，顏色已經由白變黃，有點像嬰兒的尿布了。

「臺灣的廟都在鬧市，臺灣的和尚也怕寂寞。」我笑着說。

「我覺得他們比俗人還俗。」他用一種近乎輕蔑的語氣說。

「現在的風氣變了，臺灣的和尚也講究交際。」

他輕蔑地搖搖頭，然後又悽然一笑：

「因此，我只好到山裏來養鷄。」

「來這裏以前，你幹什麼？」我試探地問。

「好漢不提當年勇，過去沒有什麼好談的。」他用一個微笑來堵住我。

「那你打算長久住在這裏嗎？」我關心地問。

「未來的事很難說，你知道希特勒並沒有統治世界？」他向我意味深長地說：「史太林也已經完結，他們當初何嘗不是想得很遠？」

「假如他們都能如願，我們也就不要想活了。」我說。

「所以像我這樣一個微不足道的人，還狂妄地談什麽未來？」他諷刺自己地一笑，笑得却很豁達開朗。

「你不想成家嗎？」沉默了一會之後，我又問他。

「我這不是有一個家嗎？」他笑着反問我。

「不，我是說你應該有個太太。」我大膽地說了出來。

「我總不能拿錢去買？」停了一會他才這樣地回答我。

「你不可以談談戀愛嗎？」我笑着說。

「戀愛？」他大聲地笑了起來，嘴巴張得很大，聲音非常響亮，笑過之後又輕輕地問我：「同誰戀愛？」

「當然是女人哪。」我迅速地回答。

「女人？」他又大笑起來，笑了一陣又喃喃地說：「女人？女人？」然後又是一陣突然爆發的狂笑，歷久不絕。

他笑得我莫明其妙，等他笑完之後我才輕輕地問：

「你不歡喜女人？」

「醇酒美人，誰不歡喜？」他走過來問我，又背轉身去狂笑起來。

他這一笑眞使我有點驚愕，我想可能是他的神經失常，但他很快地回轉身來輕輕地拍着我的肩說：

「老王，戀愛也不是俗人談的。你想，這世界上有幾個女人懂得戀愛？又有幾個男人懂得戀愛？大家還不是胡亂湊合？還不是各取所需？」

聽了他的話我不禁肅然起敬。的確，希臘只有一個伯拉圖，中國也只有一個李後主，此外我再想不出有什麽人眞正懂得愛了？

老劉看見我默不作聲，又非常親切地望着我說：

「倒是英國的溫莎公爵和辛浦孫夫人可以算得一對。」

他的境界之高使我無法再表示我的淺見，我只好連連點頭。

他看見我再沒有什麽話講，就拿起一個鋁質洗臉盆揀鷄蛋，他按着次序去揀，邊揀邊作紀錄，一下子就揀了半臉盆。

「有幾成蛋？」他揀完之後我順便問他。

「八成。」他隨口回答。

「蘆花呢？」我又問。

「蘆花也將近八成。」他說着又走過去揀蘆花鷄蛋，蘆花蛋殼是粉紅色的，兩種蛋湊起來快一臉盆了。

揀完鷄蛋他又忙着挖地瓜，他說晚飯等着地瓜下鍋，我問他是不是完全吃地瓜？他說有時也吃點米飯，米也是由飼料行送來的。

他挖地瓜時黑虎也跟在他身邊，他挖出來的地瓜就交給黑虎，由牠一個個地卸到房子裏去，我覺得黑虎不但勇敢，而且聰明。

「你這隻狗很有訓練。」我向他讚賞黑虎。

「還有點用處。」他也得意地一笑。

「是土狗還是洋狗？」

「土狗。」

「這樣好的土狗眞不多見。」我覺得這隻狗比一般土狗大，比一般土狗漂亮，也比一般土狗聰明。

「牠的確不下於洋狗，打獵時最有用處。」他望望黑虎。

「你時常打獵？」我好奇地問。

「一個月總要打幾次。不然我那有肉吃？」

「你的生活很有意思。」我不禁羨慕起來。

「如果是你恐怕在這裏住不上三個月？」他向我調侃地說：「這是一個沒有女人的世界。」

「這裏沒有任何誘惑。」我說。

「麂子對我却是最大的誘惑。」他向我笑笑。

他挖了十幾個地瓜就不再挖了，他把土扒平之後就提着鋤頭回來，我看看時間不早向他告辭，他不再送，只笑着對我說：

「假如你還有興趣的話，下次你可以來和我一道去打獵。」

三

一個月以後，我又來到山上了。

這天是一個晴朗的好天，我清早就跑上山來，竹葉上的露水像一顆顆小小的珍珠，非常晶瑩可愛，鳥兒也在竹林裏面唧唧喳喳地叫，一隻褐色的兔子從我面前箭一樣地穿過去，鑽進草叢裏不見了。

我一走近松樹脚下，睡在門口的黑虎一個箭步跳到我面前來，老劉也接着趕了出來，手裏還提着那管獵槍，他一看見是我就笑着說：

「我還以爲是一隻兔子呢？想不到是你！」

「老劉，你討我的便宜。」我笑着責怪他。

「我不是有心討你的便宜，黑虎看見兔子就是這樣追上去的。」他咧開嘴巴說。

我不好再責怪他，我改口問：

「老劉，今天可不可以打獵？」

「可以，只要你有興趣。」他點點頭說，隨卽把我帶進屋裏。

他的竹床上擺了一大盌熟地瓜，他指着地瓜對我說：

「你要不要吃兩個？」

我因爲上山來時沒有吃東西，走了一段山路肚子已經有點餓，就不客氣地隨手拿起一個地瓜來吃，同時問他：

「你不吃？」

「我剛才吃過了，」他說：「你吃飽，我去上鷄食，等我料理清楚之後，我們就一道出去。」

我吃飽之後，他還沒有料理清楚，他在加飼料，我幫他換水，大約費了半個鐘點的時間，才全部弄好，鷄一天的飲食是沒有問題的了。

他把十幾個熟地瓜放在乾糧袋裏，往肩上一掛，提着槍就走。我怕他忘記了携帶彈藥，及時提醒他，他指着槍膛向我一笑：

「早上在這裏面了。」

「那怎麽夠？」我覺得既然出去打獵，彈藥一定要帶充足，萬一一槍落空，還可以有彈藥再打，這麽一套本錢一槍打空了就只好空着手回來了。

他聽了我的話向我深沉地一笑：

「我不能浪費彈藥。」

他既然說出這樣的話來，那就用不着我再躭心了。

本來這條小山路是到他這裏爲止的，此外我再也看不出什麽地方有路？可是他把我帶到屋後邊去，那裏又出現了一條小徑，如果不走近去那是看不出來的。

「這條路通到什麽地方？」我隨便問了一句，我仍然希望有一條路通到山頂去。

「我走到什麽地方，它就通到什麽地方。」他說。

我不解地望着他，他又接着說：

「山上本來沒有路，這都是我走出來的。」

說着他就邁開大步向前走，黑虎已經跑在他的前頭，牠在路邊東嗅西嗅，一會兒撒一點小便，一會兒又往路邊的草叢和樹林裏鑽，老劉望望黑虎又回過頭來向我一笑：

「黑虎是最好的尖兵！」

「你也應該是一個很好的射手。」我回答說。

「今天我想讓你試試？」他向我一笑，好像要考驗我似的。

「我不能浪費你的彈藥。」我坦率地說，我從來沒有打過獵。

「那你希望我打什麼？」他友善地徵詢我的意見。

「碰見什麽就打什麽。」我隨便回答。打獵要碰運氣，不能選精擇肥。

「我可不這樣。」他搖搖頭說：「最理想的是鹿和獐，打一隻可以吃十天半個月。」

「你打過沒有？」我問。

「這地方不多，三個月前打到一個。」他說：「希望今天托你的福。」

「也許我的運氣很壞。」我說。

我的話剛說完，黑虎正從矮樹叢裏趕出了一隻野鷄，牠在後面叫，追，可是野鷄飛得有一丈多高，牠咬不到，我連忙催促老劉：

「快打！快打！」

他却若無其事地說：

「我只有一套本錢，鷄，我有的是。」

因爲他不打，那隻野鷄終於飛走了。我顯得有點懊喪。

他看出我的懊喪神情，馬上打趣地說：

「如果你想吃鷄，等會回去我殺一隻就是。」

「算了，算了，我只是見獵心喜，倒不在乎吃。」我笑着回答，我實在沒有想到吃。

「不要性急，我想今天會有機會。」他胸有成竹地說。

這時，黑虎又趕出一隻兔子，我又催他快打，他仍然若無其事，不動聲色，狗在拼命地追，兔子亂跑亂鑽，終於被牠鑽進洞裏去了。狗在洞門口用脚拼命地扒，還是沒有捉到，我不禁嘆了一口氣：

「唉！可惜。」

他却微微一笑，仍然若無其事，反而把手向黑虎一招：

「黑虎！」

狗聽見他叫，就很乖地跑了過來，他拍拍牠的腦袋，賞了一個地瓜給牠吃，狗吃完地瓜，又繼續跑到前面去搜索。

我不知道老劉搗什麼鬼？野鷄不打，兔子不打，還打什麼獵？但是我不好意思再問，只默默地跟着他前進。

路越來越難走，現在已經無所謂路，我們只是選樹林和荆棘少的地方走，越向上走，樹木越密越大，這些樹木從來沒有人來砍伐，完全是自生自滅，竹林也漸漸稀少了，大概它們競爭不過高大的喬木。

黑虎仍然在樹林中東竄西竄，牠比我們的行動敏捷得多，有時根本不見牠的蹤影，連叫牠幾句才突然竄了出來，又蹦蹦跳跳地走了。

我因爲走在老劉的後面，無意中發現他耳根骨附近有一個傷疤，傷的地方還不太小，有一小塊不再生長頭髮，在他對面看不見，因爲被他的大耳朵遮住了，在他後面却看得很明顯，我很想問他是怎麽弄傷的？但一轉念之間又覺得很不妥當，這是他的缺陷，我怎麽可以揭開他的瘡疤呢？我想很可能是打獵時被樹枝什麽的刺傷了，或是被野獸抓傷了？他這種滿不在乎的樣子是很可能的，因此我終於忍住了沒有發問。

我忽然發現老劉有一副寬濶的肩膀，這是我以前所忽略的，他的背脊也自然地挺直，走起路來篤篤實實，他的個子雖然不算高大，却給人一種強有力的感覺，不是那種虛有其表的體型，在他後面看他走路就更加深了這種印象。

現在我也才覺得他的頭髮有點奇怪，簡直不成式樣，彷彿是他自己用剪刀隨便修剪的，因爲髮脚高低不平，頭髮長短不一，經過山風一吹，就顯得更加凌亂了。

他左手提槍，右手不時把披下來的頭髮大把地拂掠上去，或者把頭用力地搖擺。

「老劉，我看你應該下山去理理髮了。」我乘機慫恿他下山去，他是一個文明人，我還是希望他回到文明社會去。

「我自己有剪刀家具，用不着去找理髮師。」他回過頭來對我說。

「理髮師的手藝比你高明，理得比你漂亮。」我說。

「我又不談戀愛，要那樣漂亮幹什麽？」他向我爽朗地一笑。

「來亨鷄也常用嘴梳理自己的羽毛，你怎麽不把頭髮好好地整理一下？」

「我覺得這樣已經很好，比印第安人強得多了，印第安人也並不覺得自己難看，你說對不對？」

很顯然的，這一着我並沒有成功，他並不關心自己的儀容。於是，我又想到電影上去，最近我看了一部西班牙的片子「海女」，這是我養鷄以來看的第一部片子，覺得它很不錯，的確能一新耳目，因此我又慫恿他下山去看電影，並把「海女」的一切好處添油加醬地說了一番，最後還特別聲明由我「請客」。他聽了只是淡淡地笑笑。

「你笑什麽？」我連忙問他。

「不管是西班牙的也好，義大利的也好，好萊塢的也好，所有的電影幾乎有一個共同的公式。」他慢條斯理地說。

「什麽公式？」

「結局還不都是男女KISS？」

我不禁啞然失笑，因爲「海女」的女主角最後也是抱着男主角的浮屍擁吻，還是逃不了一吻的結局。

「你笑什麽？」

「你沒有說錯。」我只好承認他是對的。

「所以我已經幾年不看電影了。」

我覺得我已經技窮，我再沒有什麽辦法可以勸他下山了。

我們這一陣走走說說，不覺已經過了兩點，他首先在一塊石頭上坐了下來，從肩上取下乾糧袋，遞了兩個熟地瓜給我：

「吃了地瓜再走吧。」

我接過地瓜也跟着坐了下來，我也有點餓了。

他喊了一聲「黑虎」，黑虎馬上從樹林中鑽了出來，站在他的面前搖頭擺尾，他向上空拋了一個地瓜，黑虎迅速地跳起來用嘴接住了。

我吃了兩個地瓜已經很飽，他却一連吃了四個，黑虎也吃了三個。大家吃完，我笑着對他說：

「今天不要打空手才好？」

他笑着在我肩上輕輕一拍：

「放心，麂子碰不着兔子總要逮一個！」

說完他輕輕地跳了起來，把槍往肩上一扛，大踏步地走了。

黑虎看見他走連忙跑到前面去，牠邊跑邊嗅，東竄西鑽，一會兒就不見了。

我們越走越接近山頂，我很想爬上去看看，但是沒有路，靠近我們這邊的是一列斷崖。一到下午，太陽就照不到這一面，所以地上越來越潮濕，有些地方踩下去還是水吱吱的。

我提議早點回去，因爲我還要下山，天黑以後不好走路，何況我還要上夜班？

「我們不能空手回去，再走到前面去看看。」老劉這樣對我說，同時把槍從肩上拿下來。

於是我們又繼續走了一個多鐘頭，還是毫無所獲，老劉只好答應我的請求，向後轉。

回來是另一條路，黑虎在他的指示下又跑在前頭。我想黑虎今天是白費氣力，我也是徒勞往返了。

在一條小山澗旁邊，黑虎又追着一隻兔子，那隻兔子跳得很高，跑得很快，牠東躲西閃，黑虎一時捉牠不到，我望着老劉不作聲，意思是說：「你還不打？」他看出我臉上的表情，向我一笑，迅速地舉起槍，朝兔子前面兩三尺的地方射擊，兔子的身子跳起來有兩三尺高，牠剛要落下的時候，子彈正好擊中兔子的腦袋，兔子迅速地跌落下來，黑虎在牠落地之前剛好一口把牠接住，這其間眞是間不容髮，再打在前面一點，子彈會落空，如果打在後面一點，那就正好打着黑虎，看見他這次傑作，我的嘴巴自然地張大起來。

但他只是淡淡地一笑，熟練地從黑虎口裏把兔子接過來，拎着兔子的兩隻後腿顚了一顚說：

「今天晚上我們可以打一次牙祭！」

四

對於老劉這個「怪人」我心裏實在敬佩得很，可是我總覺得他有點莫測高深，幾次接觸之後，我看得出來他已經把我當作朋友，而且心裏還希望我經常去看他，雖然他嘴裏從來沒有講過這類的話。可是我邀他到我家裏來玩時他却一再拒絕，甚至到現在還不肯告訴我他叫什麼名字？上次和他出去打獵之後，我就覺得他拿槍的姿勢不同於普通獵人。那份沉着勁兒和射擊的奇準更非普通獵人可比，尤其是耳根骨附近的那塊傷疤更引起我的幻想和沉思，每當我深夜下班在那個小山頭駐足眺望他那一燈如豆的簡陋的房屋時，我心裏眞有一種說不出來的滋味！一個中年的單身漢，孤獨地住在深山，這是一種多麼高超的境界？又是一種多麼落拓的襟懷？這豈是我們這般俗人所能做得到的？假如有一個心靈息息相通的美人作伴，我也可以住到那種深山去，長久不出來；可是他沒有美人作伴，只有一隻狗黑虎隨侍在側，但他一住就是兩年，而且還不願意下山，這眞令我百思不解。本來我想時常上山去看看他，也許可以解解他的寂寞？但是我又沒有那麼多的空閒，我有很多鷄毛蒜皮的事要做，甚至爲了十塊八塊錢急得團團轉，我除了站在窗前對他的房屋多望幾眼外，總要一兩個月才能上去一次。

一天，我正在惦念老劉的時候，忽然接到臺中老陳的一封信，他首先問候我的生活狀況，然後寫了這麽一段我意想不到的話：

「我有一個好友劉青松，兩年未通音訊，深以爲念，經多方打聽結果，有人說他做了和尙，有人說他在北部山中養鷄，我想做和尙是不會的，他淡泊有之，但不會這麽消極，因此我相信養鷄的成份比較大。聽說你也在養鷄，你們『鷄友』可能常有接觸，不知道你知不知道他這麽一個人？如有線索，請你寫信告訴我。」

養鷄的人現在很多，我雖然偶有接觸，但只是隨便談談，很少通名問姓，我更不知道劉青松這個人，老陳以前也沒有和我談過他有這麽一個好友，所以我沒有一點印象。後來我忽然靈機一動，想到山上的老劉，因此我特地上山去問他是不是劉青松？他哈哈一笑，完全否認，我覆了老陳一封信，說是我這邊山上有一個老劉在養鷄，但我不知道他的名字，不能確定他是不是劉青松？老陳接到我的覆信之後馬上又來了一封信，問山上的老劉多大年紀？有什麽特徵？我又回信告訴他老劉大約四十上下，但是面部沒有什麽特徵，不過耳根骨附近有一塊疤，對面是看不到的，我認爲這算不上什麽特徵，只是順便告訴他一下罷了。

信去之後我毫不介意，想不到第三天老陳就趕來了，而且一到我家裏連坐都不肯坐，要我立刻陪他上山去看老劉，我拗他不過，只好遵命。

我們剛走到那棵大松樹脚下，黑虎就跑了過來，牠朝着老陳敵意地叫了幾聲，我大聲地叫了兩聲「黑虎」，牠就走到我的身邊搖頭擺尾，不再對老陳狺狺作吠。

我正在安撫黑虎時，老劉趕了出來，他看見我先是一喜，後來發現老陳又是一怔，但他還是走了過來表示歡迎。老陳馬上跑過去和他緊緊地握手，同時責怪地說：

「金刀，你是怎麽搞的？一個人躱在這裏養鷄，連老朋友也不要了？」

我聽了老陳的話眞是丈二和尙摸不着頭腦？老陳要找的是劉靑松，怎麽又叫老劉金刀？顯然老劉不是劉靑松了？

老劉向老陳歉意地一笑，沒有再作解釋。

進屋之後，老劉笑着問老陳：

「要不要喝杯白開水？」

「我跑了這麽遠的山路，怎麽不要？」老陳氣喘吁吁地說。

「因爲我知道你愛喝綠茶，不喝開水，所以我要先問一聲。」老劉笑着說。

「飢者易爲食，渴者易爲飮，現在還管什麽白開水和綠茶？」老陳接過冷開水之後咕嚕咕嚕地幾口喝完了。

喝完開水，老陳又用手巾揩揩汗，然後從容地問老劉：

「你怎麽會想到這裏來養鷄？」

「這裏淸靜，同誰都不發生糾葛？」老劉說。

「你怎麽也不告訴我一聲？」老陳接着說。

「實在乏善可陳。」老劉笑着回答。

「你想隱姓埋名是不是？」老陳向他一笑：「今天可給我找上來了。」

「想不到你們也是朋友？」老劉笑着對我說：「早知如此，那次我眞該拒絕你了。」

「那次你要是拒絕了我，今天你們可能不會見面了！」我指着老陳和他說，要不是那次打獵，我是不會發現他耳根骨附近有疤的。

「說眞的，你爲什麽要躲到山裏來？」老陳又這樣問。

「我喜歡山，山不會搬弄是非，顚倒黑白，我樂得耳根淸靜，眼睛舒服。」老劉笑着回答。

「僅僅爲了這個原因？」老陳望着他說。

「也爲了自食其力。」老劉平靜地回答。

「你現在過得很好？」

「我過得沒有什麽不好，」老劉向老陳一笑：「你要不要參觀我的鷄？」

老陳點點頭，老陳對於鷄完全是外行，問了許多外行話，老劉向我眨眼微笑。

「但是這太辛苦，鷄糞也很臭。」看過之後老陳這麽說。

「我並沒有這種感覺。」老劉微笑地回答。

最後老陳勸老劉放棄這種山野生活，回到都市去，老劉直搖頭。

「這對你很不合適，你何苦這樣作踐自己？」老陳苦勸。

「我倒心安理得。這樣與人無忤，無拘無束，自由自在，我爲什麽要回到都市去？」老劉心平氣和地回答。

「都市是文明世界，你在這裏簡直是過着原始生活。」老陳環顧了一下他的房屋和簡單的用具說。

老劉哈哈大笑起來，隨後又突然止住笑說：

「強姦、欺詐、搶刼、出賣良心、出賣人格，那是什麼文明世界？」

老陳望着他沒有話說，老劉又接着說下去：

「山上沒有這些，山上是一片淨土，山上的空氣也是乾淨的。」

「那你眞的不想回去？」老陳無可奈何地問。

「如果我留戀過去那種生活方式，我又何必上山來？難道你也以爲我有神經病？」老劉反問老陳。

老陳睜大眼睛看着他，然後默默地站起來，非常失望地說：

「那我這次算是白來了！你知道，我打聽了兩年才得到你的消息？」

「我很抱歉。」老劉說。

「那我走了。」

接着是一陣難堪的沉默，我也不知道說什麼好？老陳望了老劉幾眼，終於無可奈何地說：

「別走，讓我殺隻鷄給你吃。」老劉雙手擋住老陳。

「我要趕回去，我只請兩天假，我心領了就是。」老陳回答。

「假如你也改變一下生活方式，你就用不着向誰請假了。」老劉笑着說。

老陳臉上有點尷尬，無力地搔搔頭：

「我辦不到，也許我還缺少一點什麼？」

老劉不再接腔，走進去拿了一紙袋子鷄蛋出來，遞給老陳：

「你帶回去給孩子們吃，也許他們需要這個。」

老陳也就不客氣地接了過來。

於是我們一道下山，老劉送到山脚邊就不再送了。

老劉和他的黑虎回去之後，我問老陳：

「他就是劉青松嗎？」

老陳點點頭。

「那你怎麽叫他金刀？」我奇怪地問。

「這是他十年前的筆名，我叫慣了。」

「他就是那個寫小說的金刀嗎？」我忽然想起抗戰後期一位風頭很健的小說家，他的小說是別具一格的。但我想不到他會是現在的老劉。

「可不是？」老陳嘆了一口氣。

「他現在爲什麽不寫？」我更奇怪起來。

「誰知道？」老陳茫然地搖頭。

「他耳根骨邊的那塊疤也有點來歷嗎？」我又問。

「那次他幾乎獻出了自己的生命，假使他眞的死了，報紙上會用大字登載他的姓名。」

我要老陳把那段故事告訴我，老陳不肯講，他取笑我說：

「你想找小說題材是不是？」

我極力否認，我說我只想多瞭解老劉一點。他說老劉不願意提當年勇，也不願意別人談論他的過去，他為了尊重老劉，所以不能出賣那段故事。
我們沉默了一會，我不知道老陳在想什麽？我却有一種悵惘的感覺。忽然我想起老劉對女人的看法也和別人不同，因此我問老陳：
「老劉沒有結過婚？」
「結過。」老陳說。
「離婚了？」我又問。
「不，他們感情好得很。」老陳斷然否認。「他太太是一個非常漂亮賢慧的女人。」
「那他們為什麽不在一塊？」
「他太太沒有出來。」老陳把手一攤說。
「這幾年來他沒有再談戀愛？」我好奇地問。
老陳搖搖頭，嘆了一口氣。
我也輕輕地嘆了一口氣，我眞替老劉惋惜，我心裏同時也升起一股敬意，因此我說：
「老劉眞是一個了不起的人。」
「他是一個眞正的硬漢，眞有見解的人；可是別人說他有神經病。」老陳沉重地說。
「他有神經病？」我不禁失聲大笑出來。
「別人都這麽說。」老陳向我點點頭。
我不相信，我不自覺地回過頭去望望山上，但是已經看不見老劉和黑虎了。那棵巨大的松樹却巍然矗立，蒼翠欲滴，和它比較起來，那些相思樹和灌木就更顯得寒傖矮小了。

老陳看我不作聲，却主動地和我說：

「你應該常去看看他，他也許和那棵大松樹一般寂寞。」

我點點頭，我覺得我應該和老劉親近，像那些小相思樹親近那棵大松樹一樣。小相思樹也許不瞭解大松樹的心情，但它們可以聽聽那龍吟般的濤聲；我也許不能解除老劉的寂寞，但我願意聽聽那蒼涼的笑聲。假如我不住在山下，我那有這份榮幸？

圓房記

一

松梅是我的堂侄，年齡却大我十多歲。可是我們兩人並不因爲輩份和年齡的關係而格格不入，我們相處得最好。雖然他是大家都瞧不起的「臭虫」、「懶鬼」，我却特別瞧得起他。遺憾的是我的年齡太小，沒有誰重視我的「卓見」。假如我有我伯父那樣的威望，一句話就可以把他捧上天，但是我的話一點兒份量也沒有。大人們怕我學壞了樣，不讓我和他接近，但我不理，和他玩得格外起勁。

甚至他洞房花燭那天，我正和他在一起踢毽子，他也懶得理會那回事，彷彿結婚並不是他自己的事。

本來在作新郎倌這天要洗個澡，長袍馬褂穿得整整齊齊，才像個樣兒。但他還是和平時一樣不修邊幅，一身舊藍布罩袍破了好多洞，髒得像剃刀布，閃着黑光；舊棉鞋燒了好幾個窟窿，棉花都露在外面。他却把舊棉袍的下擺捲在腰上，用那雙破棉鞋和我踢毽子，自然還有別的孩子在裡面湊熱鬧。

他除了不願意種莊稼之外，無論那一樣都比別人強，甚至踢毽子也沒有人踢得過他。我雖然穿着新棉鞋，也不是他的對手。無論跳、剪、吊、懸、扣、盤，他樣樣都好，左右兩隻腳同時盤來盤去我還沒有學會，就是普通的跳我也只能連續跳五六個，但在一群小猢猻當中已經算出人頭地了，他却能一口氣跳二三十個。

在我們跳得正起勁的時候，他妹妹一而再，再而三地催他回去，他相應不理，最後他妹妹氣了，翹起嘴說：

「平時別人打漁你總是晒網，今天圓房你還是老樣，小心爹爹來搥你！」

「死丫頭，妳少管閒事，給我滾回去！」他瞪了他妹妹一眼。

「松梅，別人巴不得有這一天，你怎麼做新郎倌也想偷懶？」一個大男孩打趣地說。

「你還沒有到我這個年紀，懂個屁！」他白了那幾個十五、六歲的男孩一眼。

「哥哥，快拜堂了，你到底回不回去？」他妹妹逼着問。

他沒有作聲，我聽說要拜堂了，便想看熱鬧，把鷄毛毽子往荷包裡一塞，同時雙手把他一推：

「走，回去拜堂，明天我們再踢。」

他很不樂意地把捲起着的棉袍放下，向我苦笑：

「四叔，這眞是捉着鷄婆上孵，硬逼！」

他的話剛說完，他父親就趕了出來，以那出名的大喉嚨，站在大門外對他吼叫：

「拜堂了，你還不趕快跟我滾回來！」

他垂頭喪氣地走回去，拖着破棉鞋。

我和一群小猢猻跟在他後面，他妹妹還在對他嘀嘀咕咕地說：

「別人做新郎喜氣洋洋，你做新郎却像個豬八戒，嘴上掛得糞桶住！」

他反身過來在他妹妹頭上重重的敲了一下，她馬上抱着頭哭了起來。

「妳這個死丫頭隔岸觀火，過兩年把妳嫁個瞎子駝子，看妳還酥不酥！」他指着她罵了幾句。

「臭虫！懶鬼！」她潑辣地回罵：「嫂嫂不瞎不駝，那一點配不上你這個懶鬼？你不要想左了，玉蘭明天就要出嫁！」

他馬上面如死灰，滾出兩顆眼淚。

我們把他推推擁擁地弄回家去。

他在他父親的監督母親的嘀咕之下，換好了新的駝絨長袍，黑緞馬褂，戴上了灰呢禮帽，穿上直貢呢新棉鞋。他從來沒有穿戴得這麼好，可是他臉上沒有一點笑容，嘴還是嘟得像豬八戒。

新娘木香早已開過臉，打扮好了，她的臉還是那麼圓，圓得像個南瓜；還是逢人便笑，帶着幾分稚氣和傻氣的笑。我很少看見她生氣，即使我堂嫂揪她，她也是那麼笑嘻嘻，所以我看不出她今天是眞歡喜還是假歡喜？

伴娘聽說新郎已經穿着整齊，便把一大塊紅布往她頭上一蓋，攙扶着她走了出來。

堂屋裡早就紅燭高燒，桌子上圍了紅桌裙，四周站滿了看熱鬧的男男女女。

松梅像一截大木頭站在蒲團前面，完全不像和我踢毽子時那麼矯捷。

伴娘把新娘攙到他的身邊，掛在門口的萬字頭鞭炮便劈劈拍拍地響了起來。他們先向天地君親師位三跪九叩首，再向父母跪拜，然後轉過來向門外的天地三跪九叩，拜堂的儀式便算完成，拜客是明天上午的事。

拜過堂後，天也就黑了下來，接着就開酒席，招待親戚朋友，五服以內的本家，自然也少不了一份，我也叨了這麼一點兒光，人雖然小，却坐上了猢猻席。

鄉下人吃酒席眞是開懷暢飲，大吃大鬧，女人孩子更像一群噪晚的烏鴉，吵痲了耳朵。

松梅敬過酒之後，趁大家鬧哄哄的時候，輕輕地把我叫到一邊，問我有沒有什麼地方可以藏身？

我以爲他是怕人鬧新房，和他爲難，自然應該帮助他。腦筋一轉，轉到一個我平日躲「咪貓」的稻草堆上，我在那個稻草堆上開了一個非常隱秘的洞，從來沒有人能找到，於是我爽快地點頭說「有」。

「走，帶我去！」他輕輕地說，却用力把我一拉。

我和他從後門悄悄地溜了出來。

臘月天，天上的雲像灰色的肉凍子，入夜便伸手不見五指。北風呼呼吹，吹在臉上像刀割。因爲地形太熟，在黑暗中我還是辨得出方向。

我們摸到那座大草堆，摸到了那個隱秘的洞，我把一捆僞裝的稻草拉開，先鑽了進去。這裡面足可容納兩三個人，但我一想到他那一身新衣，便對他說：

「你不能進來，弄髒了衣服可惜。」

「管它，我不要穿這身鬼衣服！」說着他就鑽了進來，又輕輕地問我：「你不出去？」

「這裡面暖得很，我想聽你講三國。」我說。我已經吃飽了，這個洞裡也實在溫暖舒服，他肚子裡又裝滿了六才子書，三國演義記得滾瓜爛熟。

「今天我心裡很煩，不講三國。」他坐在我身邊說：「你出去，讓我一個人在這裡睡。」

「不講三國可以，」我說：「今天是你圓房的好日子，怎麼能一個人在這裡睡？」

「我一看見那個『方石滾』就生厭，怎麼能同她在一起睡？」方石滾是新娘木香的綽號，她是一個出了名的笨人，做事、走路、講話，甚至笑起來都是那麼遲鈍。她是童養媳，和松梅在一起長大，的確看厭了，無論大人小孩都知道他不喜歡她，他從來不和她講話，但我的堂兄堂嫂却要這兩個寃家「圓房」。他們也有他們的理論，而那套理論又是大人們一致讚同的，那就是這麼簡單的一句話：「

圓了房就會好的。」

但是現在松梅不回到新房去睡，怎麼會好呢？

「你不回去他們會找的。」我說

「讓他們找好了！」他賭氣地說。

「那你先前就不該和她拜堂？」我說。我知道拜了天地就等於寫了契紙，那是不能反悔的。

「不拜我拗不過他們，不在一起 他們就沒有辦法，他們總不能脫我的褲子？」

我聽了笑了起來，他又不是三歲兩歲，用不着堂嫂把尿了，那有老子娘替二十多歲的兒子脫褲子的道理？

「你先回去，不必和我在一塊。」他等我笑過之後又對我說。

「這裡比被窩裡還舒服，我也不想回去。」我說。

他聽我這樣說就連忙把洞口堵好。

「你是不是在想玉蘭姐？」我等他坐好之後輕輕地問他。

玉蘭是劉家的大姑娘，天生的美人胎子，綽號「賽西施」。我沒有見過西施，不知道西施是什麼樣子？但玉蘭是天天見面，眞是百看不厭。今年以前，她背後還是拖着一條烏黑的大辮子。生得細皮白肉，說來奇怪，大太陽也晒她不黑。鎭上的青年人都說她是瓜子臉，櫻桃嘴，楊柳腰，我却最喜歡聽她說話的聲音，那像樹林裡的黃鶯唱歌一般好聽；還有那對會說話的眼睛，她嘴巴不動，眼睛一轉就會比別的女人說一百句話還要傳神，而且她的眼眶子大，看不起一般捋牛尾巴的青年人，獨對松梅垂青。因爲松梅裝了一肚子六才子書，還看了許多別的小說演義之類的書籍，這是那些專教子曰詩云的老學究所不及的。玉蘭和我一樣，就是聽他講三國、水滸、西廂、紅樓……這些書入了迷的，因此我特別看得起他，但是玉蘭却愛上了他！有一天他們兩人在一塊被別人撞見了，不知道是做錯了什麼事？玉蘭被她父親吊起辮子來打了一頓，松梅被我們的族長罰跪在祖宗牌位面前，用扁擔打了一頓屁股。

本來松梅只有一個「懶鬼」的綽號，他這個綽號就是由看書得來的。閒空時他固然手不釋卷，甚至農忙時他也坐在牛背上或躺在樹蔭底下看書。那些連史紙石印本的書看捲了角，甚至東缺一角、西掉一塊，但他還是像寶貝一樣地捧在手裡，捨不得放下。對於田地裡的事他總是懶洋洋地提不起勁，敷衍了事。因此落了一個「懶鬼」的罵名。

自從他和玉蘭挨打的事發生之後，「懶鬼」之外又加了一個「臭蟲」，他的地位是愈來愈低了，甚至比挑剃頭擔子的老許還不如。我總覺得這是一件很不公平的事，尤其是他和玉蘭，應該是龍配龍，鳳配鳳，但他却不得不和「方石滾」圓房，玉蘭也不得不嫁給那個王拐子，因為那是指腹婚姻，而且她偏偏又在明天出嫁。玉蘭的父親雖也知道王拐子配不上玉蘭，玉蘭非常討厭王拐子，但他不願意食言，而且也和我堂兄嫂持同樣的觀念：「圓了房就會好的。」

但我知道松梅捨不掉玉蘭，玉蘭也捨不掉他，雖然在人前碰面時，兩人冷淡得好像從來不相識，但有一天夜晚我却發現他們兩人在牛欄旁邊抱頭飲泣。我為了怕被別人發現，故意輕咳一聲，玉蘭便像一隻驚弓的鳥兒樣的駭跑了。松梅知道是我，便安心許多，但一再囑咐我不要傳出去，我很同情他們，自然不敢亂講。

「四叔，我不騙你，我是在想她。」過了好半天他才低沉地回答。

「想又有什麼辦法呢？她明天就要嫁到王家去了。」我說。
「我知道沒有辦法，但我不能不想，」他面對着我說：「尤其是在今天這個鬼日子！」
「今天是個黃道吉日，你怎麼說它是鬼日子？」
「四叔，對別人是好日子，對我是鬼日子。希望你將來長大了不要遇着我這樣的事。我雖然比不上張君瑞，玉蘭也不是崔鶯鶯，但我們相好是眞的。」
「你最近見過她沒有？」
「見過一次，只講了幾句話。」
「她說了什麼？」
「刀架在頸上她也不從，她縫好一條連環套的褲子，她決心僵下去，最後出家做尼姑。」
我聽了松梅的話，心裡很不好過，我又問他：
「你怎樣對她說？」
「你已經知道了，我不必再說。」
我想他是指不和木香同房的事，現在他正和我躲在草洞裡，這就是一個很好的證明。
草洞裡雖然很暖和，但是空氣不大好，和他坐久了沒有話講，我就覺得有點兒無聊，但又不好意思離開，而且夜已經很深，一個人出去我又怕鬼，因此我不時和他扯幾句閒話，我轉彎抹角地問他：
「上次你沒有講到賈寶玉和林黛玉圓房的事，後來他們怎樣了？」
「後來林黛玉死了，賈寶玉瘋了，還圓什麼鬼的房？」他沒有好氣的回答。
這種結局眞是大大地出乎我的意外，和聽說玉蘭要當尼姑一樣使我不愉快。

我覺得百無聊賴，便昏昏入睡。

突然，我被一陣喧鬧驚醒過來，我聽見松梅父親的大喉嚨在喊：

「松梅—松梅—」

其中還夾了許多嘈雜的人聲。我輕輕地對松梅說：

「糟了，他們找來了！」

「不要作聲！」他輕輕地囑咐我。

「這個子弟眞不成材！」他父親在嘆息，在罵。

松梅屏着呼吸不作聲。

他們在這稻草堆外面轉來轉去，有人捉摸地說：

「奇怪，到處都搜遍了，怎麼找不到人？」

「該不會投水吧？」有人憂慮的說。

「眞的投水我就給他一副棺材板！」他父親生氣地說：「反正是塊廢料。」

我覺得松梅的身子劇烈地顫了一下，但還是不作聲。

過了一會他父親又大聲地說：

「請大家再仔細搜搜看，如果眞的找不到我就放把火把所有的穀草堆燒掉！」

我聽了有點兒害怕，如果眞的放火，我們兩人就要燒成黑炭。但是我沒有把這種恐懼講出來，松梅却以低微的聲音滿不在乎地說：

「燒死了也好。」

就在這時，堵在洞口的一捆稻草突然被人拉開，一道馬燈的光亮射了進來，外面高興地大叫：

「嘿！在這裡！在這裡！」

於是七手八腳把松梅拖了出去，我不等他們拖就自動爬了出來，他們看了我不禁失笑：

「嘿！眞是個活寶！你又不是新郎倌，躲什麼？將來給你娶個月裡嫦娥好了！」

松梅一身新衣服黏了許多稻草，我也是一樣。他父親罵了幾句就叫兩個年輕力壯的叔伯兄弟架着松梅回去。松梅像個木頭人一樣，毫無反抗。

他們把他架回家時正好鷄啼頭遍，大家硬把他推進新房，他母親連忙把房門帶上，反扣起來，用鐵栓拴上，然後放心地一笑，輕輕地對大家說：

「沒有貓不吃魚的，過一夜就好了。」

二

第二天是「拜客」的日子，一般新郎新娘都特別起得早，表示沒有做什麼醜事。

但是松梅的情形不同，昨夜他被架回家時已經鷄啼，加之房門是反扣着的，從裡面打不開；他父母爲了體恤他，不便過早驚醒他，所以遲了個把時辰，他母親才過去把鐵栓抽出來，把門推開。木香已經起來，穿戴整齊地坐在床沿上，她不但是個「方石滾」，也不愛作聲，甚至她母親用力揪她，她也不叫一聲，所以她另外一個綽號是「木人」。她唯一的表情是笑，遲鈍的笑，天眞的笑。

松梅伏在窄條桌上睡，還沒有醒，身上的稻草也沒有拂掉。她母親看了一怔，走過去把他搖醒，責怪地罵他：

「豬，你這個豬！」

松梅沒有理他，逕自走了出來。

他父親又罵他「報應！」「廢料！」，他也不作聲。

外面在下着大雪，大概昨天晚上我們回家後就開始下了，因爲地上一片白，雪已經有兩三寸深。

客人統統來了，我伯父昨天晚上也從城裡趕來鄉下，因爲松梅的父親請他「開拜」。

他一到，伴娘就把新娘扶了出來，站在松梅旁邊。桌上已經擺好了盛禮金的紅漆托盤，鞭炮一響，我伯父就往桌子當中一站，向紅漆托盤丟下一塊白晃晃的龍洋，叮噹一聲響，於是松梅和木香跪下磕頭，這是祖傳的禮數。

松梅平時對任何人都無所謂，那些教書的先生他完全沒有放在眼裡，只有對我伯父還算尊敬，因爲他住在城裡，很少下鄉，又不像那些冬烘先生食古不化，雖然他不是族長，但他的威望却遠在族長之上，加之又是祖父一輩，所以松梅才敬他幾分。可是現在他臉上毫無表情。當我伯父丟下第十塊龍洋時，別人都伸伸舌頭，他只是木然地下跪，磕頭，沒有一點笑容。

輪到別人時，他更是連看也不看一眼。

直到吃午飯時才拜完客，雪已經下到四五寸深了。

飯後，他悄悄地把我拉到後面的茅屋裡，他拜了一上午客，顯得有點疲倦。

他袖子裡藏了一本紅樓夢，走到茅屋裡才敢露出來。他往稻草堆上一靠，問我：

「四叔，王家的花轎來了沒有？」

「我沒有看到，說不定就要來了。」我說。

「以後我很難見到玉蘭了。」他無意識地翻着殘破的紅樓夢，眼睛望在地上。

的確，王家有十幾里路遠，而且隔着一條長江，眞像牛郞織女隔着天河，一頂花轎抬走玉蘭之後，再要見她眞比牛郞會織女還難。

我不知道怎樣安慰他好？事實上這兩個月來玉蘭簡直足不出戶，表面上她父母是讓她休養休養，在家裡做嫁粧。其實呢，是她父母存心不讓她出門一步，以免和松梅見面，杜絕流言。

我想不出安慰他的話，但我却想到一點，就是王家花轎到的時候看熱鬧的人一定很多，他可以跟着我混在人堆裡面，也許可以偷看她一眼兩眼？我把這個意思告訴他，他却搖搖頭說：

「不行，我是丈二蠟燭，太亮！」

「那怎麼辦呢？」

「四叔，你去替我看看她好嗎？」他握着我的手說。

我點點頭。他不請我去我也會去的，而且我可以擠進她的閨房，擠到她的身邊去，瞪着眼睛瞧她也不會有人阻止的。但是，我瞧她有什麼意思？她又不是和我相好？松梅大概看出了我的意思，便對我說：

「你看她到底打扮成個什麼樣子？回來告訴我。」

我覺得有點好笑，但沒有笑出來。

突然，我聽見遠處有「洞—噹—洞—噹—」的銅鑼聲音，和「嗚哩啦，嗚哩啦」的喇叭聲，我知道是接玉蘭的花轎來了，我高興地說：

「來了！來了！」

可是松梅却像看到了閻王的勾魂票一樣，馬上面如死灰，手一鬆，紅樓夢也掉在地上了。

我三腳兩步跑了出來。雪很大，滿頭滿臉地蓋下來。我望見一頂漂亮的花轎，由四個人抬着，另外還有十幾個人跟着，冒着大雪向玉蘭家走來。

玉蘭門口已經圍了不少大人孩子，我也趕了過去。她家門口的兩邊墻上已經貼着「簫能引鳳，門可乘龍」的紅紙對聯，喜氣洋溢。但是破壞這團喜氣的是玉蘭的哭聲。本來嫁女兒是要哭的，大家有一個古老的觀念，說是越哭越發。玉蘭是眞哭，哭得特別悲切傷心，我聽了都出眼淚，尤其是當花轎到達門口，喇叭「嗚哩啦」一吹，她竟像被宰的豬一樣嚎叫起來，聲音尖銳得像一把刀，刺在每一個人的心上。但他硬心腸的父親還笑容滿面地說：

「讓她哭，越哭越發。」

我擠到玉蘭的房裡，房裡已經擠滿了女人孩子，玉蘭坐在床沿上，她旁邊還坐了兩個女的，那兩個女的也陪着她哭，她們的聲音很細，彷彿唱歌，也有點兒像哼搖籃曲，雖然也用紅手帕蒙着臉，但手帕是乾的。

玉蘭呢，她的眼睛却腫得像兩隻大胡桃。她已經「開」了臉，把臉上額上的汗毛統統拔掉，因此臉顯得更加白，加上兩個月不晒太陽，皮膚更嫩，人是更漂亮了。可惜那對會說話的水汪汪的眼睛腫了。

我夾在許多孩子中間，起先她沒有發現，後來她發現我，突然停住哭泣，看了我一眼，她嘴裡雖然沒有作聲，但我從她眼睛裏看得出來一定有事，只是猜不透。我正在捉摸她的意思，她突然站起來對大家說：

「我要上馬桶了，請你們出去。」

在大家亂哄哄地搶着出去時，她走到我的身邊，悄悄地塞給我一個軟軟的紙包，又輕輕地對我說：

「交給松梅！」

我連忙把紙包收起，擠了出來。

不久，她就在哭聲中被她哥哥抱了出來，像豬綁在案子上一樣嚎叫，抱到花轎門口時她更是拚命地掙扎，她嫂嫂塞給她一包紅棗，笑着對她說：

「姑姑，早生貴子！」

她手一揮，把紅棗打落一地，猩紅的棗子落在雪地上，特別刺眼。

她哥哥費了很大的勁才把她塞進花轎，轎門一拴好，轎夫抬起就跑，轎子向兩邊搖晃，四個轎夫都抬不穩。

喇叭「嗚哩啦，嗚哩啦」地吹了起來，伴着玉蘭的悲切的尖銳的哭聲，以及飄飄的白雪，聽起來不像是一件喜事，看起來也有點像送喪。

我望着那些人把玉蘭抬走，心裡像丟了一件什麼寶貴的東西。有幾個大人也惋惜地說：

「我們的賽西施走了！」

這時我才突然想起玉蘭塞給我的那個紙包，我伸手在荷包裡摸摸，沒有擠掉，連忙跑回去找松梅，松梅孤獨地站在茅屋後面望着玉蘭的花轎呆呆地流淚。

我走過去把他的衣袖一扯，他嚇了一跳，連忙用袖子擦擦眼淚。我把他拉進茅屋，輕輕地對他說：

「玉蘭姐有樣東西送給你。」

他連忙問是什麼？我從荷包裡摸出一個紅紙包交給他，他連忙打開來看，原來是一束烏黑的頭髮。他往稻草上一坐，眼淚像斷了線的珍珠樣地一顆顆滾下來。

三

過年以後，伯父就帶我進城唸書。我很難得下鄉，松梅也難得進城，我們見面的機會很少，而城裏又眞是一個花花世界，簡直使我目眩神迷。我有很多新同學，新朋友，男的和女的。我玩得昏頭轉向，快樂得像屋簷上的麻雀，我忘記了松梅的眼淚和玉蘭的哭聲。

一天，松梅跟着大夥進了城，他穿了一套破藍大布褂褲，破藍大布鞋，他連鬍鬚也沒有刮，臉頰兩邊和嘴唇上下像地裡的黃豆樁子，一副潦倒的鄉下名士派頭。

我以為他進城有什麼要事，他却笑着搖搖頭：

「我天天晒網，有個鬼事？我是特地來看你的。」

聽了他的話我心裡有點兒慚愧，我簡直沒有想到下鄉去看看他，他却專門跑進城來看我了。

我伯父看見他這副樣子，有點不順眼，以長輩的口吻對他說：

「松梅，你文不能應舉，武不能挑擔，莊稼不願做，三國紅樓又不能當飯吃，將來怎樣過日子？」

他淡然一笑，沒有回答。

我怕他挺在那裏受窘，拉他上街去玩。

鄉下只有牛車，他常常帶我坐牛車，我也想報答他一下，帶他坐坐城裡的人力車，人力車的喇叭啵啵叫，很好玩。

可是當我叫住一輛人力車時，車夫先看看我，又打量他一下，他穿得破破爛爛，車夫愛理不理，我從荷包裡掏出錢來，在手上揚了揚，車夫才改變笑容把我們拉走了。

我忽然想起「方石滾」木香，我問他：

「你現在是不是和木香同房？」

「不，」他搖搖頭說：「我一直睡在牛欄裡。」

「你不怕挨罵？」

「讓他們罵，我不理。」

「你見過玉蘭姐沒有？」

他黯然地搖搖頭。

「不知道她現在怎樣？」我也有點想念她。城裡的女人雖然穿得好，但我還未見過她那麼聰明漂亮的女人。

「聽說她上過一次吊。」他紅着眼睛說。

我不禁一怔：

「沒死吧？」

「大概是閻王不收，被王家的人救活了。」

這時車夫突然按了幾下喇叭，啵啵幾聲，我才知道他已經拉了不少路，連忙把腳一蹬：

「下車！下車！」

車夫把車桿放下來，擦擦汗，我問他多少錢，他把食指一伸：

「一毛！」

「怎麼要這許多？」我有點奇怪。我和伯父一道坐過很多次人力車，比這更遠的路伯父也只給五分錢，車夫還打躬作揖說多謝，因爲五分錢可以買一升米，夠他吃一天，這分明是敲竹槓。我太小，不敢和流氓車夫爭吵。松梅不服氣，說車夫不應該敲竹槓，車夫歪着眼睛對他說：

「你也不屙泡尿照照自己？你這個鳥樣子也配坐車？沒有錢就不要開這個洋葷！」

「你不要狗眼看人低！」松梅警告他。

「老子還要打你這個鄉巴佬！」車夫野得很，眞的朝松梅當胸一拳。

松梅抓住車夫的手腕，順勢用力一扯，身子一旋，車夫跌了一個狗吃屎，半天才爬起來，嘴巴出了血。

我怕車夫拚命，拉着松梅走，可是他不動。車夫看了他一眼，擦擦嘴上的血，馬上見風落蓬，向他拱手一笑：

「對不起，我看走了眼，這趟車錢我不要了。」

說着他拉起車子就走，我把票子給他，糾纏了半天，他才收了五分錢。

車夫走後我笑了起來，我心裡非常痛快。我有兩三年沒有看見松梅和別人摔跤，想不到今天在街上和人力車夫眞的交了一手，免得我挨一竹槓。

「四叔，不要笑，眞的人眼睛比狗眼睛還勢利。」他感慨地說。

我點點頭。在城裡我又懂得不少事，我覺得城裡人比鄉下人更勢利。

我們經過一家鑼鼓店，門口掛着胡琴、笛子、簫和各種鑼鼓。他突然停了下來，望着笛子和簫，不忍離去。

「你要不要試試？」我慫恿地說。

在鄉下只有我父親和他能吹笛子和簫，但我父親年紀大了，不再愛吹。他却時常坐在水邊的柳樹根上吹，笛子和簫的聲音在水面飄過特別好聽。玉蘭跪在水邊洗衣時常常聽得出神，忘記了洗衣。我也常常聽得傻頭傻腦，但我不會吹。一年三月間農忙時節，有一天他獨自坐在柳樹下吹笛子，他父親一氣，從他手上把笛子搶了過來，往地上一摔，三腳兩腳踩得稀爛，從此就成絕響了。

他聽我這樣說便走了進去，起先夥計也是愛理不理地取下兩枝普通的笛子和簫，後來他一吹，老板聽了一笑，馬上親自取下兩枝好的，笑着遞給他：

「貨賣識家，你試試這兩枝看看？」

他放在嘴上一吹，果然不同凡響，比他原來的那兩枝好很多，他撫摩了一會又廢然放下，老板笑着問他。

「怎麼？你嫌不好？」

「對不起，我沒有錢。」他抱歉地說。

老板也廢然一笑。我摸摸口袋問老板一共要多少錢？老板指着松梅一笑：

「他是識家，我算公道一點，兩塊錢。」

「一塊五行不行？」我掏出票子和分洋往櫃臺上一放：「我只有這麼大的家當。」

老板望着我一笑，慢慢地用油紙捲起那兩枝笛子簫，遞給我說：

「小老弟，你也算是一個知音，我就半賣半送好了。」

我拿起笛子和簫拖着松梅走了出來，把笛子和簫往他手上一塞：

「你帶回去吹。」

「四叔，我眞不知道怎樣感激你？」他喜悅得滾出兩顆眼淚，眼眶上還掛着兩顆閃亮的珍珠。

四

以後我像一隻長了翅膀的鳥兒一樣，越飛越遠，和松梅的距離也越拉越大，八年抗戰連信也沒有和家裡通過一封，自然更不知道松梅的情況了。

勝利後我又像個游魂一樣突然回到鄉下，事先誰也不知道，很多人見了面也不認識，而且我又是穿了一身老虎皮，鄉下人都有點害怕。回到家裡只有母親的老眼沒有昏花，她叫了一聲「兒！」才把大家提醒。

當時我家裡有好幾個三五歲的毛孩子，我一個也不認識，其中有一個胖胖的小男孩，我覺得有點特別，我指着他問母親：

「這孩子是誰的？」

「松梅的。」母親笑着回答。

我聽了又驚又喜，大聲地說：

「怎麼？松梅和木香好起來了？」

母親嘆了一口氣，望了四周一眼，看看沒有外人，才幽幽地說：

「越來越壞了，這孩子是個野種！」

我幾乎跳了起來，木香那麼一個笨人，還會做出什麼不規矩的事來？

「看不出木香那個『方石滾』，丟了我們黃家這麼大的人！」我慨嘆地說。

「唉！眞是作孽！」母親嘆了口氣說：「木香就是因爲方，因爲笨，才出了這樣的事情。那年東洋鬼子來的時候，老的少的都躲掉，只有她一個笨人沒有躲好……想不到東洋鬼子竟給松梅留下這麼一個孽種！」

我耳朵裡嗡的一聲，像要爆炸，我眞沒有想到會有這回事？而且居然落在松梅的頭上？我下意識地望望那個孩子，那孩子眞的一點不像松梅，倒很像和我在戰場上交手的那些又矮又壯的傢伙？

我回家的消息像長了翅膀和腿子似的，很快地就傳了出去，松梅第一個趕來看我。

當他一進門，那小孩就衝上去喊了一聲：「爹爹！」松梅厭惡地瞪了他一眼，沉聲地說：

「滾出去！」

那孩子眞的哭着跑回家，一邊哭一邊喊媽。

我自然裝作不知道這件事。

松梅蒼老多了，一身襤褸衣服，拖着一雙破鞋子，脇下夾着一本破水滸。

「四叔，想不到你一下子長得這麼高？你怎麼會棄文就武？」

「那時國破家亡，那有心思讀書？」我說。

「現在好了，東洋鬼子打平了，總可以過幾年太平日子，你這次回來了不再出去？」他望着我的臉上說。

「還要出去，」我輕輕地對他說，生怕被母親聽見：「三兩天就走。」

他悵然若有所失。

我走的前一天晚上，他突然取出那兩枝塵封的笛子和簫，笑着對我說：

「四叔，我有好幾年沒有吹了，今天吹給你聽。」

於是，我們一同到水邊的那排柳樹下去。我們肩並肩地坐着。

他先吹笛子，聲音淸越嘹喨，比他以前自己的那枝笛子好聽得多，這樣美妙的笛音，我只在甘棠湖邊的柳蔭下聽見一個五十多歲的道人吹過，吹得眞好，十多年來我都沒有淡忘，今天他是第二個吹得那樣好。

可是吹簫時却是另外一種音調，聲音優雅，低沉而凄迷，有時竟細若游絲，如泣如訴。

秋天，早黃的柳葉一片片飄落，落在他的身上，上弦月黯淡的光照着我們，照在他的黑大布破夾襖上，照在他雜亂暗黃的頭髮上，鬍鬚上，他的臉色更顯出營養不足的焦黃，和黃柳葉的顏色很相像。

「松梅，不要再吹了。」我輕輕對他說。

「四叔，幾年不吹，荒了。」他放下簫說。

「不，你吹得很好。」我說。

他黯然一笑。我突然想起玉蘭，忍不住問：

「玉蘭姐現在怎樣？」

「哦，出家幾年了！」他惘然地說：「她現在不叫玉蘭，叫守眞，住在天后宮裡。」

我哦了一聲，我想不到她眞的出家了。我原以爲那是一句憤激之言呢！

第二天我離家時，不要任何人送，只讓松梅送我，因爲我要他帶我去天后宮看看玉蘭。

可是他不肯進天后宮，停在老遠的大樹下等我，我問他爲什麼不同我一道進去看看她？他說：

「我們這一生快完了，讓她淸淸靜靜修修來生吧！」

我不能勉強他，只好一個人進去。

玉蘭完全不認識我，我也幾乎不認識她。她穿着一身灰色的袈裟，光頭上齊齊整整燒了幾個疤，但她看來還是很漂亮，的確是我所見過的最漂亮的尼姑。

我爲了不使她勾起傷心的往事，決定不暴露身份，只默默的抽了一枝籤，放下幾個香錢，走了出來。

當我再和松梅會合時，他禁不住問了我一些有關玉蘭的事，我照實告訴他，他重重地嘆了一口氣。

「這些年來你一直沒有見過她？」我問。

他搖搖頭，搖落了兩顆眼淚。過後他又感慨地說：

「四叔，可惜我只讀三年書，沒有曹雪芹的筆墨，不然這些年來我就可以寫一本書；更可惜的是你已經棄文就武！」

的確是，我學的一點稍息、立正和步兵操典，怎麼能和曹雪芹比？假如松梅有幸讀我同樣年數的書，或許他眞可以直追曹雪芹。可惜他沒有我的幸運，而我又不成材，我還有什麼話好說！

我們這次一別又是十幾年了，假如他能熬過這一段苦難的歲月，假如也能和我再見，我相信他會這樣對我說：

「四叔，可惜我只讀三年書！不然這些年來我又可以寫第二部書。」

這世界只有我一個人知道他的痛苦和委屈。

世家子弟

好多天沒有睡午覺，彷彿欠了一身債。星期天下午不上班，正好放心大睡，這一覺直睡到四點多鐘才醒。洗過臉，精神舒暢，我蹲在缸邊看我親手栽的大蒜，蒜苗已經有兩寸來高，如綠衣美人，亭亭玉立；一共才十多位，站了四圈。中間是新插的幾株玫瑰，也發了米粒大小的綠芽。我心裏十分高興。臺北市寸土寸金，我雖喜愛花花草草，但是沒有五畝之宅，既不能樹之以桑，連栽幾株茶花玫瑰的地方也沒有。湊巧家裏有隻破米缸，拙荊搬不動，沒有扔進垃圾堆去。我望着那隻我用水泥糊過，攔腰又綑了兩圈鐵絲，有十年歷史的大缸，忽然靈機一動，想用它來作花盆。我是急性子，想到就作，出了一身大汗，才塡滿一缸土，後來向朋友要了幾株玫瑰，剪好插在缸中央，周圍栽了四圈大蒜瓣，短短的一個星期，就長出一缸綠，我怎不心花怒放？

我正看得出神時，拙荊拿着掃帚畚箕走過來，漫不經意地說：

「剛才余紹基來找你。」

「怎麼沒有進來？」我說。

「我說你在睡覺，把他擋住了。」

「不知道他找我有什麼事？」我自言自語。我們雖然住在一個村子裏，倒有好幾個月不見面。

「我沒有問他，他也沒有講。」她把掃帚畚箕往牆角一扔，又冷言冷語：「他除了喝酒，打老婆孩子還有什麼事？這種人你也惹他？」

「人窮志短，馬瘦毛長。你看不起他，有錢的大爺也同樣看不起我們。其實老余人倒不壞，他也從來沒有求過我們。」我說。「赤膊過江，和他來往我又有什麼損失？」

她沒有答理，逕自走開。

說起來我和余紹基過去是在一個大單位裏的同事，可是由於人多，業務沒有來往，因此一直沒有認識。直到八年前，我解甲下來，指定向他報到，這才認識他。

他是個面黃肌瘦的人。一身染黑的舊中山服，領子敞開，領口像抹布；濃重的杭州口音，說話口齒不大清楚，又口沫飛濺，使人有種窩囊的感覺；可是他未說先笑，淡眉善眼，笑起來眼角的魚尾紋很多，自然透着幾分和善。

我對於他的出身經歷茫然無知。我向來不願管這些閒事，初次見面自然更不願問。他對我比較瞭解，也可能是他客氣，還把我當人看待。

以後每逢開會，他都親自來請，他忙不過來就叫小女兒來催，十分週到。起先我以爲他對我「另眼相看」，後來才知道他對別人也是如此。開會是他的責任，還有可說，和他毫不相干的領八成薪，他也先告訴我日期，上午或下午？有些什麼手續？使我減少了很多麻煩，少跑幾趟路，我生平最怕的就是這些瑣事，心裏對他自然感激。

由於時常去他家裏開會，對他的家庭情形、生活情形也漸漸瞭解。他太太正患精神分裂症，時常吵吵鬧鬧，有幾次我還發現他臉上有指甲血痕。他兩個兒子小學一畢業就送去當學徒，他自己也在學修理汽車。可是每次開會時他還是準備了糖果茶水招待，盤子裏紅紅綠綠，玻璃杯子也整整齊齊，新樂園香烟也有兩包，禮貌周到。

有一次開會別人都沒有去，只有我一個人到，會開不成，他便和我閒聊。他期期艾艾地問我：

「老黃，你在工商界有沒有熟人？」

我搖搖頭，我一個熟人也沒有。

他看我搖頭，有點失望。隨後又認眞地說：

「我已經學會了修理汽車，不論是十輪大卡還是小轎車，我都會修。可惜沒有人引薦……自己開修車廠又沒有本錢。」

「你要是能開修車廠，倒是一個好行業，比找事強。」我說。

「開修車廠沒有本錢，找事又沒有靠山。」他向我苦笑：「不瞞你說，我是幹通訊的，我敲過榔頭，當過分臺長，有線電無線電我都能來。本來我想上漁船商船，一來是沒有人事關係，二來是年齡大了，望着美鈔也拿不到手。……」

「誰要你這個酒鬼？」他太太在房裏衝出這句話來。

「你不要胡扯，你不發神經病我怎麼會喝酒？」他向房裏說。

「你不日夜醉醺醺，我怎麼會發神經病？」她神智似乎十分清醒。

「老黃，不要信她的。」余紹基向我一笑，輕輕地說：「我就是被她弄得顚顚倒倒，不然我的日子要好過些。」

「好過什麼！誰像你這樣沒有出息？」她的耳朵很靈，馬上頂過來。

余紹基尷尬地苦笑。我不便再坐，藉故告辭。余紹基笑着拍拍我的背說：

「老黃，不要見笑。」

「那怎麽會？」我也笑着回答：「家家都有本難唸的經。」

「說眞的，」他握着我的手說：「我們自己人，你的路子比我寬，如果有什麽機會，請你替我留意，工友我也願意幹。」

我和他不過是五十步與百步，我有什麽鬼路子？但爲了不使他失望，我也只好點頭。

我不開會就不去佘紹基家，也懶得出門。張家長、李家短我自然也不知道。可是女人的耳朵長，嘴巴快，張家丢了一隻鷄，李家買了一個電冰箱，她們都淸淸楚楚，傳來傳去，沸沸揚揚。一天拙荆忽然對我說：

「佘紹基又和他太太打架了。」

「你怎麽知道？」

「是他太太親口告訴我的。」

「貧賤夫妻百事哀，打架也沒有什麽稀奇。」

「可是佘紹基窮得不安分，他太太說他在外面有野女人。」

「笑話，笑話！」我連連搖頭。「她神經不大正常，你怎麽信她的？」

「她親眼看見他捧着女人的照片親嘴。」

我也怔住了，半天沒有作聲。隨後我忽然想起他的牆壁上貼了不少從畫報上剪下來的女明星照片，日曆女郎，他太太所說的照片和野女人，大概就是這些？因此我說：

「他太太大驚小怪，你也大驚小怪？女明星照片五毛錢一張，畫報上的更不要一文錢，也許他喝了酒，一時興起，親親女明星照片也算不了什麽，那會有什麽野女人？」

「是呀，憑他那副德性，那有野女人愛他？」她若有所悟地說：「想必他太太眞有神經病？」

「有這種病的人最愛疑神疑鬼。」我說。

「就算親親女明星的照片也不應該！」她忽然生起氣來：「男人到了這種地步還不安分，那眞該死！」

現在眞是大丈夫不可一日無錢。有錢的男人花天酒地，左擁右抱，不但男人羨慕，女人也會說他眞有辦法。像余紹基，吻吻女明星的照片也成了罪大惡極，而至於該死，我又何必多費口舌？

女人同情女人，男人自然也同情男人。我和余紹基有七八年的交情，這兩三年我不在他一組，來往減少；我找了工作以後，更是早出晚歸，連在路上碰面的機會也不可多得。他的近況如何？我不清楚。正怕他誤會我志得意滿，故意疏遠他，他却來找我，不管有事無事，我應該看看他。

吃過晚飯，我就跑到余紹基家來。一走到大門口，我就看見他和他太太在吃晚飯，他太太坐在旁邊，人胖了不少，一切好像都很正常；他面對着門外，面前擺了一大玻璃杯酒，他臉孔紅紅的，望着酒杯出神，沒有發現我。我敲敲舊紗門，他頭一抬，看見了，笑着站起來，他太太也笑着招呼。

「對不起，你下午去我家裏我正在睡覺，」我先開口：「有什麼事嗎？」

他笑着招呼我坐下，半天才期期艾艾地說：

「眞不好意思對你說：明天我五十歲。我們兩人沒有什麼利害關係，我想請你來喝杯水酒。」

「我一定來。」我立刻回答。

「老黃，你知道我很落魄。」他尷尬地一笑：「所以先前在你太太面前我都不敢啓齒。我想你不會看不起我，所以我請你來捧捧場，熱鬧熱鬧。」

「五十大壽，應該應該。」我說。

「雖然有人說人生七十才開始，不過像我們這種年齡的人，下過地獄，上過刀山，能活到五十歲已經很不容易，所以我要意思一下。」

「我們這條命的確是檢來的，五十歲當一百歲。」

「說老實話，我只請一桌客，都是沒有利害關係的朋友，有錢有勢的同學我都不請。」

「你請人家也不會來。」他太太馬上接嘴。

這次他沒有回嘴，反而心平氣和的對我說：

「老黃，你不要看我現在這樣窮，不是我吹牛，我的家庭簡直像紅樓夢。」

他這句突如其來的話眞使我一怔。我打量他一眼，他兩鬢已白，肉瘦皮枯，一點也不像賈寶玉；不到六蓆的飯廳客廳兼作他的臥室，伸手可以摸到頭上的甘蔗板，更不像大觀園。坐在他旁邊的太太更不像王夫人，或是邢夫人和王熙鳳，自然更不像黛玉、寶釵了。他的女兒更非元春、探春之流。他的家庭怎麼會像紅樓夢？莫非他喝醉了說酒話不成？

他看我有點不相信，又接着說：

「我曾祖父當過很久的道臺，活到八十多歲；我祖父當過知府；我父親當過十個縣的縣長。我家的房屋花園佔好幾畝地，男女用人有二三十個。」他忽然指指屋頂：「我家三等用人住的房屋也比我現在住的好。」

「他曾祖父有十五個太太。」他太太笑着挿嘴。

「他最小的太太和我母親同年。」他笑着喝了一大口酒。「他身體好得很，八十歲那年還生了一個小兒子。」

我笑了起來，他高興地說：

「我曾祖父很歡喜我，時常把我抱在膝上坐，他吃什麼我都有份。我八歲時他才死。」

「眞好福氣！」我讚了一句，又問：「他是什麼樣子？」

「和我一樣。」他得意地指指自己：「瘦瘦高高的。」

「你別不害臊！」他太太馬上潑他的冷水：「他會像你這個窮相？」

我差點笑出來。他白了太太一眼說：

「你又沒有見過他，你怎麼知道我不像他？」

「就是因爲我沒有見過他，你才敢在我面前胡吹。」

「屋簷水點滴不差，這怎麼能隨便吹？」

他不等他太太回答，又轉過頭來對我說：

「老黃，說起來我們還是鄉親。」

我又一怔。他是人間天堂的杭州，我是江西，我們相隔很遠，怎麼會是鄉親？

他不待我發問，又接着說下去：

「我本是江西人。我曾祖父在浙江做了幾十年官，才在杭州落籍。可是我們的籍貫一直是寫江西，我的同學錄上也是塡的江西，以前我們家裏在江西九江、湖北漢口、安徽蕪湖、和上海南京都開了錢莊、票子到處通用。紅樓夢裏的薛家只開當舖，還抵不上我們余家……。」

他越說越起勁，我以爲他喝多了酒，說溜了嘴。他看出我有點懷疑，馬上笑着對我說：

「老黃，你不是外人，我把你當作同鄉，所以才對你談談我的家世。以前我沒有對任何人談過，也沒有告訴你。我知道自己落到這步田地，搬出祖宗牌位來也沒有用。我白活了五十歲，眞覺得愧對祖宗，心裏悶得慌，所以才和你談談，不信我可以拿幾樣東西給你看看？」

我不要他拿，他爲了取信於我，還是翻出一包東西來。這裏面有他曾祖父的原筆詩文信札，其中有幾封杭嘉湖道臺寫給他曾祖父的信，有他哥哥特別抄寄給他的一份家譜，家世紀載得淸淸楚楚，系統分明，祖、父輩作大官的也不少。他們紹字輩兄弟有幾十個。他說給我聽之後又慚愧的一笑：

「我這一輩份中也只有我最差勁，他們有的大學畢業，有的留學，我哥哥就是同濟大學醫科畢業的。只有我專科還沒有讀完，就遇上抗戰。」

「他少壯不努力，老大徒傷悲。」他太太插嘴。

「我在家裏整整享了二十年福，完全是公子哥兒，一點不用功讀書。」他邊說邊拿出一份醫專二年級同學錄，特別指出他姓名下面的籍貫江西給我看：「這可不假吧？」

說實在話，以前我眞沒有想到他唸過醫專，更沒有想到他有這麼好的家世。

「得食的貓兒強似虎，敗翎的鸚鵡不如鷄。」他收起那包東西說：「我落魄到這步田地，難怪人家瞧不起我。以後我只想讓兒子開個小皮鞋店，讓他們自謀生活。我自己打算算命過活。」

「你會算命？」這又使我大爲驚奇。我知道命相是兩門大學問，我也想以此遨遊江湖，可是一直沒有搞通。我從來沒有聽說過他對命學下過功夫，怎麼一蹴而就？

「現在我可以坦白告訴你：我在這方面下了八年功夫。」他隨卽捧出一堆書，諸如子平眞詮，滴天髓，窮通寶鑑，子平粹言，子平一得，命理入門，命學捷徑……應有盡有，這又使我對他刮目相看。「再過兩年，我往觀光飯店一住，不愁不賺大錢。」

「你的命算得還準，就是喝了酒頭腦糊塗。」他太太說。

「有鈔票賺我自然不會以酒澆愁。」他眉開眼笑。

我看他太太說話很正常，兩人的感情似乎也好些，我禁不住輕輕問他：

「你太太完全好了？」

他點點頭。她馬上接嘴：

「我並不是眞瘋，是被他氣病的。」

「也是我把她診好的。」他說。

「祝你們好運。」我眞心祝福他們。人霉得太久，也該見見太陽。

「老黃，說眞的，我也希望走部晚運。」他笑着對我說：「日後我掛牌時，你可要多多捧場？」

「我一定把你捧成個活神仙。」我笑着回答，同時告辭。

他開心地笑了，握着我的手說：

「記住，明天下午六點，務必賞光。」

「我一定來拜壽。」我一面回答，一面退了出來。

回到家裏，抽荆劈頭就問：

「余紹基找你到底有什麼鬼事？」

「明天他五十大慶，請我吃酒。」我說。

「五十歲人生還沒有開始，做什麼壽？大概是他兒子賺了幾個辛苦錢，他的骨頭又酥了？」

「你不要隨便糟蹋人。想當年他也是公子王孫，五十歲生日請朋友喝幾杯水酒，熱鬧一下，也不算過份。」

她楞頭楞腦地望着我，隨後鼻子裏嗤了一聲：

「你也信他窮吹？他全身上下那一點像公子王孫？」

我聽了有點生氣，但想起余紹基說的「得食的貓兒強似虎，敗翎的鸚鵡不如鷄，」也就懶得向她解釋。她看我不作聲又對我說：

「明天是胡老太太百歲大壽，胡先生在統一飯店設了壽堂，擺了酒席，你不去向胡老太太拜壽難道去向余紹基拜壽？」

胡老太太的小兒子是我過去的同事，承他不棄也給了我一張帖子，照理應該去。但是和余紹基的時間衝突，仔細一想，老胡現在是幾家大公司的董事長，社會名流，轉彎抹角想去拜壽的人正多呢，那在乎我這個小人物？因此我說：

「我何必去錦上添花？不如到余紹基那裏喝杯水酒。」

「你就是這樣不知輕重，難怪一輩子也爬不起來。」

「再爬就爬進棺材了，我還想多活幾年呢。」

她一氣走進房去，我拿起水瓢澆我的蒜苗，這些亭亭玉立的綠衣美人，個個長得不俗，一見就令人開心。

第二天下午六點，我準時去余紹基家裏，誰知一個客人也沒有來。我有點奇怪，余紹基臉上有點尷尬。左等右等，還是沒有人來，等到七點，才來了一個人，說聲抱歉，在別的地方還有應酬，就匆匆地走了。余紹基臉上沒有光彩，尷尬地對我說：

「老黃，難得你賞光，我們兩人吃一席，痛快地喝幾瓶。」

我口裏應着，心裏也不是味道，彷彿自己也被別人潑了一頭冷水。幸好我剛坐下，又來了一個客人。余紹基受寵若驚，連忙站起來迎接，並且特別向我介紹：

「這是我以前的老科長趙先生，承他一向看得起我。」

隨後他又對趙先生說：

「今天沒有請什麼客人，黃先生也是我的好朋友。」

然後他又笑着對我說：

「我曾祖父做八十歲時，請了一百多桌，還唱了三天戲，比賈母生日還熱鬧。要是在家裏，我請五十桌也坐不下。」

趙先生摸不清頭腦，睜着兩眼望着他。他笑着對趙先生說：

「科長，我和黃先生講的是古話，請你不要見笑。」

趙先生似懂非懂地點點頭。

於是，我們三人，再加上他太太兒子，大家開懷暢飲。

紅露酒，酒精很重，我喝了兩杯就有點不對勁。趙先生也不大會喝酒。余紹基自己喝了一杯又一杯，大玻璃杯喝下五杯之後，說話就有點顛三倒四。他不停地勸我們喝酒吃菜，又抱歉地說：

「眞是怠慢，要是三十年前……」

趙先生看他有七分醉，笑着提醒他：

「我看你有點醉了，不要再喝吧？」

「我沒有醉，我沒有醉。……」他連忙搖頭。「這種酒不算什麼，要是我家裏二三十年的陳年花彫，那後勁才足呢！」

「你沒有醉怎麼說酒話？」

「科長，不是酒話，是眞話……」

「你三杯下肚就彈老調，就是三十年前，眞沒出息！」他太太白他一眼：「俗話說：三十年河東，三十年河西。你家裏就是榮國府又有什麼好說的？」

「你見都沒有見過，小家子，你懂什麼！」

我和趙先生怕他們吵架，連忙勸住。余紹基無可奈何，將大半杯酒往嘴裏一倒，然後向我苦笑：

「老黃，難怪賈寶玉出家，我沒有他那麼大的學問，活該丟人現醜！」

「今天是你五十大壽，何必生這些閒氣？」我笑着勸他：「誰是一蓬風走到底的？那個沒三起三跌？日後你在觀光飯店一住，招牌一掛，成了活神仙，鈔票源源而來，花甲之慶時自然有人錦上添花啦！」

他聽我這樣說，馬上眉開眼笑，兩眼笑成一條縫，身體慢慢下向滑，終於滑到桌子底下去了。

秋風落葉

一

「蟋蟀叫，查當票。」

台灣的蟋蟀不多，叫得也特別遲。然而牆脚下偶然幾聲「嚁嚁」，却使許莘人心中一怔，加上從魚鱗板縫裡鑽進來的陰風，吹在身上的確有點寒意，一件香港衫已經不大管用，他這才想起他和太太像樣一點兒的秋冬兩季衣裳，還在富民當舖。

他從舊得像老鼠皮的皮包裡翻出一疊當票，一共有十幾張，其中六張是活當，其他的都是死當，這是歷年來未能及時取出的。剩下的六張，全都取出要一千多塊，如果只取出三張即將到期的，也得四五百。四五百塊在別人不算是大數字，在他却眞了不起！這許多年來他是一敗塗地，他做夢也沒有想到一跤跌下去就一直爬不起來！

他望着當票發呆，他太太却沉不住氣，催促他說：

「你出去想想辦法看？把我的毛衣先取出來，再過一個禮拜又成死當了。」

「妳的毛衣也得五十五塊，再加上我的舊西裝，一共得兩百多，這筆錢誰肯借？」許莘人說。這十年來，他一直借錢度日，而且有借無還，親朋故舊，全打擾過了，有的一次兩次，就要看臉色，有的十次二十次了，還沒有拉下臉來，但是這種朋友偏偏經濟情況很差，自顧不暇，再慷慨也很難拿出一百兩百。那些能拿得出上千的同學，却一毛不拔，有的甚至把他從辦公室轟出來，不承認有他這位同學。這種人他實在再沒有勇氣去找。他的臉皮雖厚，他們的氣燄更高，完全把他罩住。

「就是借到了錢，也要買米，你的西裝留到第二步，先取我的毛衣。」她分出緩急輕重。

「冷飯炒三次，狗也不吃，妳教我怎樣開口？」

「窮撒謊，冷溺屎；嘴是兩張皮，說話無定一；你愛怎麼編就怎麼編，錢到手就行。」

「我撒的謊太多。」

「我還不是靠撒謊過日子的？不然早就餓死了！」

「那我們一道去台北，分頭去借。一隻手難按兩隻鱉，免得我一個人落空。」

「你總是拖人下水，算我倒楣！」她白了他一眼。

「人有三窮三富，瓦有三仰三合。總有一天我會時來運轉。」他不服氣地回答。

「你左轉右轉，還不是在我老娘脚邊轉？」

「十年前，老子一把抓出幾百美金也不稀罕，上酒家給小費也不止這點台幣！」

「好漢不提當年勇，今天你打壁無土，掃地無灰，還充什麼濶佬？」

她這瓢冷水潑得他豪氣全消，他默然地穿上白布香港衫，灰色西裝褲，這是唯一的一套八成新的外出服。

她也穿上花旗袍，特別畫了眉毛，塗了口紅，拿著黑皮包。她曾是歡場中人，這一打扮，還看不出窮相。

他們把兩個孩子留在家裡，雙雙出來。走到附近一個烟攤，她滿臉堆笑地向擺烟攤的老太婆說：

「阿婆，請你賒兩包新樂園，回來給你錢。」

老太婆抬起頭來用渾濁的眼光打量她一眼，慢吞吞地說：

「你們還欠五包烟錢，免談。」

「阿婆，我們到台北銀行去提現款，回頭一齊給你。」許莘人說。

老太婆不信任地望望許莘人，他的太太連忙說：

「阿婆，他香港朋友寄來一筆美金支票，我們一道去領。現在手邊不便，決不會少妳這幾個小錢。」

他拿出一張當票在老太婆面前一晃，老太婆不識字，更沒有見過美金支票，有點捉摸不定。

「阿婆，一塊美金抵四十塊台幣，妳的香烟錢還不到一塊美金，我們怎麼會少妳的？」許莘人補充說。

老太婆的生意清淡，一天難賣幾包烟，聽他這樣說不免動心，兩眼直楞楞地盯着他說：

「要是這次你們再不還錢，以後免談，這幾包烟還要算息錢？」

「好，羊毛出在羊身上，由妳算。」許莘人伸手拿了兩包烟，分了一包給他太太，馬上拆開紙包抽出一枝點燃，過過烟癮。

他太太也如法泡製。

「財不露白，窮不露相，要是朋友們看我們連紙烟也抽不起，那更借不到錢了。」離開烟攤後許莘人輕輕地對太太說。

「眞是人刁沒飯吃，狗刁沒屎吃，你的鬼心眼兒倒不少。」她又白了他一眼。

「富貴命裡排，各自等時來。看相的說我五十歲要發大財，窮不了兩年了。」他想起碧眼山人的預言，脚步有點飄飄然。

「窮算命，富燒香，顚顚倒倒問陰陽。你信看相的鬼話？」她望着他說。

「碧眼山人靈得很，能知過去未來。」

「你以前不是也說王半仙靈得很？他說你四十六走長春運，財喜重重，福自天來。你今年四十八了，怎麼還借錢度日？」

他聽了心裡很不高興，又無法自圓其說，狠狠地瞪了她一眼，把香烟一摔，憤憤地說：

「妳觸我的霉頭，就算王半仙看走了眼，難道碧眼山人也瞎了眼睛？瞎猫也會碰着死老鼠，姜太公八十才遇文王，難道我就不能翻身？」

「你不要對我吹鬍子瞪眼睛，我跟你苦了十一年，但願碧眼山人的相法靈。」她委屈地說。

「要不是遇到妳這個掃帚星，我決不會走這段霉運！」他餘怒未息。他確是遇上她的第二年事業一敗塗地，而且妻離子散。

「你不要癩蛤蟆咬住板櫈脚，瞎出一口氣！誰叫你走私，偷鷄不着蝕把米？老娘跟你受難不說，你還有臉往老娘頭上潑糞？」她氣得眼圈一紅，眼淚滾了出來。

他不敢再火上加油，女人都有三分潑，他更怕她那股潑勁，只好找紙烟出氣，又點燃一枝，猛抽一口。

他不再作聲，低着頭抽烟，低着頭走路，低着頭想心事。窮人思古債，病人想六親，他對於過去那段光彩的日子，無限的留戀。

光復初期，他在朋友同學中是最有辦法的一個，他是最先動腦筋做生意的人，香港、廈門、台灣，來來往往，確實賺了幾票。大陸撤退時，同學朋友們倉皇渡海，上無片瓦，下無寸土，他却在台北市區擁有房子、工廠、三輪包車。這在當年是很少有的。但他心猶未足，在生意上一味投機，又在女人堆裏打滾。在他事業的高潮時，他迷上了現在這位太太，和原配離了婚，原配是個中學教員，帶着三個子女黯然轉到南部教書。新太太不過是個過氣的酒女。

走多了夜路自然會碰見鬼，不到一年，他由高峯一個筋斗摔了下來，起初還掙扎了一陣，死馬當活馬醫，終於弄到不可收拾，像大水洗了一樣。

可是他的夢還沒有醒，幾百塊錢一個月的公務員他不肯幹，因爲那幾個錢不夠他往日一席花酒，要他磨辦公桌磨一個月，他沒有那種耐性。他儘想着一夜之間變成富翁的事情。然而偷鷄也得一把米，他一粒米也沒有，空口說白話，誰也不信。過去和他同上酒家的朋友，見了他像見了瘟神。

漸漸地他瞭解點石不能成金，一覺醒來不能變成富翁，肚子在唱空城計，他受不下去，想找個工作暫時糊口，可是這時已經人浮於事，比他有眞才實學的人多的是，照樣沒有辦法。別人牙一咬，心一狠，踏三輪、擺書攤、賣報紙，還是把開門七件事打發過去。他拉不下這塊面皮，自然不幹這種事。他寧可借錢度日。

起初一開口總是三百五百，念舊的老同學雖然沒有這個能力，也不好意思拒絕，七拚八湊也要湊給他。可是瘦死的駱駝比馬大，他仍然要坐三輪車，講排場，抽香烟自然更不在話下，從前抽洋烟，現在抽新樂園，他認爲已經夠委屈了。

十年時間，不是一個很短的日子，這期間抖起來了的老朋友同學自然不少，可是大多數的人都是泥巴菩薩過江，自身難保。照理，那些抖起來了的老同學、老朋友對他應該有個照顧，然而事實恰巧相反，那些人都是寒暑表，反應特別快，此一時，彼一時，見了他都故意躲開，他去找他們也避不見面，甚至根本否認有他這麼一個同學。

找來找去，他還是找那些泥巴菩薩過江的朋友。他們倒還能幾十幾百地湊給他，縱然不方便，一杯淸茶，幾枝香烟的招待是有的，決不像那些飛黃騰達的同學，叫門房工友轟他走路。

想着，想着，他也不禁感慨萬千。要是當初自己沒有垮下來，那些總經理、處長、董事長之流的同學，還不是和自己拍肩膀，稱兄道弟？當年少上幾次酒家，也夠現在吃一年半載；少給幾個小帳，就用不着編一套謊話要人家幾十塊錢。

突然一輛三輪車在他面前嗤的一聲剎住，車夫用粗話駡他：

「幹你娘！你瞎了眼，不想活去撞火車，別找老子的麻煩！」

他一怔，抬起頭來望望戴着斗笠的三輪車夫，無名火起，他回駡一句「幹你娘！」。他的閩南語講得非常好，和本省人一個腔調，當初就因爲這種方便，所以一帆風順。

車夫看他戴着一幅近視眼鏡，一身排骨，跳下車來就想揍他，他太太忙跑上前來攔住，向車夫講好話，把他拉開，他纔免掉一頓拳脚。

車夫跳上坐墊，駡他幾句，才踏着三輪悻悻地離開。

他怕挨揍，不敢回嘴，車夫走遠之後，他朝地上唾了一口，望着車夫的背影駡：

「狗眼看人低！十年前你跟老子蹬三輪老子都不要你！」

「得了！別關起門來駡皇帝。十年河東，十年河西，他又沒有看見你坐包車上酒家，你向他擺什麼窮架子？」他太太白他一眼。

「眞他媽的！人倒楣喝涼水也塞牙！三輪車夫也欺侮我了！」他把烟蒂往地上一扔，用脚一搓，搓得稀爛。

二

板橋到台北很近，火車十五分鐘就到了。

下車後他們在洶湧的人潮中，突然發現老同學謝耿民，西裝筆挺，手上提着一個大黃皮包，從容地踏上天橋。她用手肘輕輕地碰他，向謝耿民一指，輕輕地說：

「你看，謝課長剛上天橋，要不要趕上去？」

他抬頭一望，剛好謝耿民回過頭來，他連忙舉起手來向謝耿民打招呼：

「老謝！老謝！」

謝耿民一發現他，又聽他這樣大聲喊叫，厭惡地瞪他一眼，猛然調轉頭，昂然踏上天橋最後一級，轉身而去。

「媽的！丟下討飯棍，忘記叫街時！」許莘人禁不住罵了起來：「當初他在街上打流，老子一五一十地給他，如今翻臉就不認人了！」

「哼！你這些好同學！怎麼不上前去攔住他？等放馬後炮？」她冷言冷語。

「攔住他？」他瞪了她一眼：「他是大課長，我是無業游民，要是他叫警察，告我攔路打刼，那我不是自找麻煩？」

「你就是這樣膽小如鼠，沒有一點兒出息！錯過了眼面前的機會，看你今天向誰借？」他氣冲冲地衝上天橋。

他也有點後悔，沒有抓住這個機會。連忙趕上她，輕輕地說：

「妳上前去找他好不好？」

「他是你的同學，你不去要我去？」她瞪着他說：

「他已經封了我的大門，我去找他那不是送上臉給他打？」

「我去不是一樣自討沒趣？」

「不看金面看佛面，你們女人的面子總要大些，說不定能要他三十五十？」

她穿着單旗袍身上有點寒冷，別的女人都穿着短外套、毛線衣，她爲了要取出那件毛衣，也不免心動。

他們匆匆趕下天橋時，謝耿民已經走到出口，人太多，他們擠不上前，又不敢打草驚蛇，大聲喊叫。他們在人羣裡鑽動，別人都厭惡地瞪着他們。他們還沒有擠近出口，謝耿民早已出站。他們一擠到鐵柵旁邊，謝耿民正好鑽進一輛紅色的計程車。他們望着急馳而去的計程車，輕輕地嘆了一口氣。走出剪票口，三輪車夫和計程車夫都上來兜生意，他們一概不理，車夫打量他們一眼，又自動去找別的主顧。

他們在車站前呆了一會，不知道往那裡去好？最後他說：

「我們還是分頭進行好些，可以多跑幾個地方。」

他並且告訴她跑那幾個地方，免得和他重複。

「那我怎麼開口？」她故意問他。

「兩斤半鴨子三斤半嘴，隨便妳怎麼說。」

「我的謊話也編得太多，這次我就說你住醫院割盲腸好了。」

「行！」他點點頭：「只要不說我死翹翹。」

「你還怕死？」

「眞的兩脚一伸倒一了百了，現在兩隻肩膀扛張嘴，還要吃飯，不要斷了以後的生路。」

「這樣下去活得又有什麼意思？」

「好死不如惡活，我們不是這樣活了十年了？」

「總算我倒了八輩子楣，跟着你非餓死不可！」她突然眼圈一紅。

「我們都是打春的蘿蔔，立秋的瓜，誰也別怨誰。」

她身子一扭，走向公共汽車站。他追隨過去，告訴她在火車站會面的時間，然後分道揚鑣。

三

許莘人首先去劉建春的辦公室找他。劉建春是個小公務員，正在伏案工作。許莘人走過去，輕輕地在他肩上一拍，哈哈一笑，把他拉到會客室來。

「有什麼事嗎？」劉建春連忙問許莘人。

「老朋友嘛！特地來看看你。」許莘人裝作非常輕鬆、愉快、熱情的樣子。

「莘人，你最近在那裡得意？」劉建春笑着問他。

「立人保險公司。」他掏出紙烟，輕鬆地回答。

「那很好。」

「就是太忙。」

「你是內勤還是外勤？」

「我是意外保險部的副經理，整天在外兜生意，馬不停蹄。」他故意把聲音講得格外響亮，格格地笑，頻頻地抽烟。

劉建春是個老實人，聽他這樣說也替他高興。他忽然把話頭一轉：

「老劉，我有件事情想和你商量。」

「什麼事？」

「我大孩子考取留美，保證金我已經籌了一千美金，還差點路費，現在那邊已經開學，特准他本月底趕去註冊，我準備讓他坐飛機去，你能不能周轉一點款子？他一到美國保證金就可以寄回來還你。而且他是學工的，先期同學已經安排好了工作，週薪一百塊，除了他自己的開支，每月還可以節省一兩百美金寄給我。」

劉建春十年前見過他的大兒子，有點印象，自從他的原配到南部去後，一直沒有再見面，但許莘人前兩年曾經爲了大兒子的學費向他借過錢，以後還爲了別的原因借過兩次，如果加上十年來的先借後借最少有七八次，但分文未還。許莘人隻字不提，他也不便問。但他自己目前的情況很窘，自己的大孩子這學期考上私立大學，東拚西湊繳了兩三千，讀中學的還不在內，沒有半年時間絕對喘不過氣來。因此他面有難色，沉吟不語。

「老劉，我們是老朋友，我也不能太爲難你，數目不拘，你看着辦好不好？將來你的孩子留美，我的大孩子也可以帮帮忙。」

「莘人，我不敢想得那麼遠。」劉建春向他苦笑：「我的孩子唸的是乙組，到美國去也只能當當boy，我沒有這種打算。再說，我目前實在太緊，寅支卯糧，前債加後債，簡直喘不過氣來，我一個月有多少收入？你是算得出來的。」

許莘人又換了一枝烟，接着說：

「老劉，我知道你的情況，不過我們是好朋友，孩子放棄了留美實在可惜，你能不能周轉一兩百塊錢？積少成多，我再向其他的朋友想想辦法。」

「要是我有這個力量，我還要費這番口舌？」劉建春向他苦笑。

他站起來，拍拍劉建春的肩膀，格格地笑說：

「好，老劉，你事情忙，我不多打擾，我去找長春飯店的王經理調調頭寸看。」

劉建春抱歉地說聲「對不起」，把他送到大門口，他格格笑地走了。

走到十字路口，他不知道到那家去好？他用手敲敲腦袋，低頭沉思了一會，他決定到林清泉家裡去。林清泉是民意代表，除了開會應酬沒有其他的事，也許他在家？萬一不在，林太太也很熟，這是他同學中唯一的民意代表，夫妻兩人都八面玲瓏，他有半年沒有去找他們了。

他走到離林家不到兩百步的地方，特地花了三塊錢叫了一輛三輪車，翹着腿坐到林府門口，按了電鈴，直到下女把院子大門拉開，他看到林太太，才從褲子口袋裡摸出三塊錢小銀幣塞給車夫，然後大搖大擺跨了進來。他人未到聲音先到，還帶來格格的笑聲。

林太太站在客廳打量了他一眼，屋裡傳來痲將聲。

「大嫂，老林在不在家？」他輕鬆愉快地問。

「王董事長請他吃飯去了，失迎。」林太太淸脆地回答：「許先生，您好？」

「大嫂，這一向我簡直忙昏了頭。」他聳聳肩膀，兩手一攤，很有點兒洋派。「連老朋友這裡也很少來。」

「許先生，你這一向在那兒得意？」林太太又打量他一眼。

於是他把在劉建春面前的話重複了一遍，林太太聽了一笑，臉上露出兩個俊俏的酒渦。閒聊了一陣之後，他又提出兒子留美那套話。林太太看了他一眼，輕輕一笑：

「許先生，前天我才從高雄回來，我看見了大嫂和大公子，好像沒有聽他們談起留美的事。」

「我孩子昨天才趕到台北來找我。」他連忙掩飾：「所以弄得我措手不及。」

「大公子能留美倒是一件好事。」林太太順水推舟：「許先生您馬上可以享福了。」

「大嫂，就是目前這一關難過。」他格格地笑，心裡却在發慌。

「許先生，今天眞不湊巧，清泉不在家，他回來時我一定告訴他，看能不能在別的地方替您調調頭寸？」

「好，謝謝大嫂，我不再打擾了。」他乘機下台。

林太太把他送到門口，他故意伸手向巷子的盡頭空無一人的地方招招，表示叫車。林太太抿嘴一笑，轉身把門關上。

許莘人回頭望望關着的院門，搖搖頭，匆匆地走開，生怕林太太追他似的。

走出巷口，他吐了一口氣，有點兒後悔。眞是偸鷄不着蝕把米。三塊錢在林清泉不過九牛一毛，在他幾乎是全部家當。打腫臉充胖子，火燒烏龜肚裡痛。

隨後他又一連跑了三家，編了三套謊話，但是一文錢都沒有借到，他們都是泥巴菩薩過江，難怪。紙烟抽了一大半，肚子又餓得咕咕叫，傍晚的風吹在身上冷颼颼，很不好受。

「媽的！越冷越起風，越窮越倒灶。」他喃喃地咒罵，不知道罵誰。

一位山東老鄉，騎着脚踏車，後面放了一個木頭箱子，上面蓋了一塊變成灰白的大布，熱氣往上冒，山東老鄉粗啞着嗓門叫喊：

「大餅——饅頭啊！」

一面喊一面向他駛來。他聞到一陣陣饅頭香味，饞涎欲滴，他上不起館子，又怕在馬路上丟人，山東老鄉駛到身邊，他還遲疑不決，山東老鄉叫喊而過，他突然向山東老鄉背後把手一揚，急促地說：

「饅頭！」

山東老鄉耳朶很靈，連忙把龍頭一歪，轉了回來，滿臉堆笑地問他：

「老鄉，你要幾個？」

「我看看再說。」他擺起一副大人物的架子。

山東老鄉把灰布揭開，熱氣直往上冒，香味冲鼻，雪白的大饅頭整整齊齊地擺了一木箱。

「多少錢一個？」他問。

「一塊錢兩個。」山東老鄉回答。

他揀了一個，故意在鼻上聞聞，慢條斯理地說：

「麵粉好像不大新鮮？我買一個回去餵餵金魚。」

「老鄉，這是剛開包的上等白麵，您說不新鮮那全台北就找不到第二家了。」山東老鄉極力維護他的信譽：「俺賣饅頭多年，王麻子的剪刀，貨眞價實。」

「就算你是金字招牌，一個饅頭我的金魚也要吃幾天。」他遞給山東老鄉一枚五毛銅幣。

山東老鄉用紙替他包好，堆着笑臉說：

「下次請你多多關照。」

他拿着饅頭大搖大擺地走開，山東老鄉叫喊着走了。

他走進一條巷子，看看前後無人，連忙把饅頭上的紙撕開，低頭咬了一大口，邊吃邊嚼。一個饅頭三口就報銷了，幸好沒被人發覺。

吃下饅頭之後，他心裡不像先前那樣發慌，但是食慾更旺，他覺得五個饅頭也塡不飽他的肚子。他下意識地摸摸口袋，只好壓下這股食慾，再吃一個饅頭就回不了板橋。

跑了一下午，一無所獲，和太太在車站會面的時間還沒有到，他又想到老同學黃經文，這是一位態度最好的同學，極講情感道義，雖然是個小公務員，八口之家，只要有一點點辦法，三十五十一定湊給他。三四個月前，他實在不好意思去找他，打發太太親自上門，黃經文自己的菜錢都沒有，還向隔壁人家借了五十塊錢送她。上個月一天晚上，他又親自去找他，才知道他晚上在一家工廠做零工，彌補家用。他決定去那家工廠找他。

皇天不負苦心人，他終於找到了那家醬油工廠。黃經文正在人群中工作，一看見許莘人反而有點不好意思。

許莘人把黃經文叫出來，故作同情地對黃經文說：

「經文，我眞不知道你這樣辛苦！你能力比誰都強，怎麼幹這種事？」

「八口之家，擔子太重，不幹這種事還能當顧問董事？」黃經文笑着回答，隨後又問他：「你現在在那裡工作？」

他掏出一張名片給黃經文，上面的頭銜是「立人人壽保險公司意外保險部業務主任」，黃經文看了向他道喜。他却美中不足地說：

「私人公司就是太忙，我整天在外面拉生意。」

「財忙，財忙，只要錢多，忙一點也值得。」黃經文說。

「待遇也不算好，不過兩三千塊錢。」他猛力抽口烟。

「別人騎馬你騎驢，比我這兩條腿跑總強多了。」黃經文說。

「上次聽說你大小姐想找事，所以今天我特地來找你談談。」

「你有什麼路子？」

「環球飯店的董事長是我的同鄉，下月初開幕，需要大批懂英文的大專女生，秘密招考，你叫你小姐注意看英文報，練習會話、打字，我先在董事長面前關照一聲，到時我親自帶她和我女兒一道去應試，錄取之後起碼有兩千多塊錢一個月，可以減輕你不少負擔。」

「那抵得上我幹兩個月。」黃經文坦率地說：「你小姐也到台北來了？」

「他在家專夜間部唸書，白天無課，讓她找個事做，自己維持自己。」

「要是成功了倒是一件好事。」

「董事長是我的小老鄉，又是世交，新回國的華僑，本來他要我去當副經理，我這邊的工作擺不掉，介紹她們兩人去當個小職員不會有問題。」

「該不是當服務生吧？」黃經文不放心地說：「再窮我也不能讓女兒去幹那種事。」

「不會，是寫字間裡要人。」

「那天考試？」

「過幾天我再通知你。」

「你什麼時候在辦公室？我打電話同你聯絡，到時候叫我女兒去找你好了。」

「我成天在外面跑，公司裡找不到人，你也不必打電話，我會寫信告訴你。」他連忙說，又接上一枝烟。

他和黃經文站在外面談了三四十分鐘，一連抽了五枝烟。黃經文怕別人講閒話，要進廠去，他連忙把黃經文的臂膀一拉：

「經文，我剛從北投趕到你這裡來，身上的零錢花光了，公司又下了班，找不到人，你身上方不方便？先借幾十塊錢給我坐計程車回板橋，明天還你。」

黃經文身上只有兩張公共汽車票，沒有一文錢，只好實說。

「你不可以向同事借借，轉轉手？」他望着黃經文說。

「人窮志不窮，我剛來不久，不好意思向別人開口。」黃經文回答。

他顯得有點失望，又猛力抽烟。隨後頭一抬，格格一笑：

「好吧，我到附近一個朋友家裏去一趟，要是他也不方便，我只好擠火車了。」

黃經文抱歉地望着他遠去的背影，看他只穿一件香港衫，身體越來越瘦弱，走路搖搖擺擺，恍然大悟，不禁輕輕一嘆：

「唉，二十多年的老朋友，有話不妨直說，何必兜這麼大的圈子？」

四

許莘人和太太準時在火車站會面，他焦急地問她：

「怎樣？」

「你呢？」她反問他。

「打了空手！」他輕輕嘆口氣。

「那我的毛衣取不出來了！」她臉色一沉。

「難道妳也沒借到？」他臉色發青，聲音顫抖。

「我只弄到五十塊錢？」她有氣無力地回答。

「誰給妳的？」他馬上高興起來，臉上閃過一絲笑意。

「何必多問？」她白了他一眼。

他默默地跟着她走進月台，擠上火車，九點四十五分到達板橋。擺香烟攤的老太婆還沒有收攤子，無精打采地坐在圓櫈上，她的眼力不好，自然看不見遠在幾十公尺之外的他們。他們却清楚地看見她，但不敢從她面前走過，只好繞着水溝邊的一條小路回家。一看見老太婆，許莘人的烟癮又發作了，他摸出烟盒，抖了幾下，一枝烟也抖不出來，他放近近視眼鏡底下瞄瞄，空空如也。他用力一揉，隨手扔進汚水溝。
天下着麻紛雨。秋風掠過樹梢，飄下幾片黃葉，在路邊滾了幾下，滾進了水溝。
他們兩人同時打了個寒噤。
走近後門口，潮濕的牆脚下突然「嚯——嚯——」地叫了兩聲，她心裡一驚，抱怨地說：
「田螺含水過冬，我們怎麼過？」
「五十歲發大財，再過兩年就有好日子。」他說。
「呸！餓鬼在前面招手，你還做夢娶媳婦！」她唾了他一口。
他沒有生氣回嘴，也沒有揩臉上的唾沫。
一片黃葉飄在他的頭上，他更無動於衷；風一吹，黃葉落進木屋邊的汚水溝裡，隨着又黑又臭的水順流而下。他瞥了黃葉一眼，茫然地說：
「我許家的大少爺，會和它一樣？」

過　客

一

翠華號在松山機場的跑道上輕輕地滑落了，機門開處，她首先走了出來，站在梯口一亮相，就惹起一陣騷動，一陣歡呼，攝影記者的鏡頭也對準她，咔嚓咔嚓，很多人都以爲她是水仙花后。

等攝影記者拍完照之後，她才從容地，姍姍地，一步一步踏下扶梯，織錦旗袍在陽光中閃爍放亮，三四、一八、三四的三圍，吸引了不少男性的眼睛在她身上滴溜溜地轉，當她離地還差兩級時，一位五十多歲的紳士趨前握住她的手，殷勤地攙扶着她走下來，記者們趕上來問她是不是水仙花后？那位紳士笑着回答：

「不，她是一位作家。」

記者們楞了一下，然後哦了一聲，一位洋記者連聲說：

「枉得福，枉得福！」

隨卽把照相機對準她，又咔嚓咔嚓地拍了兩張照片。

當她搶盡鏡頭之後，才含笑地挽着那位紳士的臂膀，脫離了包圍，把同來的水仙花后丟在背後。一切檢查及提取行李手續，完全由那位紳士代辦，那位紳士看來頗有苗頭，同檢查人員寒暄幾句之後，就完全OK，於是她坐着那位紳士的黑得放亮的轎車，直駛臺北。

這是她第四次來到臺北，她覺得臺北又繁榮了不少，新添了一些大廈高樓，原來是荒蕪的土地，現在正在大興土木，原來是兩層三層的建築，現在又在頂上再加一層。

「臺北眞的在一天天繁華。」她帶着幾分驚喜地說。

「妳就留在臺北吧？」紳士笑着對她說：「臺北不愁吃，不愁穿，雖然比不上華盛頓和紐約，但也不愁沒有地方玩樂。」

她沒有回答，只向紳士含蓄地一笑。

紳士替她在「自由之家」訂了一間最好的房間，陪她吃過晚飯之後才走，本來他想約她跳舞，但她推說旅途疲倦，需要早點休息，紳士很有禮貌地道過晚安走了。

紳士走後，她馬上撥了一個電話給她在報社工作的表叔，接通之後，她帶點嗲聲地說：

「表叔嗎？我是丁蘋。」

她表叔聽了大爲驚奇，興奮地問他：

「又是什麼風把你吹到臺北來了？妳怎麼不事先通知我一下？」

「是波密拉把我吹來了。」她銀鈴般地笑起來。「表叔，如果我先通知你，你怎麼會這麼驚奇？」

她表叔又笑了，笑過之後馬上問她：

「你現在住在那裏？」

「自由之家三〇三號，」她輕快地回答，隨卽補上一句：「表叔，你不來看我？」

「來，我寫完方塊之後馬上來。」

「多少時間?」她追問一句。

「十分鐘。」他說。

「喲!表叔眞是倚馬高才,越寫越快了!」她打趣地說。

「表叔的文章沒有妳的値錢,今天就偷工減料一下。」他也幽默地回答。

「表叔,別開玩笑,我等你。」她在笑聲中把電話掛了。

她從箱子裏拿出兩本新近在馬來西亞出版的小說,又翻出幾件旗袍,放在床上挑選,她的旗袍都是最好的料子,最新的款式,而且每一件都綉了花,她想挑一件比較素雅一點的,因爲她知道表叔的性格相當古板,他雖然只大她十一二歲,却是她父親那一代讀書人的典型,講究新思想,舊道德。

她剛換上一件天藍色的緊身旗袍,表叔就來了。

他一進門,看見她床上放了四五件旗袍,笑着問她:

「妳請我來看服裝展覽?」

「表叔,我怕那些旗袍你不歡喜,所以才換這件樸素的,想不到你來得這麼快。」她笑着回答。又炫耀地問一句:「表叔,你看這幾件旗袍怎樣?都是我自己設計的。」

「妳設計的東西自然都是好的,」她望了那些旗袍一眼,淡淡地一笑:「這兩年來妳就只環遊一次世界,設計這幾件旗袍嗎?」

「哎喲表叔!一見面你就借着題目訓我,」她嬌嗔地說:「你以爲我是到處遊玩嗎?我不寫作那來的美鈔?」

說着她就拿起那兩本書遞給他,他隨便翻了一下,笑着對她說:

「妳到底比表叔勤快，這兩年我一本書也沒有出。」
「表叔，我怎麽能比你？我不出書怎麽生活？」她嬌笑着說。
「這次妳又爲什麽到臺北來？」過了一會他問。
「第一是來看看你和表嬸，」她乖巧地說：「表嬸好嗎？」
「黃臉婆，老樣子。」他笑着回答。
她笑了起來，用纖纖的食指指着他說：
「表叔，你這就不對，要是在美國，表嬸就可以提請離婚。」
「我不怕，這是中國。」他笑着回答。
「在中國作丈夫的眞幸福。」她故作感慨地說：「在美國，丈夫簡直是太太的奴隸，完全是一部賺錢的機器，不管賺多少，都一五一十地交給太太處理，對太太還要小心翼翼，一句錯話兒也不能講，那像你這麽神氣？」
「那妳怎麽不嫁個美國丈夫？」他笑着問她。
「表叔，你知道我是黑眼珠，黑頭髮，黃皮膚？」她嬌嗔地望着他。
「那有什麽關係？」他故作輕鬆地說：「臺北很多中國小姐希望嫁給美國人，釣個金龜婿呢！」
「表叔，我可不這麽想。」她嘟嘟嘴說。
「難道妳想嫁中國人？」他正色地問。
「表叔，你看臺灣有沒有合適的？」她的態度又嚴肅起來，低沉地說：「這幾年我也跑夠了，需要休息休息。」

「本來妳不提起我也替妳想過，一個人總不能光爲着事業生活，像妳這樣的年紀早就應該結婚了。」他持重地說，稍停，又覺得有點爲難，不免遲疑起來：「不過臺灣的作家都很窮，恐怕配不上妳？」

「表叔，只要人合適，錢不錢沒有關係，不瞞你說，這幾年來我多少有點積蓄。」她坦率地回答，隨即翹起戴着鑽戒的中指：「光是這隻鑽戒，就值一萬五千美金。」

「那我替你留意好了。」他鄭重地承諾。過了一會又問：「妳這次到臺北來還有沒有別的目的？」

「哦，」她想起什麼似的哦了一聲：「你不提起我差點忘記告訴你，我想在臺北找個翻譯。」

「妳的英語不是講得很好嗎？還需要什麼翻譯？」他不解地問。

「表叔，不是這個意思，」他搖頭一笑：「我同美國一個出版商訂了合約，要出版一本英文小說，我的英文不能寫作，所以想請個行家替我翻一翻，中文原稿我已經帶來。」

說着她從一個精緻的小皮箱裏取出一疊中文原稿，和那位出版商訂的合約，以及美國報紙上的宣傳資料，統統拿給他看。

他看了合約一點不假，同時出版商已經替她展開宣傳，譽她爲東方最傑出的女作家，報紙用很大的篇幅介紹她，還刊出她的全身照片，她最引以爲榮的是甘迺迪就職典禮那天，還特地邀請她觀禮，她的照片又和羅斯福夫人的照片登在一塊。他看完之後不禁倒抽一口冷氣，想不到這個晚輩竟這麼神通廣大？

「丁蘋，妳眞有一套。」他感慨萬千地說。

「表叔，這也沒有什麼稀奇，」她向他一笑：「只要懂得宣傳，就有辦法爬起來。老實說，黎錦揚是靠寫出來的，我是靠宣傳起來的。譬喻說，美國人喜歡旗袍，不論在任何場合，我就穿最漂亮的旗袍，引起別人的注意，此外我還和最上流，最出名的美國作家交遊，提高自己的地位，那次甘迺迪就職典禮，爲什麽不請黎錦揚偏偏請我呢？就是這個道理。」

說完之後她銀鈴般笑了起來。

他聽了有點目瞪口呆，活了四十多歲，寫了二十多年文章，自己的照片從來沒有登過報，也沒有參加過什麽國家大典，更未出國門一步，到現在還是靠薪水生活，而這位表姪女却已四次周遊世界，揚名美國，他覺得自己眞有點相形見絀了。

她看他半天不作聲，又笑着對他說：

「表叔，美國是一個工商業社會，講究急功近利，一切都很現實，如果我像你和父親一樣的死腦筋，當年在香港就餓死了！」

他望着她茫然地一笑。三十八年，她從家鄉逃到香港時，才十九歲，工作找不到，身邊又沒有錢，生活困苦得不得了，可是無論怎樣困苦，她總留着一件最漂亮的旗袍。她活躍於上流社會和文化新聞界，終於找到了地盤，練習寫作，六塊錢港幣一千字，還要被編輯尅扣三塊，她只好多寫，一天寫四個方塊，情願關起門來一頓吃一盌陽春麵，可是却租最漂亮的房子住，和最上流的人來往，就這樣她竄起來了，稿費也跟着提高，以至應接不暇。她自己不但在香港那個五方雜處的殖民站穩了脚，還幫助弟弟完成了大學教育，並且送到美國去留學，隨後她自己也去了美國，終於造成了現在的地位。

想到這些，他雖然還不敢苟同這位姪女兒的作人處世方法，可是心裏也不能不敬佩。要是他自己在香港和美國那種社會，那眞會一籌莫展的，因此，他向她尷尬地一笑。

「表叔，臺北的稿費現在多少錢一千字？」過了一會她又問他。

「多則五十六十，少則三十四十。」他說。

「美金還是臺幣？」她問。

「當然是臺幣。」他說。

「啊，那太少了！」她說。

「所以臺灣沒有職業作家。」他說。

「那我這篇東西請人翻譯應該付多少錢一千字？」她問。

「我替你打聽一下。」他說。「明天我請妳到青白咖啡室喝咖啡，另外邀三兩位作家作陪，順便談談這件事，改天再請妳到我家裏吃便飯。」

「謝謝你，表叔，我在臺灣人地生疏。」他笑着說。

「妳別和我耍花槍，我知道妳在臺北有很多朋友。」他笑着回答。

二

第二天清早，那位紳士就打電話來約她吃早點，她化粧了一個多鐘頭才出去。她對於這位紳士知之有素，在新嘉坡、在紐約，他都追求她，她知道他有太太，可是決不拒絕他的殷勤服務，也始終不給他一個確切的答覆，她知道怎樣運用男人，知道怎樣防衛自己。因此她到任何地方都有男士替她服務，而她自己却不屬於任何男人。

當她和那位紳士在國際大餐廳出現時，所有吃早點的紳士淑女都向她注目，她的舉止，風度，在在予人以深刻的印象，看起來永遠是二十四五歲，不太年輕，更不會太老，她的化粧術和修養使她保持最高的吸引力。

吃過早點，她把那位紳士支使開之後，又到一兩個地方應酬了一下。中午，吃了一頓可口的中國飯菜，睡了一頓安適的午覺，下午三點才和表叔一道去青白咖啡室，他約的那兩位作家已經先到。

他們對於她這位揚名海外的女作家，表示熱忱的歡迎，她對他們也一見如故，大家談得非常融洽，其中一位青年作家就是她表叔特地約來替她翻譯那本大作的。

她把原稿交給那位青年作家看了，那位青年作家也把自己翻譯的中英文作品交給她過目，他們原則上同意合作，但是沒有談到合作的條件。

「丁小姐，我們不但希望妳這本大作在美國暢銷，也希望妳替臺灣作家作個橋樑，替臺灣作家打條出路。」兼搞出版的李白虹說。「今天的臺灣並不是文化沙漠，而是我們的作品很少輸出，如果臺灣作家的作品能打進美國社會，臺灣作家的生活也不會這麽艱苦。」

「臺灣的市場太小，這是作家們的致命傷，假如我在美國能想出辦法我一定幫忙。」她爽快地說。

「如果我們有人在美國出一個長篇，拍一部電影，那不就抖起來了？」李白虹天眞地說。

「一點不假，」丁蘋笑着點頭：「黎錦揚一部花鼓歌已經賺了幾十萬，他現在在紐約買了房子。」

「如果他也在臺北，還不是和我們一樣？」李白虹不大服氣地說。

「這是機會問題，美國現在很需要富有東方色彩的作品，像「蘇絲黃的世界」，儘管寫得並不算好，可是到處受人歡迎，我這篇東西也是以香港作背景的，我相信出版商一定可以賺錢。」她說。

「以妳估計可以銷多少本？」李白虹問。

「暢銷書一版三五十萬本沒有問題，我這本書一版十萬八萬本應該也沒有問題，如果照他們的宣傳攻勢看，可能超過這個數字。」她說。

「妳這本書定價多少？」那位青年作家問。

「三塊五毛。」她說。

「如果以百分之十的版稅計算，那妳一版就可以收三四萬美金了？」青年作家說。

她矜持地笑笑。

「如果好萊塢的製片家看中了，買下電影製片權，一次就可以賺二三十萬。」李白虹有出版家的頭腦，很會計算。

「當然，我出書的目的也就是想打進好萊塢。」她坦率地說：「好萊塢現在最貧乏的就是電影故事。」

她的話提高了李白虹的興趣，他靈機一動，想和她合作，作個代理人，如果交易成功，可以從中抽取百分之十的利潤，那比自己的出版事業有出息得多了。

丁蘋說這件事她願意考慮考慮，但詳細情形要等他到美國打聽以後再談，這個問題暫時就這樣告一段落。

接着她就和那位青年作家談到翻譯她那本著作的條件，她開門見山地問：

「劉先生，你坦白告訴我，你翻譯我這本東西需要多少報酬？」

青年作家遲疑了一下，沒有立刻答覆，他想最多能要她兩百塊錢一千字，全部翻譯費也不過兩萬多塊錢，她還未必肯給？如果能向她要百分之二三的版稅那就強多了，而且不大現形，以她在美國的宣傳聲勢來看，初版銷二三十萬本不會有什麽問題，那麽自己就可以分享幾千美金了，那不比要她幾個翻譯費強多了嗎？不過他一時不便出口，因此他說：

「翻譯費的事改天我們兩人再仔細研究，不過我想先向妳提出一個要求？」

「什麽要求？你不妨直說。」她爽快利落地說。

「將來妳這本書出版時，要註明是我翻譯的。」他說。

她略一考慮之後，又爽快地回答：

「可以，可以，美國出版界也有這種先例，如果是翻譯的，在書後面印一行小字，註明譯者姓名。」

關於翻譯她那本大作問題，初步會談就此結束。因爲李白虹另有一個應酬，丁蘋要回「自由之家」，她表叔要去報舘，大家就分道揚鑣了。

三天之後，她表叔來「自由之家」，約她到他家去吃午飯，順便問她一句：

「劉靈翻譯的事談妥沒有？」

「表叔，我正想同你談呢！你問起來正好。」她掠掠頭髮，閃動向上翹捲的睫毛說：「想不到劉靈的條件蠻苛？」

「他要多少？」他問。

「本來我準備給他一百塊錢一千字，另外再送他一點打字費，可是他嫌太少。」

「他要多少錢一千字？」他問。

「嘿！」她向他一笑：「他不跟我談多少錢一千字，他要分我兩成版稅，還要我和他簽約。」

「你答應他沒有？」他問。

「這我當然不能同意，」她兩眉一挑說：「表叔，我出一本書也不容易，在美國成名的老作家如海明威、福克納這些人，固然有出版商搶着出他們的書，但是初出道的作家還是不行，我也化了不少功夫才談妥這一本，並不是很稀鬆平常的事。」

「有沒有折衷的辦法？」她表叔關心地問，因爲劉靈是他介紹的，他很想幫助這位青年作家一下。

「表叔，不瞞你說，」她向他淡淡地一笑：「劉靈翻的東西我拿給幾位洋朋友看了一下，他們說他的文字還嫩得很，我倒眞不想要他翻呢！」

「也許美國人喜歡他那種格調的英文呢？」他笑着說。

「表叔，我可不願冒那個險，我準備另外找一個人翻。」

「這樣吧，」她表叔笑着對她說：「你另外去找一個人翻也好，劉靈還是讓他翻一份，妳給他一百塊錢一千字，由我負責交涉，妳拿兩個譯本給那個美國出版家看，他們喜歡那一個就用那一個，這不是兩全嗎？」

「哎喲我的表叔！」她尖聲地笑起來：「你以爲美金好容易賺？我爲什麽要出兩份錢？他既然獅子大開口，我正好乘這個機會順水推舟。」她說着把兩手一甩。

「劉靈是我介紹給你的，你這樣作把表叔的面子放到什麽地方去？」他笑着問她。

她吟吟地笑了起來，笑過之後平淡地說：

「表叔，不是我不買你的面子，是他不識抬舉。他在臺北寫文章，頂多不過六十塊錢一千字，我給他一百他還不想幹，這怎麽能怪我？自然更不能怪你了？」

他對這位精明能幹口齒利落的表侄女兒，只好寬容地一笑，他也實在找不出責備她的正當理由。於是，他催她動身去他家中吃飯，她笑着對他說：

「表叔，你坐一下，我化化粧就來。」

說着她就走進化粧間了。

「已經夠漂亮了，到我家裏去還要化什麽粧？」他笑着責備她。

「表叔，我不願意任何男人說我是黃臉婆！」她從化粧間伸出漂亮的臉孔幽默他一下。

他被她逗得噗哧一笑，又望着她的背影搖搖頭。

「表叔，我在臺北的時間不多了，你替我物色的對象呢？」過了一會，他在化粧間曼聲地問他。

「齊大非偶，丁蘋，這件事我無能爲力。」他解嘲地說。

「表叔，我說了不要男人養我，難道臺北的文藝圈子裏面沒有一個合適的？」她對着鏡子一面擦口紅一面說。

「可是男人也不願意妳養他，這問題就難了。」他笑着回答。

「各人賺錢各人用，這不頂簡單？」她反問一句。

「妳賺美金，他賺臺幣，這問題並不簡單哪。」他說。

「表叔，那我這次不是又白跑一趟？」她笑着從化粧間走了出來。

「妳的男朋友那麼多，妳從他們中間挑一個就是了。」他笑着說。

「表叔，選丈夫不是挑貨物，要挑一個擁有幾十萬幾百萬美金的男人在我並不太難，但是要挑一個情投意合的丈夫可不簡單。」

「那妳就以寫作終身好了。」他也實在想不出有什麼適合她的對象，老的太老，小的太小，不老不小的又多半結了婚，而且都是窮湊合，在臺灣打單身的男人雖然多，但擁有十萬八萬美金的男人也就不愁討不到太太了。他衡量她的條件，就是打着燈籠火把也找不到一個合適的對象的。

「表叔，人總是人，不管事業如何得意，感情總需要有個寄託，我跑遍了全世界，但不論是回到華盛頓或紐約，最後總是一個人，冷冷清清，這味道也不好受。」她坦率地說。

「那妳就留在臺北，慢慢地物色好了。」他說。

「不成，光是房間一天就得三百多塊，六十塊錢一千字，我每天要寫多少？人又不是機器。」她搖搖頭說。

「妳的問題很難，以後再說，現在還是到我家裏去吃飯吧！」他笑着站了起來。

她也向他一笑，隨即把手插進他的臂彎，他顯得有點尷尬，她看了出來，抿着嘴一笑：

「表叔，你怎麼還是這麼古板？難怪你只能賺六十塊錢一千字囉！」

他搖頭一笑，臉一紅，很快地紅到耳根脖子上去。

三

她在「自由之家」住了一個多月，翻譯的事已由美新處的朋友替她介紹了一位行家，以兩百塊錢一千字的條件談妥，限定兩個月以內交貨。只是找對象沒有找人翻譯那麽簡單，她不打算再躭下去，還是騎着驢子看唱本，走着瞧吧！

她臨走的那天，她表叔和李白虹，以及那位紳士，還有一些她表叔不認識的人，都趕到機場送行，她談笑風生地周旋於許多送行者的中間，送行的人都不希望她走，李白虹更糾纏着她要她替他的雜誌寫文章。

「丁小姐，妳在臺北住了一個多月，一篇文章也沒有替我寫，怎麽好意思？」

「眞抱歉，在臺北太忙，回到美國以後再替你寫好了。」她笑着回答。

「你表叔是我的人質，如果你不替我寫，我會天天逼他。」李白虹捉住她表叔對她說。

「你出多少錢一千字嘛？」他表叔笑着問李白虹。

「我們雜誌的稿費是臺灣最高的，」李白虹自吹自擂地對丁蘋說，同時伸出右手五個指頭，再加上左手一個大姆指：「六十塊錢一千字！」

丁蘋聽了哈哈一笑，隨卽輕輕地對他說：「李先生，我付給人家的是兩百塊錢一千字，一次就付了兩萬五千塊。」

李白虹的氣燄馬上降了下來，不敢再談稿子的事，反而王顧左右而言他了。

李白虹和她扯了半天，那位紳士有點不耐，就乘着這個機會接過腔來和她娓娓而談，她不時發出銀鈴般的笑聲，直到她走上扶梯，他還情意纏綿地叫着她的英文名字對她說：

「南施，其實妳可以留在臺灣不必走，我們都歡迎妳住下來。」

「謝謝你，約翰，」她站在扶梯上笑着對那位紳士說：「六十塊錢一千字實在養我不活，因此我只能作一個過客。」

然後她又轉過身來，笑容可掬地對她表叔舉起戴着長手套的右手，嗲聲嗲氣地說：

「表叔，拜拜！」

曹萬秋的衣缽

一

深夜一點多鐘，曹萬秋還在對他的一個兩萬字的短篇「九曲橋」作最後一次修正。這篇小說他寫了三個月，一句話也不放鬆，平均一天不到三百字。太太為了菜錢，水電費七七八八的開支，成天在他耳邊嘀咕，他彷彿沒有聽見，不然就閉着眼睛裝迷糊。

他太太一覺醒來，發覺他還在桌邊望着稿紙發呆，揉揉模糊的眼睛，禁不住問：

「你還沒有改好？」

「快了，這是最後一次。」他說。

「你要記住這是第七次修改，你還能在稿紙上綉出一朵花來？」

「我對男主角的精神分裂的原因還有一點點疑問，佛洛依德的那兩本書又不在手邊，現在是坐四望五的人了，我怕記憶靠不住？」

「這樣下去我看你也會發瘋？」她艾怨地說。

「放心，我不會用眼睛咬人。」他淡然一笑。

「你發了什麼神經病？為什麼要寫這種鬼小說？」

「寫個樣子給那些半瓶醋看看。」他嘴角浮起一絲微笑，笑裏有無限辛酸，也有無限自負。在他寫這篇小說以前，有人化名寫文章罵他和幾位同輩作家，說他們趕不上時代，宣判他們的文學生命已經結束，却巧妙地把自己捧上了九重天。他對於那位根本沒有唸過一頁心理學，根本不知道存在主義是什麼東西，反而自命前進，一竹篙打倒一船人的作者，不置一詞，而不聲不響地寫作這篇「現代小說」。他的憑藉是父親是個留德的名醫，自己二十年前就研究讀過佛洛依德的原著，卡繆的「異鄉人」更不在話下。

「誰請你當文學教授？何必細緊褲帶幹這種傻事？」太太白他一眼。

「既然有人指鹿爲馬，我就牽出一匹眞馬給大家看看。」他笑着回答。

「那種鬼也不懂的東西，誰看？」

「妳放心，卡繆寫的我們看得懂，我寫的讀者也看得懂，決不要人猜謎。」

「你寫得再好，也是幾十塊錢一千字。」太太望着他說：「這三個月下來，青黃不接，欠了房租，欠了米店的賬，卽使你這篇稿子有人要，也不夠塡這兩個漏洞。」

「明天把這篇東西寄出之後，我再趕寫幾個短篇應急。」

「興隆公司要拍『吉人天相』，你要是答應了也可以拿幾千塊錢，渡過這個難關，暫時鬆口氣。」

「那是我最壞的長篇，出了書我已經臉紅，還能拍電影？」曹萬秋突然生氣起來。

「人家說不是名著不拍電影，他們看上了已經很不容易。你最得意的書賣不到三百本，這本暢銷書你又恨不得把自己的名字塗掉！版權既然賣給了出版社，爲什麼不在電影上收回一筆？」太太一骨碌坐了起來。

「妳這副頭腦倒可以做生意。」他向太太苦笑。

「你要是能籌出三五千塊錢，我眞情願擺個小攤子，也免得受這種活罪。」她氣鼓鼓地說。

她的話一下堵住了他的嘴。他每月的稿費，只能勉強對付房租和生活費，手邊就從來沒有三五千塊錢的積蓄，借債又要付三四分利息，而且還要抵押，他除了三個兒女之外，就只有一架子舊書，幾刀稿紙，沒有一樣可以作抵。

太太看他不作聲，又倒下去睡。

他又點燃一枝烟，思索了一會，決定把男主角安排到九曲橋，揭開那使男主角精神分裂的事件眞象。男主角講的那些支離破碎瘋瘋顚顚的話，抽絲剝繭到這裏，找到了病根，前後若合符節，淸淸楚楚，明明白白，他相信人人都懂。他感到一陣欣慰，輕輕放下筆，身子向破藤椅的靠背上一仰，吁了一口氣，嘴角又浮起一絲辛酸自負的微笑，喃喃自語：

「要寫這種東西，在科學上一定得有根有據，在文學上一定要使人能懂。打翻鉛字架，那算新詩？胡說亂道，那算小說？……」他哈哈地笑了起來。

他太太瞪着眼睛望着他，又一骨碌地坐起，膽怯地問：

「你是不是遇了邪？」

「我不信邪，」他停止笑說：「電燈通明，魔鬼豈敢上身？」

她吁了一口氣，又艾怨地說：

「你不信邪，這樣下去我可要得神經病！」

對於這位在調景嶺結合的名門之女，糟糠之妻，他心裏有股歉意，不禁彎下腰去，在她隱隱有幾條電車軌道的額上，親了一下。

「鷄叫了，你還不睡？」鄰居後院一聲沉濁的鷄啼，突然傳了過來，她心裏一驚，望着他浮腫的眼皮，佈滿紅絲的眼睛說。

「我寫好信封就睡，明天早晨妳買菜時帶去發掉。」他從抽屜取出一個大信封，龍飛鳳舞地寫好，又將信封剪了一個角，鄭重地對她說：「記住，一定要掛號。」

「信又漲了價，何必掛號？不如省兩三塊錢買菜。」她盤算明天的菜錢，嘴裏自然嘀咕起來。

「這是我三個月的心血，不能丟掉。」他加重語氣說。

「郵差不會丟掉，就怕編輯先生往字紙簍裏塞。」她悠悠地嘆口氣。

他像潑了一頭冷水，一直涼到背脊。

二

第二天清早，曹太太帶着丈夫三個月的心血到菜市場那個小郵局，貼了五毛錢的郵票，投進信箱。她買菜的錢不夠，只好拆東牆補西牆。

吃午飯時曹萬秋才起來，他看看桌上的稿子不在，知道太太拿去發了。他心裏輕鬆許多，希望半個月以內能拿到稿費。那是他經常寫稿的一個大報副刊，除了特殊原因以外，倒很少打他的回票，而這篇稿子他不放心的是，故事的開頭違背倫理，這和那家報紙的立場不合。如果編輯先生有耐性看下去，才知道不是那回事，那才可以過關。

他一起來，剛會走路的小兒子就纏着他不放手，五歲的女兒像隻小麻雀，在他耳邊唧唧喳喳。吃飯時才把女兒的嘴巴塞住，小兒子還是坐在他的身上。大兒子唸初三，早出晚歸，不然他更受不了。

飯後，他躺在壞了彈簧，裂了口的舊沙發上閉着眼睛養神。女兒坐在地上翻娃娃書，小兒子像矮脚狗樣在地上爬來爬去。他的好處是能隨時隨地睡覺，他靠在沙發上又睡了一會兒。

小兒子的哭聲把他吵醒，他抱着小兒子走了一會，哄住了嘴，又讓小傢伙在地上爬。他一面抽烟，一面打開新約全書看了一會，這是他每天必讀的書，他精神上的唯一支柱。越是窮困不得意的時候，他越是捧着這本厚書不放，它彷彿是擋箭牌。

他看完了兩章新約，心情安定下來。又閉着眼睛，靠在沙發背上沉思，自寫完「吉人天相」之後，三個月來他就只寫了一個短篇「九曲橋」。「吉人天相」完全是應付朋友的情面，二十萬字，只給他八千塊錢，還要他讓版權，他因爲不滿意這部作品，索性送給那位朋友，讓他去發財。他眞沒有想到這部作品會是一部暢銷書，三個月來賣了五版，一萬多册，那位朋友賺了四五萬，而且興隆電影公司的製片主任親自找上門，要向他買電影版權，他一口回絕。現在想想又好氣又好笑。

在這個長篇上自己既沒有得到一點好處，又費了三個月的時間才寫下那兩萬字的「現代小說」，本來已經捉襟見肘的經濟狀況，更是百孔千瘡了。油鹽柴米的事他一向不管，他感到不對勁的是烟酒兩件事。平時他愛喝幾杯消愁解悶，現在一連半個月滴酒未嚐，口裏眞的淡出水來。香烟由長壽降到雙喜，又由雙喜降到幸福，剛才他抽完了最後一枝，照老規矩，太太看他把空烟盒一揉，一定會悄悄地塞給他一包新烟，可是這次她沒有及時補給到「手」，反而裝作視而不見，他想想有點不妙，當時不便發問。現在情形有點不對勁，不抽烟頭腦彷彿一塊青石板，思路不開，靈感不來，而且心裏好像有烟蟲在爬，嘴裏不是味道。他聽見太太的脚步聲從厨房出來，微微睜開眼睛，瞄了一眼，看她臉色還好，等她走近，裝個笑臉，微微啓動嘴唇：

「妳今天忘記了給我買烟？」

「我何曾忘記？」她也向他裝出一個笑臉：「只怪攤烟攤子的阿婆記性太好，她說我賒了十四包烟沒有給錢，因此免講。」

曹萬秋像當衆挨了那個阿婆一耳光，臉有點發紅，大氣兒也不敢出。他心裏在嘀咕：他的酒就是這麼斷的，難道又要斷烟？

他太太看他像隻打敗的公鷄，有點同情，找個理由安慰他：

「其實，不抽也好，抽烟會得癌症。」

「我聾子不怕雷，管它什麼癌症？」他懊惱地回答。「沒有烟抽才眞要命！」

「不抽烟的人多的很，也沒有聽說死人？」她頂他兩句。

他有點生氣，瞪着她說：

「我二三十年的老癮，不比別人。而且我不抽烟，一個字也寫不出，你們喝西北風？」

她聽說喝西北風，不禁一怔。如果最近不是她拼命節省，四處張羅，眞的喝西北風了。但是今天阿婆打了她的回票，而且臉色很不好看，回來時她還繞過阿婆的烟攤，實在沒有勇氣再去賒。只好溫婉地勸他，語氣像當年說情話一樣：

「其實你不妨訓練訓練自己。你有好幾位朋友，不抽烟也照樣寫作。你樣樣都能，難道這一點就不如別人？」

太太前面幾句話雖不入耳，後面兩句話倒很中聽。他撕下一角報紙，把烟缸裏的烟頭一一剝開，捲了起來，這是當年在調景嶺的老法子，他一面捲一面解嘲地說：

「他們都是怕死鬼，我不怕死。一枝在手，稿子可要寫得快些。」
「聽說別人一天寫一萬多字，你三個月才寫兩萬字，你的烟不是白抽？」她又調侃他。
「妳信別人吹牛？人又不是機器。」他望望太太說：「果眞一個月寫三四十萬字，那還有什麼好東西？」
「人家也是爲了生活，誰像你寫文章當綉花？」
他把捲烟點燃，猛吸一口。他平均一個月只寫六七萬字，自調景嶺來到臺北，十年如一日，少了不能活命，多也寫不出來。現在連烟都沒有得抽，就是因爲這三個月寫的太少。
「可是我寫壞了一篇東西就不敢見人，雖然只拿幾十塊錢一千字，也難安心。」他噴出一口烟說。
「照你這樣寫，那該一字千金？」
「妳別做夢！要是有一兩百塊錢一千字，我就心滿意足了。」
「我老早勸你改行，你又捨不得丟掉這根討飯棍。」
「八十歲學吹鼓手，我能改那一行？」
他們兩人談到這裏，曹萬秋的朋友吳白水闖了進來，要他去參加歡迎幾個外國作家的座談會。他不想去，吳白水却鄭重其事地說：
「萬秋，這個會很重要，你不能不去。我們總得有幾個像樣的作家和人家談談？」
「不瞞你說，我窮得連香烟都沒有得抽，有什麼好談的？」曹萬秋把捲烟屁股往烟缸裏一塞。
「吳先生，他不能去。」曹太太遞給吳白水一杯白開水，抱歉地一笑：「開會又開不出稿費，他要趕點東西救急。」

「大嫂，其實開會也有開會的好處，」吳白水笑着說：「不過萬秋不會利用機會，我今天是特別來關照他的。」

「謝謝你，吳先生，」曹太太說：「他是個本份人，又不像你有一官半職，一家人就靠他一枝筆，時間實在犧牲不起。」

吳白水望望曹萬秋，笑着慫恿他：

「怎樣？能不能去？聽說這次發的通知不多，洋人希望會會像樣的作家，談談有關文化交流的事情。」

「我這副嬉皮相，實在不像樣。」曹萬秋望望自己一身髒兮兮的衣服，摸摸寸把長的鬍髭，自嘲地說：「何必去出洋相？」

「把鬍鬚刮掉，換身乾淨衣服，不就得了？」吳白水拍拍曹萬秋的肩膀。「你可以和他們談談現代文藝思潮，談談文化交流的實際問題。」

「這種大題目自然有人會談，何必我去？」

「說不定也會談到報聘的問題？」吳白水輕輕地說，樣子很神秘。

「那更沒有我的事。」曹萬秋哈哈一笑。

吳白水猜想他不會去，把話題扯到寫作方面來，當他知道曹萬秋三個月才寫兩萬字，他責怪地說：

「現在不是一字千金，你何必這麼傻裏瓜氣？誰又去分青紅皀白？」

曹萬秋這次沒有作聲，他也知道自己又做了一件傻事，不過他並不後悔，還引以爲慰，認爲比那二十萬字的「吉人天相」有價值得多。

吳白水和他閒聊了一會，看看時間不早，要趕去開會，起身告辭。曹萬秋把他送到大門外，說了兩句抱歉的話，才轉身回來。

「吳先生這一坐，又去了個把鐘頭。」曹太太望着他說：「還是江邨好，住在鄉下，一心寫作，沒有人去打擾。」

「我們的孩子小，鄉下上學不便。」曹萬秋回答。這是他不搬到鄉下去的唯一理由。

小兒子又爬到他的脚邊，抱住他的腿，他把小兒子抱起來，太太怕妨碍他的構思幻想，連忙把小兒子接過去。

他望望烟缸裏的烟灰，烟癮又發了。他拍拍腦袋，在房子裏轉來轉去。忽然發現興隆電影公司的製片主任馬文遠站在門口，手裏提着黑皮包，堆着笑臉，先向他打招呼，再邁步進來。

他招待馬文遠坐下，他太太連忙倒了一杯白開水。他正在身上東摸西摸，馬文遠却先遞給他一枝美國烟，他也老實不客氣地接下。馬文遠這是第二次到他家來。

「馬先生，有何見教？」他吸了一口烟，那股芬芳辛辣的氣味，好像立刻打通了他青石板似的頭腦，心裏一高興，笑着問馬文遠。

「曹先生，我壽星唱曲子，老調兒。」馬文遠滿臉堆笑地回答：「還是想拍你的大作吉人天相。」

曹萬秋楞了一下，隨後慢吞吞地回答：

「馬先生，我說了不想拍電影的。」

「曹先生，我知道上次我出的五千塊錢是少了一點。以你的聲望，以大作的銷路，我要求公司再加三千，總經理已經同意……。」

「馬先生，你會錯了意。」曹萬秋連忙打斷他的話。「我決不是嫌你們出價太低，我實在是不願意拍電影。」

「曹先生，我眞不瞭解你的意思。」馬文遠望着他迷惘地一笑：「我們的公司在國語片圈裏算得是數一數二，有人不要錢我們都未見得肯拍，八千塊是公道價錢，你並不吃虧。」

「馬先生，你又會錯了意。」曹萬秋搖搖手：「我實在是不滿意這部作品。」

「曹先生，你太謙虛了！」馬文遠笑着說：「以我們的看法，『吉人天相』實在是一部傑作，故事一氣呵成，情節安排得十分巧妙，沒有一分鐘的冷場，第七號情報員也不過如此，所以書才好銷。拍成電影之後，一定更加叫座。」

「慚愧，慚愧！」曹萬秋紅着臉結結巴巴地說：「這本書就只有一個故事。我坦白告訴你，我是從英文報紙上的一個謀財害命的新聞拼湊起來的，沒有什麼了不起。」

「曹先生，我也坦白告訴你，這種作品才有票房價值。我們公司裏的編劇就沒有你這樣的高才。你這部作品導演拿到手裏就可以拍，連分場都不必要。我們是誠心想拍大作，合約我都帶來了。」

馬文遠打開皮包，取出兩份合約，遞給他看。

曹萬秋搖搖手，沒有看合約。馬文遠一楞，有點生氣地說：

「曹先生，我是捧着猪頭進廟門，你也應該賞我一點面子？再加你兩千都使得！」

曹萬秋笑着拍拍馬文遠的肩膀，低沉地說：

「馬先生，難得你這份盛意。你眞要拍『吉人天相』，我一個錢不要。」

馬文遠倒退兩步，瞪着眼睛望着曹萬秋，半天才說：「曹先生，你不是說夢話？」

「馬先生，我清醒的很！」曹萬秋笑着回答。

「天下那有這種事？」馬文遠望着他將信將疑。

「我曹萬秋專幹這種事。」曹萬秋淡然一笑：「不過，我有一個條件。」

「什麼條件？」馬文遠走近一步，急切地問。

「無論在片頭上或廣告上，不能用我曹萬秋三個字」。

馬文遠哈哈大笑，身子搖搖晃晃，一手搭住曹萬秋的肩膀，斷斷續續地說：

「曹先生，別人生怕我們漏了他的大名，你連名也不要，公司求之不得，這算什麼條件？」

「馬先生，你不算我算。」曹萬秋鄭重地說。

「好，遵命！」馬文遠在曹萬秋肩上一拍：「我們會隨便加一位編劇的名字。」

「電影如果能改個名字那就更好。」曹萬秋說。

「這也可以考慮。」馬文遠爽快地回答。

「好，馬先生，我們談到這裏爲止。」

馬文遠握着他的手用力搖了幾搖，說了幾句多謝，笑着走開。走到大門外好幾步遠，又突然轉身跑回來，鄭重地對曹萬秋說：

「曹先生，我們都是幾十歲的人了，說話可要算話？拍成電影以後，可不能再有任何糾紛？」

「君子一言，快馬一鞭！我曹萬秋不是那種人！」曹萬秋彷彿受了侮辱，生氣地大聲地回答。

三

一個禮拜以後，「九曲橋」發表了，分三天登完。曹萬秋小心地剪貼下來。

登完以後的第三天，一位五十多歲，中等身材，戴着眼鏡的陌生人突然登門造訪。他向曹萬秋自我介紹，說是仁和精神病院的主治醫師，他叫王濟人。向報社打聽到曹萬秋的地址，所以特來拜訪。

「王大夫有何見教？」曹萬秋問他。

「曹先生，我是特來向你請教的。」王濟人誠懇地回答。

「不敢當，我完全外行。」曹萬秋說。

「曹先生，不瞞你說，我雖然是個醫生，倒很歡喜小說。」王濟人搓搓手說。「我尤其注意心理描寫，精神分裂的新派小說。但是失望得很，我看得暈頭轉向，找不到來龍去脈，好像作者自己在精神分裂，正如我們醫生精神分裂，那怎麼能替人診病？」

曹萬秋聽了一笑。王濟人接着說：

「曹先生，不是我恭維你，我眞沒有想到還有你這麼一個眞正的行家！」

「不敢當，我不是學醫的，完全外行。」曹萬秋笑着回答。

「可是你對佛洛依德的學說眞有心得，我就親手診斷過大作中的類似病例，但是我花了三年功夫才找出病根。要是我早有機會拜讀你這篇大作，那就事半功倍，也許三個月都不要。」

「王大夫，你實在過奬，我這不過是遊戲筆壘。」

「我認爲你這篇大作對我很有帮助，等於增加了我一個病例。希望你以後多寫幾篇。」

曹萬秋笑了起來，坦白對他說：

「王大夫，如果我再寫這種東西，那眞要餓飯。」

「爲什麼？」王濟人歪着頭問。

「我查了好幾本二十年前的讀書筆記，字跡已經糢糢糊糊，佛洛依德的原著一本都不在身邊，我的記性又不大好，這篇東西寫了三個月才定稿。」

「啊！曹先生，原來你這樣愼重？」王濟人張着嘴巴望着他。

「王大夫，騙外行容易，像你們這種專家，可不容易唬住。」曹萬秋笑着說：「本來文學是文學，科學是科學，詩人作家把月亮寫得如何美，甚至說月裏有嫦娥，和吳剛伐桂，都不碍事，不失文學的價值。但是如果眞以月亮作題材，寫人類在月球上登陸的生活，那就不能信口開河，一個坑就是一個坑，一個洞就是一個洞。寫精神分裂這類的小說亦復如此，作者不能隔靴抓癢，睜着眼睛說夢話。」

「高見，高見。」王濟人拱手一笑，話頭一轉。「曹先生，你這篇大作能拿到多少稿費？」

「大概六七十塊錢一千字，總共不過一千三四百塊錢。」

「啊！」王濟人嘆了一口大氣。「三個月一千三四百塊錢，我們醫院的工友一個月也不止拿這些錢，我還以爲你名利雙收哩！」

「王大夫，名利雙收是你們醫生的事。」曹萬秋哈哈一笑：「像我，能不餓飯，就算祖上有德。」

四

曹萬秋的大兒子曹大仁放學回來，把脹得滿滿的綠書包往舊沙發上一拋，靠在沙發背上閉着眼睛沉思的曹萬秋以爲是地震，駭了一跳。他一睜開眼睛，兒子就跳到他的面前，大聲地說：

「爸，我們畢業生旅行鵝鑾鼻，每人兩百五十塊錢，明天開始收費，拿錢來！」他向曹萬秋把手一伸。

曹萬秋一楞，怔怔地望着他，半天才雲淡風清地說：

「鵝鑾鼻有什麼好玩的？」

「爸，你這就不對！」兒子馬上嘴巴一翹，大聲抗議：「以前旅行獅頭山，你不讓我去；旅行日月潭，你也不讓我去；現在好不容易熬到初中畢業，光復節又有兩天假，所以才決定旅行鵝鑾鼻，你又不讓我去。我問你，你到底是什麼意思？」

曹萬秋被兒子問得兩眼直瞪，哭笑不得。突然想到一個理由，故意扳着臉說：

「遊覽車時常翻車出事，你怎麼能去冒那個險？」

「沒有那麼巧的事！」兒子把身子一扭：「我偏不信邪！」

曹萬秋看見兒子很有自己三十年前那股傻勁，心裏暗自高興，但還是拉長了臉對兒子說：

「你不信邪？你沒有看見報紙上登的陽明山大車禍？一車上百人，死的死，傷的傷，那難道也是假的？你有幾條命？」

「爸，你怎麼這樣婆婆媽媽？多少年才有那麼一次，上陽明山的車子一天最少也有幾十上百部，怎麼沒有再出車禍？」

兒子的口才比他好，他又被兒子問住，半天搭不上腔。兒子一肚子悶氣，索性趁這個機會發洩出來，他大聲數落：

「爸，你眞不夠意思！那個哥薩克的作家叫做什麼夫的，他帶着太太兒子到很遠的地方去釣魚打獵，得了諾貝爾獎金他都不知道，還是秘書打電報告訴他。你從來沒有帶我出外釣魚打獵，我參加團體旅行都不讓我去，家裏連下女也沒有請過，讓媽當老媽子。人家是作家，你也是作家，你眞的太令人洩氣了。」

曹萬秋兩眼直翻，他沒有想到兒子會說出這種話來？他也沒有想到自己會有這麼大的罪狀？兒子的話眞不下於討武則天檄。蕭洛霍夫得諾貝爾獎金的消息他知道，但是蕭洛霍夫帶着太太兒子釣魚打獵和他有個私人秘書的事他完全沒有注意，因此他低聲下氣的問兒子：

「是誰造的謠？你聽誰說的？」

「老師告訴我們的，報紙上也登了。爸，你又沒有七老八十，那麼大的字你看不見？」

曹萬秋又啞口無言，他隨手在茶几底下抽出一份報紙，翻到了那則新聞，旣羨慕又慚愧，像隻呆頭鵝，望着報紙不能作聲。

「爸，」兒子攀着他的肩膀用力搖了兩下：「這次他得了五萬六千五百美金的獎金，合臺幣兩百多萬，幾輩子也吃不完。老師說，世界上最值得羨慕的人是作家，自由自在，有名有利。」

「別信你老師胡說八道！」曹萬秋把報紙往茶几底下一塞，靠在沙發背上閉起眼睛。

「老師才不胡說八道！」兒子不服氣，爲老師打抱不平：「他說話有根有據，他說日本作家叫什麼山岡莊八的，去年就賺了七千多萬日幣，合臺幣就是七百多萬。電影明星石源裕次郎的哥哥石源愼太郎，是十二個作家當中收入最少的，也賺了三千四百萬，比電影明星還多。你說，世界上那有這麼好的事？」

「我看你老師有點不務正業，」曹萬秋突然坐起來，睁大眼睛望着兒子說：「怎麼專和你們談這些鬼事？」

「爸爸，我們老師是最好的老師，師大的高材生，教書認眞，人又和氣，我們全班人都喜歡他。」兒子把老師大捧一番。突然打開書包，拿出作文簿，在曹萬秋眼前一晃：「爸，我這次作文得了九十分，你怎麼賞我？」

「胡說，作文還能得九十分的？」曹萬秋白了兒子一眼。

「爸，我可不吹牛，不信你看！」兒子把作文簿翻了幾頁，翻到最近一篇，往曹萬秋手上一塞。

曹萬秋不能不看，一落眼就看到紅筆打的90兩個數字，他鼻子裏嗤了一聲。再看看題目是「我最難忘的人物」，他一口氣看下去，總共才一千多字，上面打了很多紅圈圈，最後還加了一條批語：

「文筆細膩生動，入木三分，可繼令尊衣缽！」

曹萬秋大笑起來，隨手把作文簿一拋。兒子像接籃球一樣，單手一抄，把作文簿抓在手裏，奇怪地望着父親說：

「爸，老師可用不着拍我的馬屁，他當面跟我講過好幾次，說我可以接你的脚。」

「別信你老師胡說八道！」曹萬秋突然止住笑，瞪着兒子說：「你幹水肥隊都好，就是不能拿我這根討飯棍！」

曹太太從廚房伸出頭來，望着兒子慈愛地說：

「大仁，不走你爸這條路也好，免得將來連老婆也討不到。」

曹萬秋往沙發背上一靠，眼睛一閉，眼角隱隱現出兩顆亮晶晶的淚珠。

附録：墨人的二媽

吳友詩

——原載五十七年十一月三四五日中央日報中央副刊

精編精選的「中國文選」，這一期（五十七年九月號第十七期）裏面有好幾篇非常好的小說，在溽暑蒸人的盛夏，夜難入寐，讀好文章，竟然忘倦。小說能美化人生，有潛移默化功能，要在於作者如何運用素材，將所見所感，巧妙地藉着文字傳達給讀者，使讀者進入其以眞感情孕育而成的境界中。這裏最能代表此一論點的是墨人先生的「二媽」。因爲墨人把一個「美麗、賢慧、文雅、善良而薄命的女人」寫活了。就小說技巧而論，這篇小說最成功處是在性格刻劃上面，不光是主人公二媽的性格，卽連其他陪襯人物的性格、感情、思想、習癖，在作者訓練有素的筆緒下，無不刻劃入微，使之毫顯畢現，曲曲傳神。這種對人性的深刻觀察與瞭解，把一位小說家所需要的寫出好小說的條件，作了一個很好的說明。

故事不算「羅曼蒂克」，「二媽」並不是什麼奇女子，沒有不得了的行誼，只是滔滔人海中的一點浮萍。一個中國傳統上不得人諒解的「外室」，照說應是尖刻、矯情、妖治、跋扈的狐媚子，然而她却一點不諳這些「妾婦之道」；「一切都是命」、「人奈命不何」，天生的性格範鑄了人的命運，二媽和她前夫所生的女兒的話是宿命論的，她們就這樣認了。作者用她們自己的話勾勒出她們的性格，這篇小說有許多地方都用這種技巧，省去了許多說明的筆墨。因此，就是因爲她善良，她完美；她不奸刁，她不惡毒，於是她的命運也就註定了，終於在家傾夫死之後，無依無靠（原本她可以依靠後夫嫡出的兒子的，但要她的女兒和她分開，「我們母女臍帶相連，分不開，一切都是命，不管以後怎樣？我認了。」）隨之亦薄棺一口，結束殘生，「像一盞菜油燈樣熄滅了」，一齣悽惻的人生悲劇，完全由生成性格帶來的悲劇，讀之使人低徊不已，忖度作者寫這篇小說的目的，不外是有意要來分析一個悲劇性人物的成因吧，是不是要從人性的源頭去追索人生歸趨的答案？他寫二媽的種種優點，在在都反襯出適爲其不可挽救的弱點，要是換了個恃寵乘勢，精明巧黠的，命運當不致如此，乃可斷言；二媽有她性格上「明知故犯」的勇敢，誰都怪不了，無法自拔，咎由自取，就是這樣的可愛。

最堪激賞的，是這篇小說的結構佈局的技巧。現代小說趨向於新的寫作方式，很少有在結構上下功夫的，難得獲讀一篇結構完整情文並茂的文章，眞有說不出的喜歡。通篇大約一萬二千字左右；主要與次要人物共十四個（按先後次序爲「我」、父親、金枝姐、嫡配「糊塗神二媽」、母親、二爹、三哥、「二媽」、雲英姐、二哥、二嫂、大爹、兩位姑媽。），凡是提到的，都有一段「插話」（episode），或長或短，甚或一筆帶過；作者用抽絲剝繭的手法，一層層由外向裏翻出來，帶引讀者一步步進入「情況」（conditions），造成小說的由淡轉濃的「氛圍」（circumstances）。開頭先寫「敍述者」六歲時父親帶他進城，作者安排了一個隔壁的大女孩金枝姐，在行前拉着他蹲在牆角講那花花世界數說不完的好處，尤其是「城裏女人眞整齊」，輕輕鬆鬆自然靈活轉到主人公二媽身上，以最經濟的筆墨激起讀者的興致來：

「你倒不錯，這點年紀就上街，去看花花世界！」……（中略，下同）。

「還有，」她把我身子一搖：「城裏的女人眞齊整，不論是大姐大嫂，都長得細皮白肉，不像我們鄉下人黑皮黑臉。」

「金枝姐，她們有你漂亮？」……

「嗨！」她向我一笑：「我算老幾，我還趕不上你二媽，雖然她已經四十好幾了。」

「我笑了起來，別人我不知道，我二媽我是淸淸楚楚的，整天蓬頭散髮，衣服穿得也不周正，一雙大脚板，……我大伯媽都不喜歡她，駡她是「糊塗神」；……金枝姐說她趕不上我二媽，我怎麼不笑。……」

作者藉對比與反襯來繪聲繪影，用對話來取代說明文字，收到了予讀者鮮明的印像之效果，不論是誰，都亟欲知道下文的；而作者不慌不忙，一個頓挫之後，又是一個頓挫，設情立勢，適當巧妙，極盡小說家表述故事曲折細膩之能事；急往下看，才知道原來還有個「城裏二媽」，始轉出一篇曲折故事的頭絡；下面一句「我媽怎麼沒有跟我講過！」帶出金枝姐那句「你這麼一點點大，她跟你講這些幹什麼？說不定她還怕你將來跟你二爹學樣呢？」如此的文章氣勢與承接手法，眞有點睛之妙，遂又自然而然順理成章以「敍述者」的「個人獨白」表述他二爹的樣貌、地位與日常生活狀況：「昂藏七尺，濃眉、大眼、長方臉、唇紅、齒白，講起話來聲音淸亮得很，他不但是個美男子，也是我們這方圓幾十里地男女老幼都敬重的二先生，長子先生。

「他長年住在街上，不大下鄉，如果下鄉，一定是有人去請去接，要他排難解紛。我看見他那樣子就有點怕，想學也學不來。」圓熟靈巧，調度得宜，這樣的安排佈置，正合文章筆法的「設情有宅，置言有位」的原則。看作者又通過金枝姐的嘴，說明一項自然趨勢：「其實也難怪你二爹，何況你城裏的二媽又是那麼漂亮賢慧？我從來沒見過。」隱隱指出有「這樣一位人物」的二爹，就會有「另一個」那樣的二媽的來龍去脈。這種人物沒有外室誰有？光是這點「引子」，書中人已呼之欲出了。作者先安排金枝姐這樣一個較曉事的大女孩，借她來跟敍述者談話，導出全部「文章」，文字活潑，情如其事。他知道需要製造何種效果，亦知如何將這種效果製造出來，一切人物，一切對話，以及一切插話事件，都不外爲了烘托一個人——二媽。讀這故事，相信任誰都會由衷地對二媽這個人物敬愛倍加的。我不知道二媽究竟有無其人，倘若眞有，是作者寫成功了；假若全屬作者想像虛構，則作者已創造了一位活的人物：一個平凡的，在日常言行之中對中國傳統做人的意識有一種不假思索的自然辨悟力的女人。無論就其容貌衣着，言談舉措，性格特徵，內在與外在的種種表現，都「恰如其分」，不多不少是這樣一個人物，使人不禁想起「浮生六記」中的芸娘來。於是，雖然她的結果具有悲劇性，我們也寧可要她那樣無背於她的性格去「自食其果」的。善良的性格註定了她的命運，她也明知這點，一切淡然置之，毫不介懷，洒脫之至。這裏，作者有許多地方是用的「人物的自我表白」（the character's expression of self），諸如：「我自己的命不好，不能生，二師母生的也和我生的一樣，你的孩子我也當作自己的。」（這裏用對話，決不能以說明代之。寫她的善良、賢慧。）又如：二爹他們的仁和客棧倒閉後，「義不掌財，慈不掌兵，你二爹不是做生意的人。我面也軟。房間貼給人家住了，還要供給人家的伙食，到頭來拍拍屁股走路。你二爹是金剛菩薩，樣子嚇人，心腸頂軟，自然不會剝人家的衣服，我更不會討賬，人家三句苦一訴，我也陪着掉眼淚，恨不得再送他幾文盤川路費。就是有座金山銀山，也會拖垮。」（她說這話時還是笑瞇瞇的。這種義利不能兩全的道理，二媽知道得很淸楚的，拿來和精明冷靜的二爹大兒子媳婦——敍述者叫二哥二嫂——一比，顯現出舊社會中上一代人的不易再見的渾厚。）「我母女臍帶相連，分不開，一切都是命，不管以後怎樣，我認了。」（寫親子之情，一句話勝過多少說明文字。）「他那麼好的牌，不和實在可惜，我不打誰打？急壞了人怎麼辦？」（寫忠厚寬大，何其傳神。）「也難怪他們，我和雲英實在拖累了你二爹。」

、「你二爹也可憐，要不是我和雲英拖累了他，他坐着做老太爺享福，那用得着和我娘兒倆受罪受屈？」（寫她一再自責，舊時代的婦道。）「唉！人奈命不何，你那個二媽福氣好，輕輕鬆鬆生了兩個好兒子，我偏偏只帶來這麼個不爭氣的女兒。」（寫她的恕道）

小說之能感人，在其內容；小說之能動人，在其人物性格刻劃之成功。作者寫二媽，其所意欲表達的，如她的美麗與優雅，她的善良與賢慧，她的篤厚與寬容，固已分毫畢現，而其他陪襯人物，亦莫不各類其型，尤其是二媽和她前夫所生的女兒雲英，在這篇小說裏絕不能少，她和二媽一表一裏，相映成趣，沒有她的陪襯，無法顯示二媽整個的人格，作者藉「敍述者」的回憶來寫她，雖然費了相當筆墨，却也一筆不能省略：

「上次我住仁和客棧，時間短，沒有看見二媽的女兒，也不知道她有個女兒。原來她這個女兒是前夫生的，前夫去世後她們母女就相依爲命，自然跟着二爹。她的女兒叫雲英，人也出落得非常標緻，只是鼻樑低一點，能說會道，聰明絕頂，個性和二媽不同，大概是像她父親。

雲英結過一次婚，男的配不上她，離了。在我們這個地方，女人是「嫁鷄隨鷄，鷄狗隨狗」，不作興下堂求去，而她作了，因此一般人對她批評不好。後來她又和我們鄉下一個大財主姘居，（我住仁和客棧時正是她和那個大財主姘居時期）反應更壞。再加上染上了鴉片嗜好，她便變成了一個人所不齒的女人了！尤其是二爹的大兒子媳婦，我叫二哥二嫂，他們兩人對她更不諒解。當她和那個大財主分居以後，二爹又收留她。二哥二嫂認爲留着這麼一個「濫女人」在家有辱門風，因此和二爹鬧得很不愉快，幾至不相往來。二爹是個愛面子的人，爲了二媽只有這麼一個女兒，他自己也沒有女兒，雲英又無處可去。所以寧可在兒子媳婦面前忍氣吞聲，還是收留了她。

偏偏雲英又不爭氣，常常給二哥二嫂添話柄。二爹經濟情況不好，她還照樣抽大烟，吃好的，穿好的，有時二爹火了就痛罵她一頓，可是她還雲淡風輕地望着二爹笑笑。二爹一走，她反而拉着三哥或是我往她房裏的鴉片燈旁一靠，又燒起她的烟泡來，以備不時之需。

「雲英姐，你怎麼不怕二爹罵你，反而笑嘻嘻？」有一次我輕輕問她。

如果二爹像罵她那樣罵我，我早就翹起屁股走了。

「爹是叫騾子脾氣，叫一陣子也就算了，何必跟他生氣？」她笑着回答。

她眞是摸透了二爹脾氣……。」

這是雲英，人們眼中的「濫女人」，但她的性格却是涵厚可愛的。作者在處理故事之間，時常加入一點悽愴而幽默的況味，卽景造情，實在頗耐尋味！

「……雲英姐對付我二爹的辦法可眞絕，有幾次我看見二爹的手指頭指到她的腦売，如果她的頸子一硬，二爹的大巴掌準會打得她暈頭轉向，可是在這種緊要關頭，她却咧開嘴「嘻嘻」一笑，二爹那過膝的長手便棉花條樣軟下來，笑着罵她一句：

「死了血！」

完了，滿天的風暴便這樣結束了。

「雲英姐，你對付二爹的法子眞巧！」我不得不佩服她。

「兄弟，別人怎麼來，我就怎樣去；你們上一輩的人都是直統子，好對付。就是你二哥二嫂難纏！」

的確，她在我二哥二嫂面前總抬不起頭來。……………」

雲英有些地方頗有「缺陷美」，和二媽相似而有等差，有一段我認爲是作者的神來之筆：「雲英姐的牌技自然高明，她的牌理講得頭頭是道，沒有一個人及得上她，可是她也是十打九輸，而且輸得多，因爲她歡喜打大牌，而又不願意和『屁和』，不和辣子決不過癮，別人知道她愛做大牌，所以專和『屁和』，等到她剛剛做成，別人的牌已經倒地，而別人偶爾做一次，却往往成功，因此她也是輸，但是輸得並不服氣，還說別人打的狗屎。『你就是嘴硬』。二媽聽她講牌理講煩了時，也會輕輕刺她一句。『娘，你就是手軟。』她也笑着回答。『所以我們娘兒兩個總是輸家。』二媽自己也好笑。」這裏面三句對話，活畫出娘兒倆的性格來，讀來使人忍俊不禁，但加上她們的背景，天成妙句，却有無限悽淸之感。而打牌打得精的却也是十打九輸，其中又蘊含了多少微妙的世理。

這篇小說的體裁是記敍文的故事（narration），全篇六段，除頭尾兩段引子與尾言外，中間四段岸然劃開，但悉爲故事中心，結構組織相信作者是經過一番剪裁工夫的，顯現匠心處頗多。如不要頭尾，光是中間四段，勉強也行，但少了一種氣勢，內行讀來，總嫌不完全。如把第六段倒轉來放在頭裏：

「十七年來，我時常夢見二媽，昨夜我又夢見她和我輕言細語，她用那尖尖的手摸摸我說：

「不要灰心，好好地做人。」

二媽，一個永遠活在我心裏的美麗、賢慧、文雅、善良而薄命的女人。」

似乎亦無不可，但前後呼應的力量就差遠了。故事結尾是第六段後面寫「敍述者」在外七年飽歷一番艱苦之後，又回到二媽身旁——由於因非衣錦還鄉，「他」受不了別人的冷眼，便成天躱在二媽家裏，她像一根慈愛的柱子，撑住「他」使「他」沒有崩潰：

「不要灰心，你的日子還長得很，你二爹也有過這樣的情形。」二媽安慰我說。

「二媽，我是不是眞有點像二爹？」

「你們是一個老祖宗傳下來的，屋簷水點滴不差。」她望望我悽然一笑。

但我知道我比二爹實在差得太遠。

「人死留名，豹死留皮，二爹雖然倒了一輩子楣，總留得一個好名聲，你應該學二爹。」雲英姐插嘴。

「你米湯裏洗澡，糊塗了一輩子，就只講了這麼一句中聽的話。」二媽笑着罵她。

「娘，人奈命不何？我娘兒倆那一點不如人家？你總是把我的話不當話。」

「寃家！」二媽悽涼地一笑。

就在我賦閒在家的短短期間，二媽像一盞菜油燈樣熄滅了。

她死得冷冷清清，一口白木棺材，雲英姐和我，以及少數幾個牽藤絆葛的人，把她送上東門外的荒山。

「唉！好人沒有得到好報。」金枝姐感慨地說。

這篇小說的主題，可以槪括在雲英姐那句「人死留名，豹死留皮」的話中。爲此，所以「不要灰心，好好地做人，」便是全文的總結，「敍述者」在夢裏還夢見二媽對他說這話。因爲好好做人亦卽是二媽一生的寫照。二媽可予我們效法的，就是那種絕頂的寬容，「她那麼小的個子却有別人所未有的恕道和愛心。」雖是「好人沒有得到好報。」但是已能予人愈多，二媽雖是悲劇性人物，她的人生却是豐富極了。這篇小說得要深讀，才能獲得文藝作品予人智慧上的啓發。

墨人註：作者吳友詩先生與我同年，已於二〇〇六年辭世。「生也有涯」，這是我出版各書的原因之一。

二、詩選（上輯）

詩（代序）

將思想和情感搭成一座藝術的長橋
讓人類通過那庸俗的泥沼
將血和淚化成靈魂的花朵
這花朵永遠芬芳永遠不凋

四一、八、三〇，左營

寄台北詩人

我像遠航的船兒損失了舵槳
久久地廻旋於這海島的南方
我雖能記牢我出海的方向
怎奈我無力克服海上的風浪

長久的廻旋使我焦灼心傷
我想盡方法仍然不能駛回可愛的海港
有時我眞打算棄船另作他想
但我又不能泅過這一片汪洋

遠方的白帆能給我一點希望
但它又像天上的雲兒
飄來飄去，飄來飄去
永遠飄不到我的身旁

那閃爍的北斗我以爲是港口的燈光
那銀河星系我以爲是你們的羣像
我時刻想望挨近你們的身旁
但沒有舵和槳我怎能駛回原來的地方

四二、二、六，左營。

雪萊

你駕着「艾利厄爾」駛出了雷格洪的港口
那正是地中海暴風雨將要來臨的時候
在那悶熱的七月的斯培西阿海灣
你把二十幾年的痛苦一次結束

你是一個無神論者
你也反對婚姻制度
你是一切舊禮教和陋習的仇人
因此你敢於和酒館主人的女兒赫里雅私奔

之後你又帶着瑪利哲恩姊妹作了六星期的荒誕旅行
因此你也像拜倫一樣更不能見容於你自己的國人
你愛世人，但世人並不瞭解你善良的心靈
而你的錯誤幾完全出於你的一片天眞

你細長的身體終於飄浮到累佐街的海濱
但你臉上手上身上的皮肉已被海中的魚兒完全撕呑
憑着反摺的濟慈詩集和索福克利斯的作品
特累勞尼才認識這具可怕的屍體是你而不是別人

雪萊啊！難道你眞是一個不具形體的精靈
怎麼你又有一顆燒不燬的特別龐大的心
是這顆心褻瀆了十九世紀的英國
還是這顆心光耀了億萬年代的英國人

雪萊於一八二二年七月八日溺死於義大利海濱，讀雪萊傳後草成此篇，以資紀念。

四三、六、二，左營。

未完成的想像

我靜靜地躺在這大廈的長廊
繼續捕捉昨夜未完成的想像
天上的雲兒不知道變化過多少形象
那港口的山頭也由明淨隱入蒼茫

我靜靜地躺在這大廈的長廊
繼續捕捉昨夜未完成的想像
海風已停止她黑貓般的腳步
鳥兒也躲進鳳凰木林中不再歌唱

我靜靜地躺在這大廈的長廊
繼續捕捉昨夜未完成的想像
年輕人已上街坊追求少女
我則苦苦地塑造一個女性的形象

我靜靜地躺在這大廈的長廊
繼續捕捉昨夜未完成的想像
整個週末在我身邊悄悄溜過
女神啊！今夜妳可會輕彈我夢想之窗

四一、八、二四，左營

海鷗

我是一個慣和風浪搏鬥的水手
你是最愛揶揄海洋的海鷗
無論我的雙桅船航行在那個經度和緯度
你總嘎嘎地翺翔在我的前後和左右

風和浪是船兒的轟轟的輪機的伴奏
你嘎嘎的歌聲則是我的噓噓的口哨的伴奏
無邊的寂寞常在我噓噓的口哨中悄悄地溜走
桀傲的海洋也常在你嘎嘎的歌聲中匍匐低頭

在浩瀚的海洋中我們的體積幾乎是同等的渺小
但我們的心胸却比深奧神秘的海洋更其不可測度
我黧黑的雙臂和你灰色的羽翼都具有無限的彈力
你和我都是征服藍色的海洋的甲級選手

現在我和我的船兒正陶醉地躺在這處女胸脯般的
港口
你也剛收斂起你灰色的羽翼棲息在黑色的崖石上頭
啊！什麼時候你再展開你那具有無限彈力的羽翼
和我一道去藍寶石的海洋上遨遊

四三、一一，左營

雲

妳披着白色的披肩
在藍色的天空散步
妳像羊樣的溫馴，貓樣的輕盈

貓的腳步無聲，妳的腳步比貓更輕

四四、八、一五，左營

鳳凰木

鳳凰木的花紅得像臘月裡高山上的野火
鳳凰木的葉子美得像美人手中綠色的羽扇
鳳凰木的軀幹又粗大挺直得像一個硬漢
它不聲不響不搖不擺地矗立在我的窗前

我一推開玻璃窗首先就和它打個照面
我坐下來就可以看見它那羽狀的綠葉一閃一閃
我把頭伸向窗外探望它到底有多高
但我看見的是一樹綠葉和綠葉之外的一片藍天

貝絲颱風曾經折斷它覆蔭大地的巨臂
戰士的利斧曾經削平它突出地面的粗根
但它的羽狀的葉子仍然是那麼綠那麼一閃一閃

它的花仍然像高山野火燒紅了綠色的頂巔

四三、五、一五，左營

流螢

田野中流動着千盞萬盞小燈籠
牠們乘着黑夜的翅膀在禾葉尖端流動
你說牠們像萬點繁星閃爍在藍色的夜空
我說牠們像無數的漁火在平 靜如鏡的湖面游動

那迎面吹來的是初夏的溫柔的海風
那照亮我騎着單車行走的是這些盞小燈籠
那初夏的溫柔的海風輕輕地吹着我直想入夢
這千盞萬盞小燈籠又引導我飄飄地踏進夢中

我彷彿已經遠離這爭爭吵吵的塵世
我彷彿飄游在無聲的藍色的太空
那點點繁星像頑皮的少女向我拋着媚眼

但我又捨不得遠離這盞盞可愛的小燈籠
你說你特別喜愛那些小星星的跳動
我說我既愛小星星的跳動也愛這些流動的小燈籠

四三、五，左營

燕

想念妳如同想念春天
因爲妳和春天有着血統的牽連

想念妳如同想念春天
因爲妳飛在春天的前面

想念妳如同想念春天
因爲妳把春天帶到我的面前

想念妳如同想念春天
因爲妳和春天裝飾了我的心田

想念妳如同想念春天
因爲妳把春天佈滿人間

想念妳如同想念春天
因爲妳就是春天的春天

蝶

像少女默默含羞
像哲學家低頭剪手
妳癡情地在花心滯留
又像詩人畫樓醉酒

妳五彩的霓裳
該羨煞人間多少閨秀

妳天生的麗質
該激起多少醜婦忌妒

妳翩翩起舞
又勝過古典美人的水袖
妳上下翻飛
實超越好萊塢的銀宮舞后

願風和日麗，花開長久
願妳常在我的花圃停留
請妳不要走
永遠不要走

柳

妳是千金弱質
嫩綠的條枝
像美人的長髮
直拖到地

妳像初解風情的少女
專愛搔首弄姿
妳的明鏡是春水一池
那醉人的春風又爲妳輕輕拂拭

妳是那麼溫柔懂禮
見人就長揖到地
我生怕妳日久腰瘦
我眞想伸手把妳扶起

映山紅

像火樣熱烈
妳把全生命
炫耀在一季之中
妳的名字是映山紅

一看見妳
我的心就卜卜跳動
妳火樣的熱情
常使我徜徉在萬山羣中

我就愛妳朵朵嫣紅
因爲那是青春的喜悅，生之讚頌
妳彷彿一粒燎原的火種
一朵紅而遍山紅

附記：南臺灣長年如夏，看不見春之影踪。
特寫小詩四首自娛，以誌故鄉之思。

四一、三、二五，左營

蜻蜓

像雙翼的初級教練機
髹着黃色的紅色的標記
而你們的編隊眞是龐大無比
我的肉眼怎樣也統計不出到底有多少架次

所有的空間都是你們的航線
你們彼此之間幾乎沒有什麼間隔距離
而你們的飛行卻特別平穩而有韻致
你們是否也有我們一樣的交通規則

四四、一二、一二，左營

水仙

在斑鳩的密密的巢穴中
一朵水仙在靜靜地開放

水仙在密密的黑色巢穴中
綻着兩朵雪白的花房
如粉蝶展開兩隻美麗的翅膀

靜靜地停落在黑色的巢穴之中
和水仙的長長的綠色的莖上

五〇、一一、一九，礁溪

青鳥

青鳥從南方飛來
載着春天的消息
載着漫天綠意
落在荒涼的北方
落在冰雪層封的心園

南方的暖流
溶化了北方的冰雪
春水從冰層底下悄悄流過
而青鳥却不聲不響地飛走了

玫瑰的種子沒有帶來
百合的種子沒有帶來
甚至荊棘亦未曾栽
北方仍然是個荒涼的世界
心園裡沒有鳥叫，不見花開

五一、一一、三，台北

豎琴

穿過第十四道窄門
像位美麗而狠心的少女
悄悄地離我而去

而當你踏着初秋的落葉
輕彈我灰色的小窗
她却尾隨於你彩色的長裙之後
淺笑輕盈地閃了進來

於是你們以我寂寞的心弦

作爲豎琴的長鍵
彈奏優美而感傷的樂章

五〇、一〇、二九，台北

熱帶魚

紅背脊的，花肚皮的
以及和斑馬一般多彩多姿的
熱帶魚羣
一個個啣着尾巴游進來
從一百度高溫的室外
游進這七十五度的低溫帶

游進綠色的棕梠樹下
游進綠色的海藻
選擇那最黑暗的區域
靜止下來，棲息下來
而且把黑色的頭埋下去
深深地埋進綠色的海藻

然後以同類都難聽懂的語言
輕輕地絮語着，傾訴着
鰭與鰭擁抱着
唇與唇喋唼着
而且發射着輕微的音波

我是一尾孤單的淡水魚
偶爾游進這旖旎的熱帶魚區
他們在黑暗的海底喋唼纏綿
我卻清醒地浮在透明的海面
在六百個綠色的方城中
生產一個個藍色的受精卵
然後吐口白色的泡沫
悄悄地離開這熱帶魚區
離開那些紅背脊的，花肚皮的
以及和斑馬一般多彩多姿的

正在發暈的熱帶魚

五〇、七、三〇，台北

兩脚獸

一頭傷心而傲岸的兩脚獸
自囿於都城心臟的小屋

毋視於拔地而起的摩天高樓
毋視於噴着火燄和黑烟的獨角獸
毋視於立於彩雲之上的同類貴族
他兩眼凝視着的是另一個砌着方城的國度

五一、三、二九，台北

F-86

後掠的兩翼
近似三角形的身體

以等音的速度
在藍色的天空
寫着黑色的細長的一字

四四、一二、一二，左營

貝絲

妳的芳名渲染了我彩虹般的幻想
我以爲妳是一位美麗多情的女郎

我想妳會像戀人一樣地輕彈我關着的門窗
然後又輕盈地飄進我靜靜的書房

我想妳會和我一邊輕輕絮語
一邊慢慢翻閱我案頭的詩章

我想妳的造訪會使我詩思如潮湧
妳的造訪會使我格外年輕倜儻

但我沒想到妳竟是一個美麗的魔王
妳有蕩婦卡門般狠毒的心腸
一開始妳就非常潑辣魯莽
沒有半點女性的溫情和善良

我聽見妳充滿憤怒和嫉妒的呼呼聲響
我看見妳披頭散髮張牙舞爪的醜惡模樣

妳想將人間一切美好的統統毀滅掃蕩
我們的風景樹首先遭到妳無情的斬傷
我新編的小竹籬更忍受不了妳過度的瘋狂

妳摧毀了所有的房屋和圍墻
我的屋頂是整個地開了天窗
妳還把孩子們絞到空中鞭打，飄揚……

貝絲啊！妳是一位完全失去善美理性的女郎
而最可惜的該是妳失去了我對妳的一份幻想

註：四十一年十一月十三日午夜貝絲颱風襲擊本省南部，左營海軍軍區損失最重，事後承各方友好來函慰問，特寫小詩一首記之，以酬盛意，並示尚在人間。卡門亦爲大颱風，較貝絲尤强烈。

四一、一一、二一，左營

月亮

古代的詩人把妳比作一隻玉兔
但妳缺少兩隻大耳和一個尖尖的頭
妳更沒有一截醜陋的尾巴
妳完全不像一隻四足獸

妳雖然缺少四隻善於奔跑的脚
但兔子却沒有妳那麼大的速度
妳以藍色的太空作運動場
妳的步履輕盈風姿十足

傳說唐明皇曾到妳閨中一遊
但那只是浪漫文人的遊戲筆墨
妳不會墮落到作一個帝王的后妃
妳是眞正的冰清玉潔

只有現代人的智慧才能使妳的芳心傾服
當太空之舟航向妳的心湖
我也許會飄着銀髯白髮和妳作第一次會晤
希望妳不要笑我太老
比起妳我還是一個年輕的孺子
妳的不謝的青春也許能醫治我早衰的痼疾

四六、一一、一一，北上車中

鵝鑾鼻

我來到這美麗的島的並不美麗的尖端
濛濛的細雨又一直伴我走到燈塔的面前
我正羨慕守塔關員的幽居情趣

他却向我訴說這兒大風大浪的驚險
太平洋上的颱風十次有九次光臨這邊
巴士海峽的波濤個個都想躍上雲天
滿山斷樹殘枝正顯示着颱風的威力
海峽的萬噸油船宛如跳倫擺舞的水手那樣狂顚

守塔的關員問我是來看風還是看浪
我說我有一個夢失落在那海天一線之間

四三、一一，左營

海邊的城

城像黑貓樣地蜷臥在藍色的海濱
在黑暗的夜裏閃着金黃的眼睛
濛濛的細雨正籠罩着陸地和海面
卻籠罩不住這海邊的黑貓的明亮的眼睛

海邊的城眞像黑貓樣的溫柔而寧靜
它不聲不響地蜷臥在藍色的海濱
它微微地睜着溫柔智慧而明亮的瞳孔
靜靜地注視着灰色的天空和藍色的海濱

我坐着第四次快車從它身邊隆隆而過
偶一睜眼纔發現它竟是這樣優美而溫存
我眞慶幸我有這樣一次最難得的際遇
我像觸着一位多情而智慧的愛人的眼睛

四三、五，左營

和風

吹上高樓
吹上高樓
這來自海洋的和風
一陣陣吹上高樓

是那麼溫柔
是那麼溫柔
像戀人的纖手
輕輕地撫摩着我的頭

沒有憂愁
沒有憂愁
憂愁已被和風吹走
庭前芳草也格外碧綠

四一、四、一〇，左營

雨和花

你在屋簷下畫着一個個銀色的音符
彷彿塗畫於高高低低的五線譜
三合土的階墀是大鋼琴的音鍵
那滴滴答答的節奏不徐不疾地傳到我的耳邊

小院裡的牽牛花吹着藍色的小喇叭歡迎你飄飄的
銀髮
玫瑰也展開她層層折疊的紅裙跳着美妙的森巴
芙蓉是一位非常嬌羞的十六歲的花國少女
她很愛你，但她又低着頭紅着臉不敢向你逼視

惟有我的心如秋天的平湖
我靜靜地坐着欣賞你的音樂和花的華爾滋

四六、一一、一三，台北

夜雨

像大將軍麾動千軍萬馬
急驟而沉重的脚步
在子夜之谷奔馳而過

你一陣陣傾蓋而來
我的屋瓦就隨之哆嗦
我彩色的夢也一次次被你敲破

我有點怪你和我一樣暴躁
但我又愛聽你豪放的生命之歌
因爲你的降臨才使我有春天的感覺

於是我披衣起床在窗前小坐
我的感想很多，我要問你
今夜有多少花開多少花落

四一、四、一〇，左營

廊上吟

我愛靜靜地獨立長廊
更愛長廊外的點點風光
鳳凰木花紅如火
龍舌蘭如儀隊之整潔軒昂

檳榔樹像詩人散步於阡陌之上
夾竹桃像蕩婦婀娜而又輕狂
O形的草地如處子之貞潔
亭亭的團荷如淑女之端莊

而我最愛的乃是海上飄來的薄霧
如乳色之紗輕輕地披上長廊
也輕輕地披在我的身上
我遂有一種朦朧美的感覺和淡淡的悽涼

四一、九、四，左營

窗下吟

透過這微啟的長窗
我望見海上的波浪
如少女頻頻起伏的胸膛

透過這微啟的長窗
我望見白雲朵朵飛揚
如點點征帆航行於海上

透過這微啟的長窗
我有一個奇怪的想像
蔚藍的秋空很像我夢中的藍衣女郎

透過這微啟的長窗
我心裏又多一個幻想
我想騎白鶴御清風以遠颺

四一、九、一四，左營

白髮吟

秋天的脚步爲何踏上綠色的高崗
是初次的冒失還是偶爾的徜徉

春天的原野爲何舖滿繁霜

是杜鵑花招妬還是百靈鳥太會歌唱
青春的銀鈴正在迎風震響
幾莖白髮却帶來過早的哀傷

四一、一〇、三〇，左營

長夏小唱

今天又有一個非常明麗的太陽
它向所有的空間輻射着萬道金光
窗外的樹木在陽光下輕輕地搖擺
一對斑鳩親暱地停留在那最高最高的枝上

所有橢圓的針形的羽狀的綠葉都顯得格外明亮
所有褐色的黃色的鳥兒都在樹林中棲息歌唱
小黃雀的聲音像纖纖的玉指輕點着最低的音鍵
八哥兒的歌喉像女高音的花腔那麼明快嘹嚦

嗡嗡的機聲從高高的天空緩緩滑過
彷彿三月的微風吹起海上粼粼的波浪
悠悠的白雲如漂亮的少女曳着白色的長裙
輕盈地夢樣地滑過藍色的穹蒼

海風踏着貓樣的脚步鼓着安琪兒似的翅膀
弓着背扭着腰一步一步輕輕地踏上我的長窗
我剛想伸過手去摸摸它的背脊和翅膀
它又輕吟淺笑地溜到那高高的枝上

今天又有一個非常明麗的太陽
我的思想也因爲它而格外明麗閃亮

四三、五、七，左營

秋夜輕吟

那從海上飄流而來的空氣竟是如此地清新
我彷彿嗅覺到這氣流中又洋溢着一種美酒的香醇

而最耐人尋味的是芭蕉葉上點點滴滴的雨聲
像戀人的眼淚一點一滴輕輕地滴進我的心靈

淡淡的秋思宛如長長的睫毛覆蓋着美人的眼睛
偷渡那長長的睫毛的封鎖的是無限的柔情
我支頤倚枕想將那失落的愛情和詩魂同時招領
惟有詩和愛情才能裝飾我憔悴的青春

四一、八、二三，左營

秋訊

最後一次颱風悻悻地掠過我們的海港
「瑪琍」小姐已經昂首遠颺

海峽像一個疲憊的縱慾者
現在十分安靜而無風浪
九月的天空像藍寶石一般閃亮
沒有一片雲影滑過這靜靜的長廊
習習的晚風已經展開她略帶寒意的翅膀
殷勤地造訪每一扇北向的門窗

妳，多情的女郎啊！
請再賜我一片紅葉欣賞
讓我完成一個美好的秋天的想像
在這寂寞的島上，在這寂寞的島上

四一、九、九，左營

四月

「莎拉」的裙邊偶爾旋落幾粒珍珠
使我很快地想到江南的銀亮的春雨

雖然這兒的夾竹桃開得非常熱鬧
園裏的兩株玫瑰也挑逗地向我微笑

甚至芭蕉也扯起綠色的長旗
滿院的聖誕紅也紅顏未老
再加上紀弦似的檳榔樹向我排隊肅立
而我仍然很想回去，很想回去

這兒紅的太紅，綠的太綠
而我是漸漸地老了
我實在無心欣賞這亞熱帶的多彩的油畫
我很懷念故鄉的淡烟疏雨
和那蹲伏在青山脚下的小小茅屋
自然我更愛在雨中踏花歸去

四五、四、四，左營

九月之旅

火車像一條黑色的巨鰻
以游龍般的矯捷姿態
航行於九月的綠色的大海
駘蕩的秋風在綠色的浪尖上
跳着白天鵝中的芭蕾舞
而且飄着多摺的美麗的裙裾

一陣急雨像一陣銀色的箭
歪斜地紛紛地落在綠色的浪尖

一隻象牙般的纖手忙將百葉窗拉下
以躲避這意外的驚險

空氣突然轉變得如午夜般的清新
乳燕和蜻蜓也紛紛結隊作高空旅行

十次我有九次厭煩於這南北的往返
今天我卻得到一次秋天的閒適與恬靜

四六、九、一，北上車中

十月的風

駘蕩的風
閃着銀色的羽翼
穿過白色的欄杆來了
來到這不屬於黃色的咖啡室

她輕輕地掀動我的稿紙
偷看「過客」的秘密
覷着我一個字一個字地塡上去
她最先分享我的憂鬱和喜悅

她和一位穿着方格長裙的明媚少女
幾乎同樣輕盈地飄到我的身側
我彷彿從北極的冰天
突然嗅到三月的河邊靑草氣息

註：「過客」係我當時撰寫的一個短篇小說

五〇、一〇、一六，台北

晚會

現代的蛇在紅色的燈光下扭動
原始的噪音從麥克風裡爆炸開來
一個臀波贏得無數的掌聲和喝采
一聲怪叫立刻使 gentleman 騷動起來

他們說這是最好的樂隊，最精彩的晚會
我覺得歷史的金馬車在迅速地倒退

五一、一二、二九，台北

祈禱

神的世界沒有我，也沒有你
我們是上帝遺棄的亞當和夏娃

亞當無罪，亞當吃了苦果
夏娃心軟，夏娃默默地祈禱

心的低語，心的呢喃
而上帝太老，眼盲心盲
亞當却含淚微笑了

五一、一一，台北

題GK

上帝爲妳創造了一副修長美好的身材
又給妳配上了一對深情而智慧的小窗
妳的兩片薄唇又像一隻弓形的如夢的輕舟
靜靜地停在妳那寧靜而白皙的海港

妳的身子輕輕地擺動宛如顫慄的白楊
妳的小窗微微開啟就是一首最美的抒情詩章
妳的輕舟一撥動雙槳就有一陣情感的波浪

妳是上帝空前的傑作，豈僅是一位鄉下姑娘

四四、八、八，左營

渴念・追求

我是多麼渴念那五月的榴花
我是多麼渴念那玫瑰的紅潤
我是多麼渴念伊人悄悄降臨
而又細語輕輕……

我一生只追求一個意境——
案頭鮮花常開，天上皓月長明
到我完全解脫之時
有淑女在我額上輕輕一吻……

四一、六、一〇，左營

寂寞・孤獨

我有兩個親密的好友
他們的名字是寂寞和孤獨

當我跌進死亡之谷的時候
他們日夜和我廝守

當我戴上王冠接受歡呼的時候
他們仍然站在我的左右

一天，我痛苦地向他們懇求：
「走吧，我親愛的好友
——寂寞和孤獨」

而他們却憐憫地望着我：
「可憐的好友，我們離開之後
誰是你的知音？誰和你長相廝守？」

因此，我又挽住他們的雙肘
我們形影不離，親密如初

四一、八、一六，左營

冬眠

你知道這兒沒有冬天
有誰相信我已進入冬眠
像土鱉兒蜷伏土中深深藏掩
我在紙做的堡壘外面再加一道鐵邊

我靜靜地期待我想望的春天
我靜靜地蜷在堡壘裡面冬眠
有誰肯送我一株永不凋謝的花朵
我當跳出堡壘和她攜手並肩

四一、一二、三一，左營

我想把妳忘記

我想把妳忘記
因爲苦痛常在心中交織
我想把妳忘記
因爲邱比得第一箭射錯標的

我想把妳忘記
因此聚會更少音信更稀
我想把妳忘記
偏偏昨夜又在夢中和妳相值

四一、七、三一，左營

想　念

我們相識在一個快樂的春天
那年的春天令我深深想念
小鳥彷彿慶賀我們的相識
啾啾地歌唱在灌木林間
紫燕也展開她閃光的羽翼
雙雙地掠過我們的面前
杜鵑花染紅了整個山谷
和風常伴我們徜徉河邊
河水從我們脚下輕輕流過
青春的喜悅洋溢在妳的眉尖
壠上的雌雉迷戀着雄雉
妳的兩眼也閃爍着如夢的光燄……

我們相識在一個快樂的春天
那年的春天令我深深想念

或人的悲歌

世上有幾人懂得雲雀之歌

而你偏愛唱，而又越唱越寂寞

世上的淑女原是那麼多
而你結褵的偏是最俗而又無知的一個

你本是白雲中的一隻丹頂仙鶴
而上天偏把你放逐於羣鷄之窠

你的靈魂永遠泳浴於天河
而脚上的鎖鍊却始終難以解脫

你的思想與現實是那麼不能調和
因此你常常擲筆拍案而悲歌

問上蒼何其如此戲謔啊
那被戲謔的是你還是我

四一、六、一三，左營

春晨獨步

這青青的艸地
平舖如錦
這密密的樹林
枝葉多嫩多新

花兒在靜靜地開
美艷如少女懷春
鳥兒在快活地叫
這歌聲多脆多清多好聽

春景如畫
春深似海
艸上多露
林中有霧
我在畫中海上霧裏

早行獨步
誰說天堂只有神仙配住
那知人間更有清福如許

四〇、二、二七，左營

炫與殉

藍天以星星裝飾自己
孔雀以羽毛炫耀自己的美麗
黃鶯以歌喉驕矜自己的同類
鸚鵡以能言討人歡喜

畫家以山水怡娛自己
音樂家以五綫譜作自己的天地
哲學家以大腦探索眞理
我以生命塡入我的詩

四〇、一〇、一，左營

悼三閭大夫屈原

啊！屈原
偉大的三閭大夫
偉大的詩人啊
你像那天上最明亮的星星
永遠照耀着我們
你像那巍峨矗立的山嶽
永遠超過低矮的丘陵
你像那笑傲霜雪的梅花
永遠壓倒羣英
你像那千錘百鍊的金鋼
但金鋼比不上你的堅貞

衆人皆醉你獨醒
衆人皆濁你獨清
懷襄二王是闇弱的昏君

靳尙之輩是討好的佞臣
滿朝文武沒有第二個愛國忠貞
偏狹、自私、忌妬和愚蠢
辜負了你一片耿耿忠心
也貽誤了楚國的人民

你不會討好賣乖
你不會吹拍奉承
你僅有的是一顆報國忠心
和一種詩人的自尊
你也不屑於作一個時髦的說客
以自己的知識去獵取別國的相印
你始終認爲國家利益高於個人
因此你只好在三湘楚澤披髮行吟
你始終沒有考慮去投效敵人

汨羅江的水喲和你一樣地淸
汨羅江的水喲照得見人
汨羅江的水喲也照得見
你那顆耿耿的忠心
它是楚國的一面明鏡
照出了忠貞也照出了奸佞

行吟復行吟
汨羅江兩岸的芳草啊
排遣不了你的憂戚悲憤
汨羅江兩岸的杜鵑啊
她又叫得那麼傷心
她聲聲的叫喚
更加使你痛不欲生
當兩年前我追尋你的蹤跡
悲苦地行吟在汨羅江濱
我彷彿看見你
披髮、抱石、投江自沉

啊！屈原

偉大的三閭大夫
偉大的詩人啊
你的軀殼早已離開我們
你的軀殼早已離開那佞臣昏君
而你的心血啊
像那閃亮的星星
永遠照耀着我們
你的人格喲
像那巍峨的山嶽
永遠超過低矮的丘陵
你的精神啊
像那笑傲霜雪的梅花
永遠壓倒羣英……

啊！屈原，三閭大夫啊
詩人是不死的
不死的是詩人的正直、剛毅、堅貞
四〇、六、一五，左營

詩聯隊

像流星降落於地面
詩人偶亦貶謫於人間
像野鶴閒雲難以聚集
今天的團結却是空前

埃及金字塔本不是個人獨建
萬里長城也是羣衆的血汗凝鍊
我們的智慧滙合在一起
任何敵人都會死於我們正義的筆尖

今天，趁着聯隊建立的吉日
我願意把所有的熱情奉獻
但我不是一個戴桂冠的詩人
我很慚愧站立在你們的中間
（我是一個永遠打不死的射手

我的文字是我胸膛裏射出的彈痕點點）

現在，我等候聯隊的命令
等候聯隊的召喚
爲了建立詩戰綫
我許下服役的心願已經十年

四〇、九、二九，左營

心靈之歌

別和劊子手談愛
別和娼妓談情
別對笨牛彈弄豎琴
因爲牠們都不是知音

別在狐狸面前誠實
別在豺狼面前掏出良心
別向吸血鬼乞求餘生

乾脆以利刃鋼刀宰掉他們

別驚嚇樑上乳燕
別欺侮枝頭黃鶯
別攀折好花插進瓶
有牠們才有美景和青春

和安琪兒誓約吧
和雪梅訂盟
和星星密語吧
和聖女親親

四〇、一一、三〇，左營

子夜獨唱

花前默默勝過一千次狂吻
最深的愛情埋在內心
背人飲泣慟過一千次號啕

最深的悲哀決不告人

緘默不語勝過衆口嘵嘵
最大的辯才不辯而息爭
咬牙拔劍强於當庭咆哮
最深的仇恨是人頭落地無聲

溪流呀潺潺而深潭沉默
一瓶水不響半瓶水常自炫鳴
瑞蘭呀獨自隱藏於深谷
妖桃冶李偏愛勾引行人

游魚啊專在岸邊水面喋唼
蛟龍却沉潛於海洋的中心
瓦雀啊專在人家屋簷吱喳
蒼鷹却展翅追逐天上風雲

依人小鳥啊怎能與鴻鵠相比

野草閑花啊那有白梅一般精神
勿炫惑於芍藥的富麗喲
世間最難得的是丹桂的一點清芬

四〇、一二、一四，左營

眞理、愛情

你問我什麼最眞
我說眞理最眞
你問我什麼最神聖
我說愛情最神聖

誰在眞理面前欺心
他永世不得安寧
褻瀆眞理如同褻瀆天神

誰對愛情不貞
他的愆疚永遠補償不清

褻瀆愛情就是褻瀆良心

在天上我敬仰幾個巨靈
那是日、月、星辰
在人世我崇奉兩位眞神
一個是眞理，一個是愛情

四〇、一一、三〇，左營

友情的花朵

人生如沙漠
友情像花朵
沙漠是一片憂鬱和寂寞
友情却是一株永不凋謝的花朵

人生的道路艱險而遙長
友情的花朵永遠芬芳
我孤獨地匍伏於山徑之上
友情的花朵却盛開在我的兩旁
像詩樣的馥郁
像仙女叩玉盤而輕唱

四〇、一一、一七，左營

啊！西北風啊

啊，西北風啊！
如野馬披着長鬃
在窗外奔馳
在廣場撒野，逞兇

啊，西北風啊！
你這殘酷的謀殺者
你把好花揉碎
你把好鳥關進樊籠
你把溫暖放逐

你把太陽禁閉在天空

啊，西北風啊！
你這醜惡的煞神
你揮舞着鋼刀跑來
先向弱小行兇
孩子們的臉都被你刺破了
楓葉亦由葱綠而紫紅

啊，西北風啊！
你這披頭散髮的女巫
嘴裏呼呼吹弄
手把魔棒左右揮動
森林因你而擾攘
海洋因你而汹湧

啊，西北風啊！
你捲着西伯利亞的寒流

氣勢汹汹
像瘋狂的野獸
向我們作波浪式的撲擊，進攻
但終於摔死在窗戶和牆壁的鐵掌之中

啊，西北風啊！
由於你的撒野逞兇
我們才緊緊地擁抱
脈搏一致跳動
心與心息息相通
我們相信——
春天正在你背後悄悄跟踪

四〇、一二、一六，左營

横貫小唱

在遙遠的兩點之間
用血畫了一條曲線

使臺中和花蓮
在兩千一百多公尺的高山握手言歡

我是證人
我看見兩條瘦骨嶙峋的手臂
緊緊地握在一起
握在一起

站在梨山行舍的階前
我亦有高高在上的感覺
臺灣最高的山——次高山
彷彿伸手可及
臺中，東勢
踩在我的脚底
谷關，達見
也踩在我的脚底

合歡溪是一條可愛的小溪
但它却躲在我的脚下幾百公尺
我若橫跨兩邊的山頭向下俯視
它便像一條小小的水溝

而溪邊的千年古樹
却彷彿如林的排筆
我想隨手拈起一隻
在藍天上寫下一個「奇」字

穿過一列列的山洞
回頭突然看見合歡埡口
合歡埡口張大嘴巴笑着對我說：
「我的高度是兩千六百五十公尺」

我又跑到碧綠
碧綠的一棵紅杉也很神氣地對我說：
「伸開手來抱抱我看
我的直徑是三點五公尺

阿里山的三代神木和我是高山的兄弟」

天祥以東
壁立千丈的青青岩石
更夾得我吐不出氣
從虎口穿過
幾乎看不見天日

九曲洞，燕子口
幽深而又神秘
你一定會說這是鬼斧神工
我却看出了人類的智慧和勞力

經過不動天王廟
我彷彿聽見工程師與榮民們的聲音：
「我們要開山了
請不動天王讓路」
不動天王果然移動了祂的寳座

我一口氣爬上了三百多個石級
終於爬上了太魯閣
太魯閣騎着羣山的背脊
擋住了太平洋白衣白甲爬山的攻勢

我很抱歉
沒有讀過創世紀
但我却親眼看見
雙手創造的奇蹟

四九、一二，台北

歲暮吟

光陰像一條閃亮的金蛇
從我眼前飛快的馳過
我伸出雙手想一下抓住它
但我抓着的是空虛和寂寞

三百六十多天
像三百多隻白鴿
在高空呼哨而過
一個也不能捉摸

孩子抱住我跳着說：
「爸爸我快大了！」
我倒抽一口冷氣
眼淚像珍珠斷了綫索

四〇、一二、二四，左營

師生

您是孤芳
只有我單獨欣賞
我是蒺藜
只有您不怕刺傷

您身經百戰
仍然揮舞長槍
我常遭打擊
但無一次投降

您跨過五十寒暑
我也虛度三十春光
您我生在兩個年代
却緊抱着一個理想

不怪社會沒有容量
只怪您我生性剛强
不怪人世對您我太苛
只怪上天賦予您我太多思想

您我是師生
偏巧很多地方又太相仿
如今您的兩鬢已如繁霜

我的青春也悄悄埋葬
悲末世而抱頭痛哭吧
不如仰天狂笑一場

四〇、九、二八，左營

往事

妳對我脈脈含情
射着愛神的金箭的是妳的眼睛
妳對我深深關注
會說話的是妳的芳心

像一首抒情詩
像一闋小夜曲
像一幅像徵派的畫
妳沒有講過半句庸俗的話
妳彈給我聽的盡是弦外之音
像清溪流過我的窗欞

像落花飄進我的夢境
我是沙漠中孤獨的旅者
風砂埋葬了我臉上的激情
心裏早已泣不成聲

也許上天有意戲弄人
她常常爲我安排許多
不如意的事情
她不過偶然給我一點蜜
却要我承擔永世的酸辛
讓我的心一天天枯萎
一片片飄零……

四〇、九、一三，左營

天書

我心裏有個秘密
從來不敢開啟

我心裏有座神像
人間找不着她的蹤跡

她在我心裏，若隱若現
她在我夢裏，似曾相識
我想叩開她靈魂的窗戶
傾訴我深藏的秘密
但走遍天涯，偏又無處尋覓
走遍天涯，偏又無處尋覓

四〇、八、二九，左營

歷程

一

少年如燦爛的江南之春
如朝陽突破雲翳而冉冉上升
如黃鶯歌唱於三月的叢林

如蜜蜂狂吻着花心
如鳳蝶棲息於窗櫺
如美人醉眠於綠茵
如王子夢遊於幻境
如仙女婀娜款步於彩雲

如醉　如癡
　似幻　似眞
無憂　無愁
　忽喜　忽嗔
一萬兩黃金
也抵不上這彩色繽紛的一瞬

二

中年像一幅褪色的壁畫
鮮艷的色彩蒙上了世俗的灰塵
中年像一個圓滑的鵝卵石
無情的歲月磨滅了它的鋒稜

中年像一隻帶箭的蒼鷹
從蔚藍的天空一下栽進汚濁的泥濘

中年人的嘴上沒有愛情
他把愛情埋在心之底層
中年人的心裏沒有幻想
他把幻想絞死在現實的刑庭
像果實抖落花冠
中年抖落了青春
像藍天抖落流星
中年抖落了天眞

三

老年如一棵枯槁的古樹
光着幹子沒有綠葉和枝枒
老年如一支風中殘燭
光影搖曳傷心而淚下
老年如西天一抹晚霞

一陣清風就結束了慘淡生涯

往昔的日子像一首詩
老年人沒有憧憬只有回憶
逝去的年華像一朶花
老年人不望將來只戀過去

像白雪掩蓋大地
老年沉靜而無生機
像古井黝黝
老年緘默而孤寂

四〇、一一、二二，左營

雨季

這是一個哭泣的世紀
你看　天也在哭泣

一長串的日子
就在哭泣中度過
不分晝夜
沒有間歇

有時嚎啕大哭
像新婚的少婦死了丈夫
有時又嚶嚶啜泣
像一個將要出閣的閨女

一次偶然的哭泣是感人的
但長久不休的哭泣
就會失去它本身的價值
甚至招來憎惡

哭不但是感情的奔流
也是一種藝術
天　你爲什麼一點不懂藝術
你爲什麼不向我們的女演員學習呢

四〇、六、一七，左營

台灣海峽的霧

這是一個霧季
台灣海峽的霧
更重，更濃

每天午夜以後
霧即姍姍起步
曳着圓圓的裙裾
瀟瀟洒洒團團散佈

而一到黎明
霧已佈成一座灰色的迷宮
千道萬道迷陣
濛濛如雨

海水和陸地
一遍糢糊
房屋和樹木
同樣淹沒於瀰天大霧

陸上的動物像網裏的游魚
在迷迷濛濛的霧中徬徨
人的眼睛也不能透過層層霧網
辨清自己的路伸向何方

這時你最好不慌不忙
睜着眼睛靜靜地注視東方
只要不是色盲
一定可以望見
那自海上冉冉升起的太陽
和它掃蕩迷陣的
千根萬根金杖

四一、三、三，左營

六一〇

火車飛馳在海岸線上

火車飛馳在海岸綫上
像飛馳在夢裏的江南
江南的春天的原野
那裏到處鳥語花香

難得有這樣明亮的太陽
難得它和煦地瀉進這三等車廂
我沐浴在明亮的陽光裏
一身輕鬆
眼睛也格外明亮

到處有人家
到處有村莊
村莊裏炊烟繚繞
我彷彿望見炊烟裏

隱約有竹籬茅舍風光

火車飛馳在海岸綫上
我的心也隨着飛馳飄盪
飛馳到江南
飄盪在家鄉

四〇、三、八，寫於一三次南行車上

訴

爲了完成一個小小的心願
十夜我有十夜失眠
豪富爲了買笑不惜千金一擲
我爲了獻出自己的心血
却須忍受山妻的奚落和生活的長鞭

世人庸俗我心更堅
我願背負十字苦行人間
蘇格拉底爲眞理而仰毒藥
我爲詩情常與苦痛牽連

我頭上頂戴的是荊棘不是桂冠
我心裏追求的是眞善美不是威權
迎面而來的打擊我一一承受
但我永遠不倒
鋼鐵意志使我永遠挺立，向前

四一、四，左營

詩人

你問我—詩人是不是「人」
這問題也苦惱我很久很深
原先我們本是一道投生天國
後來不知怎樣忽然墮落凡塵

在塵世我們被人目爲乞丐賤民

但在天國我們却是第一等神明
我們的靈魂早已與天神合爲一體
而塵世的鎖鍊却使軀壳不能上昇

因此我們只能望藍天而興嘆
或則行吟於澤畔和湖濱
我們像杜鵑爲春天瀝盡心血
却永遠寂寞，永遠沒有知音

你問我詩人是不是「人」
現在我願一併答覆諸君
詩人是天上的一顆星
偶爾失足跌下凡塵
星星不願糟踏自己
詩人的痛苦因此更深，更深……

四一、四、二七，左營

詩選（下輯）

復活的季節

一

春天來了
捧着崇高的愛情
捧着人類的希望
步履姍姍地
來了

應着百靈鳥的呼喚
應着八哥兒的通知
我第一個打開了
拒絕寒冷的窗櫺
讓陽光進來
讓溫暖進來
外面
仰臥於藍天底下的
　是綠色的原野
　綠色的崗巒
　綠色的大地呵

二

花在開
蜂蝶在飛舞

河流
唱着豪放的歌
澎湃而去

帕米爾高原的冰雪呀
也將爲春天而融化……

三

那些在泥土裏

蜷伏了一個冬天的虫蟻們
迎接着春天
出來了
那些在風雪的日子裏
哭泣着的孩子們
迎接着春天
微笑了

還有，我們的老農夫
他以無比的虔敬
肩掛着犂耙
拍打着黃犢
迎接着春天
走向親切的田地了……

四

在春天
冷淡於愛情的
也會燃燒起愛
畏怯於戰鬥的
也會磨厲着爪牙
死去了希望的
也會再生產希望……

五

春天來了
捧着崇高的愛情
捧着人類的希望
步履姍姍地
來了

呵
復活的季節喲

這世界
除了母親和土地

再也沒有什麼比春天
更有恩於我們了

三二、三、贛州茅店

春夜

這春天的夜
像那妙齡女郎的纖手
巧妙地撥動着鍵盤
響着悅耳的音樂

那些受盡了委屈的昆虫啊
它們都在儘情地歌唱了……

你們聽呀
（靜心地聽）
那和諧的音階
有如情人的蜜語啊

三二、四、五、夜

春天，春天

剛剛突破冰雪的封鎖
我就嗅到春天的氣息
一躍過冬天的閘欄
我就聽到春天的脚步了

一看見那光芒萬丈的太陽
一看見那像聖母瑪利亞的眸子一樣和愛的太陽
我的心就怦怦地跳動
像初戀的小伙子
驟然看見那朝朝暮暮想念着的情人一樣地跳動啊

眞奇怪呀
春天的消息剛剛傳到
我就沒有片刻的寧靜了

我的心熱得像一團火
我想衝出去
——敲碎冬天的枷鎖衝向曠野去

在冬天，我祇有嘆息，沒有歌唱
失望，憂鬱，實在壓得我抬不起頭來
像罪犯渴望自由一樣
我好容易渴望到春天啊

春天——生命的源泉
春天——自由的旗幟
春天——愛情的苗床呵
在妳溫暖的懷抱裏
我不再憂鬱，不再嘆息
爲着人類的共同的希望
我又要敞開喉嚨儘情地歌唱了……

三六、三、南京

失落的春天

比百靈鳥的感覺還要敏銳
當春天還在那遙遠的地方
姍姍地起步時
我就敞開喉嚨歡呼了

像擁抱久別的情人一樣地
向春天，我首先展開了兩臂……

而當春天披着彩色的舞衣
熱情地光臨我的門前
擠弄着誘惑的眸子
輕輕地彈叩着我的窗櫺時
我却無法敲碎脚上的鎖鍊……
直到一位女友向我親切地訴說着
「江南春暫，桃李盡成蔭」

我這才知道春天已經悄悄地遠行
——有如酣睡初醒

沒有在湖上泛舟
沒有在艸上打滾
沒有折下一枝花兒插進瓶……
是我辜負了春天
還是春天辜負了勞人

三六・暮春，南京。

春天不在這裏

說什麼春天像爛漫的妙齡女郎
蹦蹦跳跳地撲向年輕人的懷裏
說什麼青蛙兒正在咯咯叫
嫩綠的柳絲已經拖到地
說什麼草長又鶯啼
請你別再做那永遠做不完的彩色的夢
別那麼性急地報告我關於春天的消息
事實上春天距離我們還很遠
春天在那遙遠的地方
春天不在這裏

這裏所能看見的
仍是雪上加霜的隆冬
雖然我們都像馬駒子一樣地年輕
可是我們却彷彿一個失去了青春的老處女
在我們的生命裏
永遠沒有榮譽和幸福
有的是——生怕別人聽見的
無聲的嘆息

你別羡慕那些喝醉了酒去「踏青」的紳士
也別妬嫉年輕的女人們像花蝴蝶一樣地
繞着大腹賈飛舞
因爲他們的口袋就是春天
春天就在他們的口袋裏

而我們所渴望的春天
那陽光瀉滿了大地的春天
那花朵開在每個人心裏的春天
並沒有來
她還停留在遙遠遙遠的地方
她不在這裏

最後，恕我再向你勞叨一句：
春天不在這裏
這裏的春天不是屬於我們的

三五、五、上海。

山城

山城裏沒有立體的建築
山城裏只有些低矮而破爛的房屋
和幾條狹窄而醜陋的街

山城裏沒有殷紅的嘴唇
和醉人的爵士音樂
也沒有婀娜的舞步
和迎風搖擺的楊柳腰枝

外來的人說
山城像一張樸實的畫
樸實的面孔
樸實的人物

和一顆看不見的
樸實的心

霧

每天都有一個晴朗的天空
每天都有一個發光的太陽
像曾經預約過一樣地
每天清早也有一陣濃重的霧

山城的霧
彷彿一個不知趣的舊客
不用照會不用請
每天清早它都會
莽撞地竄進屋來
於是，它遂佔有了整個的空間
立刻包圍了你
那無法衝破的包圍喲
於是，我又聽見了
這樣一個熟悉的聲音
那有着少女一樣地艾怨的聲音：
山城是霧的家鄉
而我們却做了霧的俘虜

竹片燈

這是怎樣地使我驚奇呢
當我第一次看見他們點着
竹片燈

（看見他們點着竹片燈
我彷彿讀着一頁山頂洞人的歷史呵）

竹片燈
照亮了每一個遺落在山谷的人家

也薰黑了每一塊牆壁
和每一塊瓦

但是，竹片燈
仍然被山谷的人民寵愛着
像都市的紳士寵愛霓虹
像父母寵愛着他們的子女

因此，竹片燈還在點着
而且，還要留傳下去……

山城的生活

踏進了山城
有如魚兒跳出了水
生活是寫不盡的枯燥啊

那天天見面的
是數不盡的樸實的山巒
和簡單醜陋的人物
連那廣闊的天空啊
也變得井口般地狹窄

即使跑斷了腿
也找不出一個書坊
或是一本打開智慧的閘門的讀物
而那些污穢的鷄籠和狗罩
却擠破了幾條狹窄的街

踏進了山城
有如魚兒跳出了水
生活是寫不盡的枯燥啊……

寂寞的城

山城是寂寞的啊

寂寞得像那新寡的
孀婦的寂寞的心

海洋也會因暴風而呼嘯
山岳也會因大地的陣痛而幽鳴
夜鶯也會咀咒着黑暗
而聲嘶力竭地呼喚着黎明
貓兒也會扯破冬天的寂寞而叫春……

而這寂寞的城啊
彷彿一張啞吧的嘴
永遠默默無聲

三三、崇義

蛙聲

當我聽見第一聲蛙鳴
我彷彿聽見大地突然解凍的聲音

那聲音是愉悅的
是壓抑太久了的歌唱啊

那聲音是勇敢的
是突破了嚴寒的封鎖
跨進了年輕的春天的
勝利的歡呼啊

那聲音是誘惑的
它彷彿一隻輕薄的手
輕輕地揭開了青春的秘密
而使少女們臉紅呢

同時那聲音也是啓示的啊
地之子不是取下了塵封的犂耙
鞭打着牛犢
披一身細雨

辛勤地耕耘嗎……

那聲音是熱與力的交響
當我第一次聽到它啊
我彷彿聽見大地突然解凍的聲音

三三、三、一一夜

晨雀

我歌讚妳呀
以自己的歌聲
喚來人類的光明的晨雀啊
黑暗在妳脚下無聲地死亡

妳是光明的先驅
自由的歌手啊
我一聽見妳的親切的呼喚
我的心就怦怦地跳動呀

三二、三、贛州

黃昏曲

天空像少女含羞的面頰
古樹擁抱着歸鴉
年輕的村婦啊
像呼喚着情人一樣地
熱情地呼喚着鷄鴨……

一切有靈性的都在尋求溫暖
尋求歸宿
而我——這不幸的吉卜西喲
却挾起流離詩草
走向遙遠的天涯

——三二、十、十二、贛州。

上海抒情

序曲

很久以前
我就想爲妳構一副圖
最少，我也準備
爲妳畫幾筆粗線條的畫
然而，我這枝拙劣的筆啊
使我一再地
失去了這份勇氣

今天
我有一種即將離妳而去的
酸溜溜的心情
妳想，對於妳
——這東方的巴黎
我怎能默然無語呢
即使是不會說話的啞子
他也會嗄嗄地叫幾聲

而我，又是一個
被所有的人瞧不起的
慣於浪費情感的
將自己的愛憎
甚至整個的生命
塡入詩句的青年人
妳說，對於妳
——這東方的巴黎
我怎能默默無語呢

那麼，請恕我嘵舌吧
妳這使我愛又使我恨的鬼城市

一

一位俄帝的詩人
曾經寫下過這樣的詩句：
在芝加哥
一揚眉

就會觸着
電線桿
那麼請恕我套用吧
我說——
在上海，這積木的城市
一昂起頭
就會掉下帽子

如果你走進了南京路
你就會覺得
你是走進了
一條兩堵高牆夾着的
又深又長的窄巷子
在這裏
人就像是糞缸裏的蛆
鑽過來鑽過去
車子就像一條長蛇陣
滾過來又滾過去

如果你想從這條人行道
跑過那條人行道
那你一定得有做賊的本領
—眼快，手快，脚快
同時還得作衝鋒的準備
但結果不是撞着了手
就是碰歪了頭
或是有什麼東西
咬住了你的屁股……

因此，有一位名記者
曾經這樣感慨地說過：
「在上海走路
隨時都得小心
最好屁股上也長一對眼睛」

二

上海，妳這東方的巴黎

妳眞是一個
花的都市
音樂的都市
跳舞的都市
女人的都市
金條的都市
大亨的都市
投機商人的都市
冒險家的樂園啊

多少朋友向我談起
爵士音樂如何好聽
華麗的舞廳怎樣舒適
還有女人的肉多麼香
女人的眸子多麼明亮
女人的腰枝多麼柔軟
女人的嘴巴多麼甜蜜
女人的…………

多少朋友向我談起
金條多麼好撈
美鈔、金鎊、羅比如何交易
轉手之間
就可以盈利倍蓰
因此樂得花天酒地

因此就有人說
全中國都在飢荒
祇有上海才是例外的繁榮
和富足

如果不信
請聽一位大公司經理的闊氣話：
「我有多少財產，
或者說我有多少黃金？
嘿嘿！連我自己也算不淸！」
如果換成法幣

那便要在阿拉伯字後面
加上一百個零
一千個零……

上海，妳是不是這樣的城市
妳的繁榮是不是披着
這層外衣

三

在上海
人與人之間
沒有情感的交流
唯一聯繫着人心的
是黃燦燦的金條
和那來自花旗國的貨物
以及與它同等價值的
但却有着殷紅的嘴唇
　華麗的裝束

　彈性的大腿
　　顫巍巍的乳房
　　　兩隻會說話的
迷死人的眼睛的
全身充滿着肉感的女人

因此，他們結連得很緊
像練子一樣地難解難分
咖啡館、跳舞廳
雙雙同出同進
可是，請別妒忌
轉眼之間
他們又會變成路人
比你和我更加陌生

為了金條，商品和女人
他們會昧着良心
佈下坑人的陷井

你一跌下去
就永遠休想翻身
而對於那些倒斃在路旁的
善良的靈魂
和那千萬吃草根樹皮的飢民
他們却熟視無睹
充耳不聞
寧願每天花一大把鈔票
去餵養那牽在手裏的畜生
或者是——
躺在那宮殿般的建築裏
瞻仰瞻仰
好萊塢的肉感明星

四

啊，上海
妳這東方的巴黎
迷人的妖精
年輕人一跳進妳的懷抱
就像墮入迷魂陣
那爵士樂
霓紅燈
已經夠迷人
再加上金條和女人
鐵打的漢子
也會化成蠟燭身

啊，上海
妳這東方的巴黎
同類的情感凍結的都市
色情利慾薰黑了人心的都市
我隨時準備逃避妳
像在海邊拾貝殼的孩子
逃避鱷魚一樣地逃避妳
我要逃往深山大澤去
逃往沒有人跡的地方去

在那裏我可以自由自在地休息
在那裏我可以大搖大擺的走路
在那裏我可以攀登最高峯
去迎接日出
在那裏我可以跳進清潺的溪流
去洗滌汚穢的身子
在那裏我可以摒去一切的
思慮和顧忌
躺在瀝青的石頭上
聽鳥兒喧叫
看雲兒自在地來
又自在地去………

三五、五、上海。

擬某女演員

那對善於傳情的眼睛
彷彿一泓澄清的水

默默地長流
那披肩的青絲
和那善於轉動的頭
更增添了無限的嫵媚

人人都說
妳的身材
像一株臨風的楊柳
一顰一笑
永遠留在觀衆的心頭

三三、四、五、夜。

擬戀歌

天說高
地說厚
親愛的

我們的愛情
比天地更永久

你看
今夜的星星多麼繁
月兒多麼亮
親愛的
織女正緊偎着牛郎

你看
山多麼青
水多麼秀
玫瑰又多麼紅
親愛的
願我們的青春常在……

誰說愛情是一杯苦酒
而我們却日夜
飲着瓊槳

雖然
晴朗的天空有時會飄起一片烏雲
愛情的河流有時會揚起一陣波濤
但是，親愛的
你可知道
烏雲散後天空會更加晴朗
波濤息後河流會更加平曠

有人說
金錢是愛情的媒介
而我們的媒介
是心的吸引
空手一雙

有人說
別離是愛情的障碍

但是，親愛的
我們不妨說
別離是愛情的延長

我知道
明天你會騎着戰馬遠去
但是，親愛的
不用憂傷
你雄壯的背影
將永遠留在我的心上……

三二、贛州。

戰書

別太猖狂吧
戴着近視眼鏡的先生
即使我是一尾魚

我也要突破你的網
（因爲你大言不慚地說：
我要封鎖你呀！）

對於一個倔强的靈魂
你也想施展你的卑劣的手段嗎
我是撒旦的對頭呵
在你面前——
我要扯起反抗的大纛

——三二、四、二一、贛州。

哀亡命詩人

出生於貧窮的國度
出生於貧窮的家
而「不幸」又彷彿一個泯滅了天良的密探
緊緊地，緊緊地追蹤着你喲

衆人的口像一柄無情的劍
最近又有人誹謗你了
於是，你又狼狽地離開了
「新的伊甸」

「十年的流浪
十年的辛酸」
對於你我好說什麼呢
哦——但願那無私的太陽
也給你同樣的光亮

三二、贛州。

園圃

園圃
開闢在熙來攘往的
馬路旁邊
園圃
封鎖在一丈多高的
竹籬裏

園圃裏
有小姐的爽朗的笑
還有少爺的
悠揚的小洋號

園圃裏
有些不知名的花朵
還有鮮紅的蕃茄
和那熱戀着太陽的
向日葵……

參觀的人說
「一切都美滿
可惜缺少了
有刺的玫瑰」

三二、七、贛州。

陽光

我是生活在嚴寒的地帶
　生活在沒有花朵的地帶
　沒有夜鶯歌唱的地帶
　沒有陽光照耀的地帶的
不幸的流浪者
像囚徒渴望自由一樣地
鰥夫渴望愛情一樣地
我渴望着那燦爛的陽光啊

我早就聽見別人說過
陽光像黃金一樣地閃亮
陽光像美貌女郎的笑靨一樣地
蘊藏着愛情的秘密
陽光像母親的胸膛一樣的溫暖
陽光像壽星老兒一樣地和藹……
在有陽光的地方
花兒鮮豔地開
鳥兒在快樂地歌唱
貓兒在叫春
狗兒在跳躍

今天，我又聽見別人說出了
陽光的故事
陽光的誘惑
我跳躍的心遂又添上了一雙翅翼
然而，向哪裏飛呢
我的周圍還是一片漆黑喲

三二、五、贛州。

孤芳

像玫瑰開在荊棘中
　臘梅笑在霜雪裏
　白鶴翔舞於九霄
　綠荷出自汚泥……

我們都有一身嶙峋的骨頭
一顆自負的心
寧願孤獨而死
決不與猥褻者合流

猴子雖穿戴衣冠
但它始終欺瞞不過我們的眼睛
我可以斬釘斷鐵地說：
「它不是人！」

朋友，讓牠耍把戲吧
別攪亂了我們趕路的心情

三二、贛州

滿妹

有北方女性的端莊
　南方女性的溫情
如果我的記憶不錯
那該是沈三白筆下的
崇高的靈魂

她是我們的滿妹
　孩子的姑姑
她在我們之間
就像黑夜裏閃灼的明星

不用懲戒
最野性的孩子
她有耐性說服
不用爭辯

最放蕩的哥哥
她能潛移默化

她可以使頑石點頭
古樹恢復青春
她是一股偉大的潛力
眞善美的化身

她是我們的驕傲
　孩子的幸運
看見她
你就看見中國女性的典型

　　三八、二、長沙。

神女

在這敞口的破輪上
擁塞着沙丁魚似的人羣裏

你像一朵盛開的玫瑰花
獨個兒炫耀者
美麗的年華

你那時髦的裝束
和那頗有教養的風度
怎不教人疑心你
是一位高貴的小姐
並且出自名門大家
尤其是在我驟看之下

但有人大胆地向我說
在這充滿了騷音的破輪上
祇有你最悠閒
而無愁苦
因爲你操的是
神女生涯

你既不拒絕
那老年人淫猥的愛撫
也不厭棄
青年人輕佻的挑逗
並且你還「一視同仁」地
報以水蜜桃一般的笑靨

像變魔術一樣
我眞猜不破
這裏面究竟蘊藏了什麼
是金錢迷惑了你
還是我的眼睛有錯

——三四、一一、二三、上海。

沒有褲子穿的女人

在西南川貴邊陲上
我看見了一個沒有褲子穿的女人
她一看見我這個陌生的行脚者
臉上立刻飛來了
一朵久久不散的紅暈

來不及思維
也來不及迴避
她慌忙地往地下一蹲
將襤褸的上衣
遮掩着裸露的下身
但是，她的上衣呀
眞像燒給死者的紙錢
一個一個的洞眼
在那裏宣示着它主人的肉體
宣示着它主人的被羞恥咬傷了的靈魂
因此，她臉上的舊紅暈上
又添上了新紅暈……

她的茅屋彷彿一個衰邁的老人

歪歪倒倒地
癱臥在公路旁邊的山脚下
矮矮的屋簷
親熱地吻着泥塵

人和猪住在一起
人和猪界限不分……

在六月的如焚的驕陽下
我的舌頭乾得發燒
我的脚趾也被地面灼起了泡
我就這樣莽撞地闖上了她的門

我向她討口茶
她搖搖頭表示沒有
於是我向她要口水
她揮揮手
叫她的鼓脹着肚皮的

全身沒有一根紗的瘦娃子
用瓢在水缸裏勺了個滿瓢
我接着瓢咕嚕嚕地飲，咕嚕嚕地吞
她呀，她仍然像一顆釘子樣地
釘在那裏
一動也不動身

「孩子的爸呢」？
我好奇地問那個沒有褲子穿的女人
她呆呆地望着我半天不作聲
但終於把嘴巴扯成一個弧形
「啊！啊！打日本！打日本！……」

在這裏我不敢久躭
因爲我已經傷害了一個
淳樸的靈魂
於是，我走了
吐着感激的語言走了

但我沒有料到
她會竚立門口
偷偷地送我遠行
由於一種說不出的感情的激動啊
我無意中一回頭
但是，她呀——她像一隻驚弓的鳥兒啊
慌忙地往地下一蹲……

三三、六、贛州。

襤褸的孩子

我應該怎樣用我這枝發霉的筆
將你呈在千萬人眼前呢
我可憐的襤褸的孩子呀

在這貧瘠的土地上
襤褸的孩子
彷彿垃圾堆中的狗
是那樣狼狽而又那樣地衆多

但是，你——可憐的孩子啊
你又是襤褸的行列裏
最襤褸的一個

而且，你又是自有生命以來
就失去了庇蔭的孤兒
因此，你像一株無所憑依的小草
在暴風雨中扎掙着
而又含着淚堅韌地生活着
——這眞是上帝創造的奇跡啊
你的生命反而像打足了氣的皮球
是那樣的充沛
一點也不脆弱

像你這樣一點年紀的孩子
照理，正該躺在幸福的搖籃裏撒嬌

然而，事實告訴我
你比成年人還要辛勞
每天，你比太陽起得還早
空着肚皮，背着柴刀
向幾十里路以外的深山
去採伐一些松枝枯竹
換取一天生活的資料
雖然它並不能供你一飽
但是，別人告訴我
過去的日子
你就這樣打發過去
未來的日子
仍仰仗着自已的血汗和這把柴刀

你說
在一些偶然的場合裏
也許有一兩位年老的女人
向別人討兩件破爛的衣褲
給你遮羞
但這又是多麼難得的善舉啊

好久了
你這一套破爛得很不合身的衣褲
一直沒有脫下來洗過
紳士們掩着鼻子說你太髒
而幸福的孩子們又笑你
「不要臉的猴子
屁股都露在外面呀！」

唉唉！可憐的孩子啊
什麼時候你才能吃得飽
穿得好呢

三三、九、崇義。

盲歌者

迎着十二月的
淒厲的北風
冒着深夜的
澈骨的嚴寒
你，落寞的
盲歌者呀
抱着褪色的「道情」
踏着冷清的街道
敲擊着碎石子和落葉
的篤而去……

沒有鍵盤的跳動
沒有絃索的奏鳴
落寞的盲歌者呀
當你唱起那支
悲愴的調子的時候
你的歌喉
是瘖啞而枯澀喲

往日
你帶回去的
是數不盡的
辛酸和哀怨
今夜
你帶回去了什麼呢
除掉那無邊的
黑暗……

三一、十二贛州。

擊柝者

如果有人問我——
在這世界上
誰是最渴望太陽的人
那麼，你——辛勤的擊柝者啊

是我所要說出的
千萬個渴望着太陽的典型

在淒厲的風
絞着團團的雪的夜裏
你剝剝地敲着
在傾盆的雨
向城市
向村莊
向整個的大地
傾倒着的夜裏
你仍然剝剝地敲着啊……

剝剝的柝聲
無休止地響在黑暗的夜裏
剝剝的柝聲
沉重而憂鬱地
響在你的心裏

剝剝的柝聲
像一柄尖利的匕首啊
揷向沉睡着的
人們的心裏……

你是黑夜中唯一的
清醒者呀
爲了明日的太陽的招引
你是那麽步履匆匆地
從這條街
敲向那條街
從一更
直敲到五更啊

當太陽以無比的光與熱
以博而無私的愛
撫摩着城市
撫摩着村莊

撫摩着整個大地的時辰
你——辛勤的擊柝者啊
帶着惡狗的唁吠
帶着懶漢的咒罵
帶着你的老搭當——棒和柝
酣然地入睡了

三二、十、贛州

夜行者

沒有火把
沒有燈籠
頂着月亮和星星
我走完了九十里的路程
我的侍從是
一把佩劍
一個圖囊
一串輕鬆的步子
和一首永遠唱不完的流浪的歌……

走在蔥鬱的山谷裏
我的胸脯挺得更高
我的脚步放得更輕
我的眼睛啊
到處搜索
一個聲音一點響
我的耳朵會使我提高警覺
我的佩劍呀
也豁然地出了鞘
我準備以戰鬥迎接敵人
（因爲新聞紙告訴我
這裏即使在白天
也須結伴而行）

山頂上有狼嗥
和一些肉食動物的吼叫
那聲音會使姑娘們縮做一團
教徒們喃喃地祈禱
集所有的怯弱者於一起
也會豎起他們的汗毛
而我是一個慣於夜行的人
危險時只有乞靈於自己的劍和刀
（我的經典是——
　如其忍受宰割
　毋寧激戰而死亡！）

偶然經過一座村落
疲倦蠱惑我歇一歇脚
但是，那猙獰的惡狗啊
像迎接盜賊一樣
一個跟着一個地

向我猛撲

於是，我扔出了一陣石頭
走了
唱着流浪的歌………

像一個瘋狂病患者
在漫長的夜裏
我走着，唱着

走着自己應該走的路
唱着別人聽不懂的歌

我憂鬱
然而，我也快樂

我的理想像天空的月光一般亮
我的希望呀

有如駒兒脫了索

向有光有熱的地方
我走着，唱着

向人類的希望嵌着花冠的地方
我走着，唱着………

當黑暗開始潰退的時候
我第一個叫開了那緊閉着的城門
守城的同志驚訝地向我擧起手
注視着我被夜露浸濕了的週身

於是，我的脚步停止了
我的歌聲停止了
我的眼睛也毋須再搜索
我的佩劍呀
也悄悄地入了鞘

三二、五、贛州。

老船夫

啊，你們
你們聽我說呀
我們的船上有一個
老船夫

老板尊他做
「當家」
伙計喊他做
「老傢伙」
或者是
「老骨頭」

唉，這些稱呼
他滿不在乎

你高興喊他什麽
就喊什麽
那怕你喊他「老狗」
他也決不會咬你一口

據說，十三歲
他就跟他老子
開始在人家船上做活
一直到現在
他的手沒有離過篙和舵
　沒有離過槳和櫓
　肩膀老是揹着
　那拉長拉長的縴索

你要是問他
——多少年紀
他會毫不躊躇地告訴你
——！六十三

也許他還會向你誇耀
這五十年的駕船歷史

是的，五十年不算短
將軍們在五十年的戰鬥中
該要立下多少功績
商人們在五十年的盤算裏
該要賺進多少財富
然而，他呢
他能夠養活一個老潑婦

假如你還要問他——
這多年紀爲什麽還不休息
他會拉長面孔，嘟起嘴巴
因爲他沒有兒，沒有女
——休息，休息，到土巴裏去休息

啊，夠了，

這老傢伙眞像一條牛
在刮骨剝皮以前
還得爲人類使盡氣力

三一、十二贛州。

沙灘

內河裏沒有沙灘
沒有揚子江邊那樣廣袤的沙灘啊
對於那睽違了很久的廣袤的沙灘
我有着深沉的眷戀
像眷戀那浩瀚的揚子江
和那揚子江邊的綠色的小草原
和那草原上受難的樸實的人民一樣啊
在那些數不清的過去的日子裏

我常常披一身溫暖的陽光
獨個兒去拜訪沙灘
和棲息於沙灘之上的雁羣
去時是兩手空空
回來呀，却像滿載着珠寶的富翁
口袋裏裝滿了貝殼
全身揷滿了雁毛啊

先哲說
過去是一個美麗的夢
我的夢在沙灘做起
亦在沙灘失落

三二、九、二九、枕畔。

快割鳥

我呼喚不出妳的名字呀
我親愛的快割鳥

在故鄉的春三月
莊稼漢脫去了破棉襖
露出紫銅色的結實的肌肉的時候
親愛的快割鳥呀
妳來了
「快割，快割」地飛來了

於是
他們翻出了塵封的鐮刀
在石滾上磨得霍霍地響

霍霍地響呀
霍霍地笑

地裏
油菜莢欠身地吻着泥土
大麥，小麥，裸麥……

掀起一片金色的波浪
親愛的快割鳥呀
你像一個辛勤而勞叨的老農夫啊
一步不鬆的督促子姪們：
「快割，快割！」
孩子們也學着你的聲音：
「快割，快割！」啊

當莊稼漢快活地吃着
新熟的裸麥飯
和新做的小麥麵的時候
親愛的快割鳥呀
你走了
不聲不響地飛走了
——沒有誰知道你的去向啊

現在
又是莊稼漢脫去了破棉襖

露出紫銅色的肌肉的春三月
然而，親愛的快割鳥呀
我聽不見你的清越的歌聲啊
——我是失去了土地的吉卜賽喲

像眷念自己的土地
眷念自己的愛人一樣地
我眷念着你呀
我親愛的快割鳥

三一、三、贛州。

麥笛

在故鄉的春三月
麥地像一片無涯的
綠色的海

在綠色的海裏
我們日夜吹着
綠色的麥笛
唱着綠色的歌

綠色的麥笛
吹出童年的綠色的生命
吹出泥土的霍霍的笑聲

在童年裏
我們不懂得異性的愛
成年的莊稼漢
他們會在麥地裏
探訪情人
而我們衹會探訪
那綠色的麥地
那高出我們腦蓋的麥穗
用我們的小手
抽着綠得發亮的麥桿

製造小小的麥笛

在童年裏
我們沒有情人
麥笛就是我們的情人
在童年裏
我們沒有學會
勾引異性的山歌
我們却會吹着麥笛
吹着自己編造的歌：
「喔啦啦，喔啦啦……」
——我們自己編造的歌

等到我們稍爲懂得一點事
我們就不再吹那綠色的麥笛
不再吹自己編造的歌——
喔啦啦，喔啦啦……
我們吹着什麽呢
我們吹着那從淞花江上
傳來的歌曲啊

麥笛吹出的是童年的愉快的心聲
而淞花江唱出的是一個民族的
深沉的仇恨啊

多年了
我沒有忘懷這深沉的仇恨
更沒有忘懷那綠色的麥笛喲

三三、五、崇義。

駝鈴

沙漠裏沒有綠色的水草
和蔚藍的天
沙漠裏却日夜震響着
清脆的駝鈴

——從遠古響到現在啊

看哪
那迎面而來的是：
黃色的風沙
黃色的篷帳
黃色的行列
和一望無涯的
黃色的沙漠的海
它給孤獨的遠行者
以扯不斷的憂思……

而那震響在
黃色的沙漠的海裏的
清脆的駝鈴啊
它却予孤獨的遠行者
以綠色的希望
和生命的活力

因此
沙漠裏還沒有斷絕行人
沙漠裏深深地印劃着
後來者如鱗的脚跡……

三三、一、崇義。

山店

山店像一朵長年不謝的花
以綽約的姿態
迎迓着風雨
迎迓着霜雪
迎迓着月亮和陽光
迎迓着奔走於深山凹谷的行人

我們不知道
山店的歷史有多久

但是，打從這裏經過的人
都知道：它門口有一株刻畫着
歷史的痕跡的老榆樹
和一條永遠不乾的清湛的溪流

山店的主人是一個沉默的老漢
和一個愛說愛笑的胖女人
他們賣些水酒，麻餅和花生……
憑着這些
他們招徠了許多旅客
打發了許多無聊的歲月
消磨着平凡的一生

白天，山店是熱鬧的
這裏講着不同的言語
長着不同的面孔
懷着不同的心
酒徒講着昨夜酒醉的故事
農夫講着今年的收成
鄉長講征購，征實，征兵……
店主婦講着某一家寡婦
一夜裏葬送了十年的堅貞
綠林好漢打點着
每一個來往的客人
一進入了黑夜
山店有如死樣的寂靜
祇剩下老榆樹咀嚼着
盛亂興衰的事跡
溪流哀嘆着身世的淒清

三二、十二、贛州夏寨鄉。

橋

我愛橋

橋和塔一樣地
象徵着崇高和永遠………

自從人類有了歷史
我們就有了橋

於是
我們像水一樣地
從橋上流過

因此
橋上載滿了愛情
　載滿了仇恨
　載滿了笑聲
　也載滿了哭泣

橋像母親的胸膛
永無艾怨地

讓我們站
讓我們坐

橋像愛人的手臂
永無艾怨地
讓我們挽
讓我們撫摸……

在橋上
我迎接過大雷雨
在橋上
我等待着日出

在橋上
我興奮地擧起雙手
在橋上
我飛起而又跌落

在橋上
我孕育了太多的理想
在橋上呀
我寫下了這樣的詩句：
「不許猥褻者通過！」

三二、六、贛州。

天空的搏鬥

「十月的天空沒有一片雲
十月的天空像一片蔚藍的海
地面有如修道女一般地寧靜啊
那狂熱的太陽還沒有滾出來

朋友
這眞是一個難忘的日子啊
今天第一個向我們問候早安的
是那孝順的日本航空員

看哪，我們是多有禮貌啊
像趕赴愛人的約會一樣地
馬上饗以怒吼的馬達
和一頓鐵的彈丸

但是，抱歉得很呀
這場搏鬥的結果
我們祇贏了兩架零式的殘骸
和幾個焦頭爛額的愚蠢的猪玀

三二、十、贛州。

汽笛

不是貨船駛近了港埠
不是工廠放出了女工
那嗚嗚的聲音
不再是希望的叫喊
和愉快的休息

「今天，它給人類帶來的是
不安和恐怖
死亡和哭泣……

三二、十、贛州。

古鐘

雖說是沒有生命的器物
然而，你的壽命比任何生物的壽命都長
那天天撞着你的
年輕的修道女和童僧
一個一個地死去了
然而你還在鳴響
鐺鐺地鳴響啊
那鐺鐺的聲音
從朝響到晚
從遠古響到現在
從山谷響到市塵
從耳鼓響到心尖……

雖然是一樣的響聲
而聽衆的反應却大不相同
多少殺人不眨眼睛的「將軍」
聽着你的響聲而深自懺悔
多少失意的政客
聽着你的響聲而遁跡深山
多少無告的寡婦怨女
聽着你的響聲而毅然走進空門………
今天，又有多少無辜的人民
應着你的響聲而失去了生命

三二、十、贛州

火把

看啊
那高加索的囚徒
普洛米修士
他第一個擧起火把
走向黑暗的人間

於是
我們有了愛
有了熱
有了光

在黑暗中
我們毋須再摸索
在黑暗中
我們毋須再徬徨
在夜之神降臨大地之前
今之普洛米修士
又爲我們點燃了火把

在三叉路口
在十字街心……

於是，我們接過了火把
走我們應該走的路程
我們通過了無數的
獨木橋
又跨過了無數的
陷阱

現在
夜正黑
路正長
而我們的火把燃燒得更亮
我們的歌聲更加激昂
我們的胸脯挺得很高
我們的步子在嚓嚓地響！

有人說——
前面有人倒下了
他要我們暫時停停步
而我們還是「馬不停蹄」地前進
我們的胸脯挺得更高
我們的歌聲更加激昂
我們的火把啊
燃燒得更亮

我們的步子在嚓嚓地響……

看吧
我們將第一個擁抱着太陽

——三二、六、贛州。

城市的夜

看哪
多少人擧起了
歡迎的手
期待着
城市的夜的來臨啊

城市的夜
像一個風騷的
淫蕩的少婦
向週圍噴射着
誘惑呀

啊
誘惑的色彩
誘惑的光綫
誘惑的聲音
誘惑的貨物喲

在白天

被警報委屈了的
紳士淑女們
在夜的街道上
昂首闊步了

在白天，被警報代替了生意的商人們
在電燈光照耀的櫃台上
盤算着利潤了

在白天
被警報剝奪了工作時間的
苦力們
在夜的碼頭上
在夜的市場上
出賣着血汗了

那些一向慣於夜間工作者
在編輯室
標着頭條標題，二條標題……
在排字房
檢着頭號字，二號字……
蒼白着臉絞着腦汁
蒼白着臉運用十指了

那些出賣肉體
出賣靈魂的娼妓
在五光十色的大街上
在陰濕黑暗的角落裏……
做着下流的勾當了

電影院裏
擠滿了看絕代佳人的觀衆
京戲院裏
擠滿了看全本玉堂春的觀衆
他們的興趣
是那麼濃

他們的鈔票
是那麽輕快地飛呀

茶樓上
擠塞着吃喝的人羣
酒樓上
擠塞着吃喝的人羣
你聽
他們的猜拳聲多麽響亮
你看
他們的臉孔多麽紅啊

公園裏
有詩人漫步
有音樂家演奏
有報販叫賣
有少男少女蜜語啊

城市的夜
沒有蒼白的呵欠
城市的夜
裝滿了紅色的笑靨
城市的夜
起落着華爾茲的舞步啊

一切都興奮
一切都是病態的瘋狂呀

罪惡也張開了無朋的翅翼
在城市的夜裏
到處盤旋
到處飛呀

在城市的夜裏
沒有人渴望太陽
在城市的夜裏

沒有人作久遠的打算啊

一到天亮
生活在城市的人們
就惴惴於警報的嗚咽了
因此，他們一熬到黃昏
就舉起歡迎的手
期待着夜的來臨啊

三二、七、贛州。

寫在第七個「七七」

在人類的新的史册的扉頁上
我們蘸着奴隸的血和淚
寫下了兩個莊嚴的『七』字

『七』字在我們面前閃着光
『七』字在奴隸的面前發亮
『七』字給我們帶來了新的理想
『七』字給人類帶來了新的希望

讓『七』字掛在我們的嘴上吧
讓侵略者在『七』字底下
無聲地死亡

三二、七、贛州。

最後的勝利

來了
戰爭到底拍着
勝利的翅膀
矯健而輕捷地
向我們飛來了

感謝你
我們的年輕的報務員
勝利的使者啊
你第一個向我們
報告這興奮的消息
報告這使我們歡喜得
流出眼淚的消息：
「日本無條件投降！」

這喜悅的聲音
這有力的字句啊
像久旱後的暴風雨
眞使我們歡喜得發狂

從今夜起
我們有了做人的資格了
從今夜起
我們可以挺起胸膛走路了
從今夜起
我們可以盡情地歡笑
從今夜起
我們可以大聲地說話了……

二

大街上
到處響着劈劈拍拍的爆竹聲
到處響着勝利的呼喊
我們踏着爆竹的灰燼
嗅着濃重的硫磺氣息
追趕那像我們一樣
歡喜得發狂的羣衆
跌跌撞撞地
撲進了他們的行列

「好哇！親愛的兄弟：
恭喜，恭喜！」
「好哇！恭喜恭喜！
親愛的兄弟，
我們也有了今日！」

於是，他們像發狂一樣地
把我們重重圍起
亂七八糟地
遞給我們熊熊的火把
和勝利的旗幟……

你，雜貨店的小伙計
你，爆竹店的小伙計
再多給我們幾捆火把
再多給我們幾掛爆竹吧
讓我們照亮所有黑暗的小巷

讓我們彈去那些倒霉鬼臉上的晦氣
在這勝利的夜裏
啊啊，在這勝利的夜裏

喂，來呀
你這憂鬱的小媳婦
今夜不要再躲在門角裏哭泣
也毋須害羞呀
來，快點來
大胆地參加我們的行列

好哇！你這悲觀的洋紳士
今夜不要再縮在書房裏
望着天花板嘆息
來，快點來
勇敢地參加我們的行列
——勝利的行列喲

在勝利的夜裏
我們的爆竹
彈得土地發燒
我們的火把
炕得臉上發熱
我們的喉嚨
歡呼得完全嘶啞
我們的創傷的心啊
也揭去了瘡疤

在這勝利的夜裏
我們像新婚之夕那樣地興奮
通宵，我們沒有合上一下眼睛

三

好哇！你店鋪裏的小伙計
昨夜的爆竹殼
還沒有打掃出去
天一亮
你就懸起了
這莊嚴而美麗的
青天白日旗

從這條街
到那條街
條條街上
懸着青天白日旗

從這條巷
到那條巷
條條巷裏
懸着青天白日旗

哎哎！青天白日旗

你，挑着糞桶的鄉巴佬啊
怎麼也歪起嘴角來笑嘻嘻
你知道今天是什麼日子
你知道昨夜
發生了什麼事故
哎哎！你知道昨夜
發生了什麼事故
來，走過來
把耳朵貼攏來
讓我告訴你
告訴你——
這就是最後的勝利

唉！傻瓜
別儘裂開嘴巴
站在大街上傻笑吧
趕快回去
回去告訴你的姆媽
快快樂樂地
過你的太平日子

你，報館裏的先生
你，機關裏的先生
別像娘兒們一樣地
在大街上拉拉扯扯罷
不知道嗎
小蓬萊，社會服務處
早已爲我們擺好了
慶祝的筵席
爲了這最後的勝利呀
請大家敞開喉嚨
一齊去盡情地乾杯

哎哎！別再拉拉扯扯罷
我們一齊去
盡情地乾杯

你，海量的先生們
舉起杯來傾倒吧
今天不是應酬
今天不是請客

你，滴酒不嘗的太太們
你，羞人答答的小姑娘啊
請敞開你們的朱唇罷
大家來乾這第一杯

哎哎，乾掉這第一杯……

喂，你們別在那裏
唧唧噥噥做鬼，你們是在講誰
——我麼
我還沒有醉
嗯嗯！我還沒有醉………

三四、八、一二、稿於樂平

附錄

詩人與詩

一

詩是痛苦的心靈的音響，詩人是苦難的象徵。

二

詩是人生的最高境界，詩人却在十八層地獄生活

三

詩人之於社會是予而不是取，吸血鬼決不寫詩。

四

官僚市儈也許會寫詩？但官僚市儈是官僚市儈；詩人是詩人，不是官僚市儈。

五

詩人不是弱者，詩人是最勇敢的戰士；戰士爲榮譽而流血，詩人爲眞理而寫詩。詩人不死，眞理永在。

六

詩人的感覺比含羞草更靈敏；詩人的情感比海洋更廣闊，更幽深。

七

不是至情的人不足以語詩。

八

凡是天眞誠實的人都可以成爲詩人；奸佞虛僞者永遠不能成爲詩人。

九

詩人必須作羣衆的歌手，深入羣衆的核心。詩人不是爲自己而生活，詩人是爲羣衆而生活。羣衆的悲哀卽是詩人的悲哀，羣衆的歡樂卽是詩人的歡樂。

十

詩是語言的藝術，詩人是語言的提鍊者。

十一

詩要有意境，沒有意境則不知所云。

十二

詩要有形象，一行富有形象的詩勝過沒有形象的一萬行。

十三

詩要有氣魄，詩的氣魄亦如人的氣魄，渾然天成不可做作。W・惠特曼之可貴，全在熱情澎湃，波瀾壯闊。

十四

詩像其他的藝術一樣，貴有獨創的風格。沒有獨創的風格的詩，像一個面部輪廓糢糊的人，我們始終看不出他的鼻孔和眼睛。

十五

詩應該押韻，但切忌韻文化；詩可以毫無拘束地寫，但切忌散文化。

十六

詩有其尊嚴性，亂批評詩的人是侮辱詩，亂寫詩的人也是侮辱詩。

十七

詩不是消閑品，詩有貞節的情操，詩人有崇高的人格。寫詩如瀝血，一字一淚。

十八

詩不是獨自囈語，而是人類的心聲。

十九

寫詩不是白日作夢，詩人不是荒唐的說夢者，而是時代的發言人。

二十

詩不是傳奇，詩人決不欺騙讀者，決不欺騙自己。

二十一

詩是詩人情感的自然流露，壓搾出來的詩決不是好詩。

二十二

詩需要含蓄，但不能叫人猜謎。如其叫人猜謎，不如自己裸體。

二十三

詩需要靈感的衝動，但尤其需要長久的思慮。不但一句一字必須仔細推敲，每一個音節亦須反覆默念，朗誦。

二十四

審別詩的美亦如審別人的美，可以從靈魂與肉體兩方面來觀察。詩的靈魂是內容，意境；肉體是形式，音韻。凡內容充實，意境深遠，形式美麗，音韻和諧、用字用句恰到好處的詩，才配稱爲好詩。好詩本天成，惟妙手能得之。

二十五

一首好詩可以永遠使人徘徊低唸；「嚴寒、通紅的鼻子」雖百讀亦不厭。

二十六

最漂亮的標語、口號、論文，只能存在於一時；而一首好詩，則可以垂之於久遠。

二十七

魚目雖可以混珠，但魚目畢竟是魚目，珍珠畢竟是珍珠。

二十八

眞正偉大的詩人往往不能見容於當世，眞正偉大的作品亦非流俗所能賞識。

二十九

我們需要正確的批評，更需要好詩。

三十

自從有了人類也就有了詩；人類存在，詩亦存在

四〇(一九五一年)十、十五、增修於台灣左營。

後　記

墨　人

在前三十多年的創作生涯中，出版選集這是第一次。

在西方文化思想衝擊之下，在農業社會轉變爲工商業社會的轉型期中，功利主義的猖獗，各種無形壓力的增加，對於文學創作極爲不利。中國固有的優美文化幾已斲喪殆盡，而浮現於作家眼前的新社會又十分膚淺空虛，甚而以非爲是。作家要想堅持其創作原則，不昧於藝術良心，是一種極爲艱苦的奮鬥。這三十多年來，我無日不掙扎於這種痛苦之中。我雖無視於虛名浮利，可是現實是一條無情的鞭子，個人仍然無法逃避其鞭撻。

在這條崎嶇的路上，我默默地走了這麼長的時間，自然留下不少脚印。這個選集只是我個人脚印中的一小部份。因篇幅字數及其他原因，有些作品我想收入而未能收入，尤其是我很喜愛的中短篇小說如「斷腸人」、「塞外」……等等。不過這個選集對我個人來說是有其代表性的，尤其是「鳳凰谷」、「白雪青山」、「靈姑」、「江水悠悠」這四個長篇小說，及「二媽」、「世家子弟」、「心聲淚影」、「曹萬秋的衣鉢」……等短篇小說。至於這一百多首詩，雖不能代表我陽剛的一面，卻完全代表了陰柔與中庸。而這個選集就是我個人的定本。

這個選集能由歷史悠久，聲譽卓著的中華書局精印出版，總算了却我一樁心事。卽使明天死去，我亦坦然。

從此止步？還是繼續向前走？我自己不是一個絕對的決定因素，而有賴於這個時代是否需要文學？

墨人博士著作書目（校正版）

書目	類別	出版者	出版時間
一、自由的火焰 ⎫ 與《山之禮讚》合併	詩集	自印（左營）	民國三十九年（一九五〇）
二、哀祖國 ⎭ 易名《墨人新詩集》	詩集	大江出版社（臺北）	民國四十一年（一九五二）
三、最後的選擇	短篇小說	百成書店（高雄）	民國四十二年（一九五三）
四、閃爍的星辰	長篇小說	大業書店（高雄）	民國四十二年（一九五三）
五、黑森林	長篇小說	香港亞洲社	民國四十四年（一九五五）
六、魔障	長篇小說	暢流半月刊（臺北）	民國四十七年（一九五八）
七、孤島長虹（全集中易名爲富國島）	長篇小說	文壇社（臺北）	民國四十八年（一九五九）
八、古樹春藤	中篇小說	九龍東方社	民國五十一年（一九六二）
九、花嫁	短篇小說	九龍東方社	民國五十三年（一九六四）
一〇、水仙花	短篇小說	長城出版社（高雄）	民國五十三年（一九六四）
一一、白夢蘭	短篇小說	長城出版社（高雄）	民國五十三年（一九六四）
一二、颱風之夜	短篇小說	長城出版社（高雄）	民國五十三年（一九六四）

一三、白雪青山　長篇小說　長城出版社（高雄）　民國五十四年（一九六五）
一四、春梅小史　長篇小說　長城出版社（高雄）　民國五十四年（一九六五）
一五、洛陽花似錦　長篇小說　長城出版社（高雄）　民國五十四年（一九六五）
一六、東風無力百花殘　長篇小說　長城出版社（高雄）　民國五十四年（一九六五）
一七、合家歡　長篇小說　臺灣省新聞處（臺中）　民國五十四年（一九六五）
一八、紅樓夢的寫作技巧　文學理論　臺灣商務印書館（臺北）　民國五十五年（一九六六）
一九、塞外　短篇小說　臺灣商務印書館（臺北）　民國五十五年（一九六六）
二〇、碎心記　長篇小說　小說創作社（臺北）　民國五十六年（一九六七）
二一、靈姑　長篇小說　小說創作社（臺北）　民國五十七年（一九六八）
二二、鱗爪集　散　文　水牛出版社（臺北）　民國五十七年（一九六八）
二三、青雲路　短篇小說　臺灣商務印書館（臺北）　民國五十八年（一九六九）
二四、變性記　短篇小說　臺灣商務印書館（臺北）　民國五十八年（一九六九）
二五、龍鳳傳　長篇小說　幼獅書店（臺北）　民國五十九年（一九七〇）
二六、火樹銀花　長篇小說　立志出版社（臺北）　民國五十九年（一九七〇）
二七、浮生集　散　文　聞道出版社（臺南）　民國六十一年（一九七二）
二八、墨人詩選　詩　集　臺灣中華書局（臺北）　民國六十一年（一九七二）
二九、鳳凰谷　長篇小說　臺灣中華書局（臺北）　民國六十一年（一九七二）

三〇、墨人短篇小說選	短篇小說	臺灣中華書局（臺北）	民國六十一年（一九七二）
三一、斷腸人	短篇小說	臺灣學生書局（臺北）	民國六十一年（一九七二）
三二、詩人革命家胡漢民傳	傳記小說	近代中國社（臺北）	民國六十七年（一九七八）
三三、心猿	長篇小說	學人文化公司（臺北）	民國六十八年（一九七九）
三四、山之禮讚	詩　　集	秋水詩刊（臺北）	民國六十九年（一九八〇）
三五、心在山林	散　　文	中華日報社（臺北）	民國六十九年（一九八〇）
三六、墨人散文集	散　　文	學人文化公司（臺中）	民國六十九年（一九八〇）
三七、山中人語	散　　文	臺灣商務印書館（臺北）	民國七十二年（一九八三）
三八、花市	散　　文	江山出版社（臺北）	民國七十四年（一九八五）
三九、三更燈火五更雞	散　　文	江山出版社（臺北）	民國七十四年（一九八五）
四〇、墨人絕律詩集	詩　　集	臺灣商務印書館（臺北）	民國七十六年（一九八七）
四一、全唐詩尋幽探微	文學理論	臺灣商務印書館（臺北）	民國七十六年（一九八七）
四二、第二春	短篇小說	采風出版社（臺北）	民國七十七年（一九八八）
四三、全唐宋詞尋幽探微	文學理論	臺灣商務印書館（臺北）	民國七十八年（一九八九）
四四、小園昨夜又東風	散　　文	黎明文化公司（臺北）	民國八　十年（一九九一）
四五、紅塵（上、中、下三卷）	長篇小說	臺灣新生報社（臺北）	民國八　十年（一九九一）
四六、大陸文學之旅	散　　文	文史哲出版社（臺北）	民國八十一年（一九九二）

四七、紅塵續集	長篇小說	臺灣新生報社（臺北）	民國八十二年（一九九三）
四八、墨人半世紀詩選	詩　選	文史哲出版社（臺北）	民國八十四年（一九九五）
四九、張本紅樓夢（上下兩巨冊）	修訂批註	湖南出版社（長沙）	民國八十五年（一九九六）
五〇、紅塵心語	散　文	圓明出版社（臺北）	民國八十五年（一九九六）
五一、年年作客伴寒窗	散　文	中天出版社（臺北）	民國八十六年（一九九七）
五二、全宋詩尋幽探微	文學理論	文史哲出版社（臺北）	民國八十九年（二〇〇〇）
五三、墨人詩詞詩話	詩詞・理論	詩藝文出版社（臺北）	民國八十九年（二〇〇〇）
五四、娑婆世界（定本）	長篇小說	昭明出版社（臺北）	民國八十八年（一九九九）
五五、白雪青山（定本）	長篇小說	昭明出版社（臺北）	民國八十九年（二〇〇〇）
五六、滾滾長江（定本）	長篇小說	昭明出版社（臺北）	民國八十九年（二〇〇〇）
五七、春梅小史（定本）	長篇小說	昭明出版社（臺北）	民國八十九年（二〇〇〇）
五八、紫燕（定本）	長篇小說	昭明出版社（臺北）	民國九　十年（二〇〇一）
五九、紅樓夢的寫作技巧（定本）	文學理論	昭明出版社（臺北）	民國九　十年（二〇〇一）
六〇、紅塵六卷（定本）	長篇小說	昭明出版社（臺北）	民國九　十年（二〇〇一）
六一、紅塵法文本	巴黎友豐（you fong）書局出版		二〇〇四年初版

附註：

▲北京中國文聯出版社　二〇〇三年出版　大陸教授羅龍炎・王雅清合著《紅塵》論專書

▲臺北市昭明出版社出版墨人一系列代表作，長篇小說《娑婆世界》、一百九十多萬字的空前大長篇《紅塵》（中法文本共出五版）暨《白雪青山》（兩岸共出六版）、《滾滾長紅》、《春梅小史》、《紫燕》，短篇小說集、文學理論《紅樓夢的寫作技巧》（兩岸共出十四版）等書。臺灣中華書局出版的《墨人自選集》共五大冊，收入長篇小說《白雪青山》、《靈姑》、《鳳凰谷》、《江水悠悠》（爲《東風無力百花殘》易名）、《短篇小說・詩選》合集。《哀祖國》及《合家歡》皆由高雄大業書店再版。臺北詩藝文出版社出版的《墨人詩詞詩話》創作理論兼備，爲「五四」以來詩人、作家所未有者。

▲臺灣商務印書館於民國七十三年七月出版先留英後留美哲學博士程石泉、宋瑞等數十人的評論專集《論墨人及其作品》上、下兩冊。

▲《白雪青山》於民國七十八年（一九八九）由臺北大地出版社第三版。

▲臺北中國詩歌藝術學會於一九九五年五月出版《十三家論文》論《墨人半世紀詩選》。

▲《紅塵》於民國七十九年（一九九〇）五月由大陸黃河文化出版社出版前五十四章（香港登記，深圳市印行）。大陸因未有書號未公開發行僅供墨人「大陸文學之旅」時與會作家座談時參考。

▲北京中國文聯出版公司於一九九二年十二月出版長篇小說《春梅小史》（易名《也無風雨也無晴》）；一九九三年四月出版《紅樓夢的寫作技巧》。

▲北京中國社會科學出版社於一九九四年出版散文集《浮生小趣》。

▲北京群眾出版社於一九九五年一月出版散文集《小園昨夜又東風》；一九九五年十月京華出版社出

版長篇小說《白雪青山》大陸版，第一版三千冊，一九九七年八月再版一萬冊。

▲長沙湖南出版社於一九九六年一月初出版墨人費時十多年精心修訂批註的《張本紅樓夢》，分上下兩大冊精裝一萬一千套。立即銷完、因未經墨人親校，難免疏失，墨人未同意再版。

Mo Jen's Works

1950 *The Flames of Freedom*（poems）《自由的火焰》

1952 *Lament for My Mother Country*（poems）《哀祖國》

1953 *Glittering Stars*（novel）《閃爍的星辰》

The Last Choice（short stories）《最後的選擇》

1955 *Black Forest*（novel）《黑森林》

The Hindrance（novel）《魔障》

The Rainbow and An Isolated Island（novel）《孤島長虹》（全集中易名爲富國島）

1963 *The spring Ivy and Old Tree*（novelette）《古樹春藤》

1964 *Narcissus*（novelette）《水仙花》

A Typhonic Night（novelette）《颱風之夜》

Ms.Pei Mong-lan（novelette）《白夢蘭》
The Joy of the Whole Family（novel）《合家歡》
Flower Marriage（novelette）《花嫁》
1965 *White Snow and Green Mountain*（novel）《白雪青山》
The Short Story of Miss Chung Mei（novel）《春梅小史》
The Powerless Spring Breeze and Faded Flowers（novel）《東風無力百花殘》(《江水悠悠》)
Flower Blossom in Loyang（novel）《洛陽花似錦》
1966 *The Writing Technique of the Dream of Red Chamber*（literature theory）《紅樓夢的寫作技巧》
Out of The Wild Frontier（novelette）《塞外》
1967 *A Heart-broken Story*（novel）《碎心記》
1968 *Miss Clever*（novel）《靈姑》
Trifle（prose）《鱗爪集》
1969 *The Road to Promotion*（novelette）《青雲路》
1970 *A Sex-change Story*（novelette）《變性記》
The Biography of the Dragon and the Phoenix（novel）《龍鳳傳》
1971 *A Brilliantly lighted Garden*（novel）《火樹銀花》
1972 *My Floating Life*（prose）《浮生記》

Selection of Mo Jen's Poems《墨人詩選》

A Heart-broken Woman（novelette）《斷腸人》

Phoenix Valley（novel）《鳳凰谷》

Mo Jen's Works（five volumes）《墨人自選集》

Selection of Mo Jen's short stores《墨人短篇小說選》

1978 *Hu Han-ming, the Poet and Revolutionist*（novel）《詩人革命家胡漢民》

1979 *The Mokey in the Heart*（i.e. The Purple Swallow renamed）《心猿》

1980 *The Hermit*（prose）《心在山林》

A Collection of Mo Jen's Prose（prose）《墨人散文集》

A Praise to Mountains（poems）《山之禮讚》

1983 *Mountaineer's Remarks*（prose）《山中人語》

1985 *My Candle Burns at Both Ends*（prose）《三更燈火五更雞》

Flower Market（prose）《花市》

1986 *A Mundane World*（novel, four volumes, over 1.9 million words）《紅塵》

1987 *Remarks on All Poems of the Tang Dynasty*（theory）《全唐詩尋幽探微》

1988 *Remarks On All Tsyr*（prose poem）*of the Tang and Sung Dynasties*（theory）《全唐宋詞尋幽探微》

1991 *The Breeze That Came From The East Last Night in My Little garden Again*（prose）《小園昨夜又東風》

1992 *Travel for Literature in Mainland China*（prose）《大陸文學之旅》

1995 *Selection of Mo Jen's Poems, 1992-1994*《墨人半世紀詩選》

1996 *I'll look upon the World*《紅塵心語》

Chang Edition of the Dream of Red Chamber《張本紅樓夢》（修訂批註）

1997 *Cherish thy guests and the Muses*《年年作伴寒窗》

1999 *Saha Shih Gai*《娑婆世界》

1999 *Remarks on All Poems of the sung Dynasties*《全宋詩尋幽探尋》

1999 *Mo Jen's Classical Poems and Prose Poems*《墨人詩詞詩話》

2004 *Poussiere Rouge*《紅塵》法文譯本

墨人博士創作年表（二〇〇五年增訂）

年度	年齡	發表出版作品及重要文學紀錄摘要
民國二十八年己卯（一九三九）	十九歲	在東南戰區《前線日報》發表〈臨川新貌〉。淪陷區著名的上海《大美晚報》隨即轉載。
民國二十九年庚辰（一九四〇）	二十歲	在《前線日報》發表〈希望〉、〈路〉等新詩作品。
民國三十年辛巳（一九四一）	二十一歲	在《前線日報》發表〈評夏伯陽〉書評等文。
民國三十一年壬午（一九四二）	二十二歲	在各大報發表〈苦難的行列〉、〈贛州禮讚〉（長詩）、〈老船夫〉、〈盲歌者〉、〈自己的輓歌〉、〈抹去那怯弱的眼淚吧〉、〈生命之歌〉、〈快割鳥〉、〈鷂鷹與雲雀〉等詩及散文多篇。
民國三十二年癸未（一九四三）	二十三歲	在各大報發表長詩〈鋤奸隊長〉、〈搜索連長〉、〈遙寄〉、〈寫在第七個七七〉、〈父親〉、〈受難的女神〉、〈城市的夜〉及〈火把〉、〈擊柝者〉、〈橋〉、〈古鐘〉、〈汽笛〉、〈山居〉、〈沙灘〉、〈夜行者〉、〈孤芳〉、〈蚊蟲〉、〈蒼蠅〉、〈園圃〉、〈陽光〉、〈深秋〉、〈贈某詩人兼寫自己〉、〈哀亡命詩人〉、〈自供〉、〈白屋詩抄〉、〈哀歌〉、〈生活〉、〈給偶像崇拜者〉、〈戰書〉、〈燈下獨白〉、〈夜歸〉、〈失眠之夜〉、〈悼〉、〈殘英〉、〈黃昏曲〉、〈補綴〉、〈復活的季節〉〈擬戀歌〉、〈晨雀〉、〈春耕〉、〈天空的搏鬥〉等長短抒情詩。另發表散文及短篇小說多篇。

民國三十三年甲申（一九三九）	二十四歲	發表〈山城草〉五首及〈沒有褲子穿的女人〉、〈襤褸的孩子〉、〈駝鈴〉、〈無聲的哭泣〉、〈長夜草〉、〈春夜〉、〈擬某女演員〉、〈蛙聲〉、〈麥笛〉等詩及散文多篇。
民國三十四年乙酉（一九四五）	二十五歲	發表〈最後的勝利〉及〈煉獄裏的聲音〉、〈神女〉、〈問〉等長詩與散文多篇。
民國三十五年丙戌（一九四六）	二十六歲	發表〈夢〉、〈春天不在這裡〉等詩及散文多篇。
民國三十六年丁亥（一九四七）	二十七歲	發表〈冬天的歌〉、〈流浪者之歌〉、〈手杖、煙斗〉及長詩〈上海抒情〉等與散文多篇。
民國三十七年戊子（一九四八）	二十八歲	主編軍中雜誌、撰寫時論，均不署名。
民國三十八年己丑（一九四九）	二十九歲	七月渡海抵臺，發表〈呈獻〉、〈滿妹〉，及長詩〈自由的火燄〉、〈人類的宣言〉等及散文多篇。
民國三十九年庚寅（一九五〇）	三十歲	發表〈站起來，捏死他！〉、〈滾出去，馬立克！〉、〈英國人〉、〈海洋頌〉等詩。出版《自由的火燄》詩集。
民國四十年辛卯（一九五一）	三十一歲	發表〈春晨獨步〉、〈炫與殉〉、〈悼三閭大夫屈原〉、〈詩聯隊〉、〈心靈之歌〉、〈子夜獨唱〉、〈真理、愛情〉、〈友情的花朵、〈啊，西風啊！〉、〈歲暮吟〉、〈師生〉、〈往事〉、〈天書〉、〈歷程〉、〈雨天〉、〈火車飛馳在海岸淚上〉、〈帶路者〉、〈送第一艦隊出征〉等詩，及〈哀祖國〉長詩。
民國四十一年壬辰（一九五二）	三十二歲	發表〈未完成的想像〉、〈廊上吟〉、〈窗下吟〉、〈白髮吟〉、〈秋夜輕吟〉、〈秋訊〉、〈渴念，追求〉、〈寂寞、孤獨〉、〈冬眠〉、〈我想把你忘記〉、〈想念〉、〈成人的悲歌〉、〈訴〉、〈詩人〉、〈詩〉、〈貝絲〉、「春天的懷念」五首，〈和風〉、〈夜雨〉、〈臺灣海峽的霧〉等及散文、短篇小說多篇。　出版《哀祖國》詩集。

民國四十二年癸巳（一九五三）	三十三歲	發表〈寄台北詩人〉等詩及散文短篇小說多篇。高雄百成書店出版短篇小說集《最後的選擇》，收入〈華玲〉、〈生死戀〉、〈梅蘭馨〉、〈敵人的故事〉、〈最後的選擇〉、〈蔣復成〉、〈姚醫生〉等七篇。大業書店出版長篇小說《閃爍的星晨》一、二兩冊。
民國四十三年甲午（一九五四）	三十四歲	發表〈雪萊〉、〈海鷗〉、〈鳳凰木〉、〈流螢〉、〈鵝鑾鼻〉、〈海邊的城〉、〈長夏小唱〉及散文、短篇小說多篇。
民國四十四年乙未（一九五五）	三十五歲	發表〈雲〉、〈F-86〉、〈題 GK〉等詩及散文、短篇小說多篇。香港亞洲出版社出版長篇小說《黑森林》，並獲中華文獎會國父誕辰長篇小說第二獎（第一獎從缺）。
民國四十五年丙申（一九五六）	三十六歲	發表〈四月〉等詩及散文、短篇小說多篇。
民國四十六年丁酉（一九五七）	三十七歲	發表〈月亮〉、〈九月之旅〉、〈雨和花〉等詩及長篇小說《魔障》。
民國四十七年戊戌（一九五八）	三十八歲	暢流半月刊雜誌社出版長篇連載小說《魔障》。
民國四十八年己亥（一九五九）	三十九歲	發表短篇小說、散文多篇。文壇雜誌社出版長篇小說《孤島長虹》（全集中易名爲《富國島》）。
民國四十九年庚子（一九六〇）	四十歲	發表〈橫貫小唱〉等詩及散文、短篇小說多篇。
民國五十年辛丑（一九六一）	四十一歲	發表〈熱帶魚〉、〈豎琴〉、〈水仙〉等詩及短篇小說甚多。奧國維也納富出版公司編選的《世界最佳小說選》選入短篇說〈馬腳〉，同時入選者有諾貝爾文學獎得主威廉福克納、拉革克菲斯特等世界各國名作家作品。

民國五十一年壬寅（一九六二）	四十二歲	發表〈青鳥〉、〈兩腳獸〉、〈晚會〉、〈祈禱〉等詩及短篇小說甚多。奧國維也納納富出版公司又將短篇小說《小黃》·（以江州司馬筆名撰寫者）選入《世界最佳小說選》，同時入選者有諾貝爾獎得主蕭洛霍夫，郭沫若及世界各國名作家作品。
民國五十二年癸卯（一九六三）	四十三歲	香港九龍東方文學社出版中篇小說《古樹春藤》。發表短篇小說、散文甚多。
民國五十三年甲辰（一九六四）	四十四歲	香港九龍東方文學社出版短篇小說集《花嫁》，收入〈教師爺〉、〈劉二爹〉、〈二媽〉、〈異鄉人〉、〈花嫁〉、〈扶桑花〉、〈南海屠鮫〉、〈高山曲〉、〈古寺心聲〉、〈誘惑〉、〈隱情〉、〈美珠〉、〈新苗〉、〈心聲淚影〉等十四篇。高雄長城出版社出版中短篇小說集《水仙花》，收入〈水仙花〉、〈銀杏表嫂〉、〈圓房記〉、〈江湖兒女〉、〈天鵝〉、〈賭徒〉、〈搶親〉、〈黃龍〉、〈風雪歸人〉、〈花子老趙〉、〈景雲寺的居士〉、〈人與樹〉、〈過客〉、〈阿婆〉、〈馬腳〉、〈小黃〉等十六篇。高雄長城出版社出版中短篇小說集《白夢蘭》。收入〈情敵〉、〈空手〉、〈師生〉、〈斷夢〉、〈黃昏曲〉、〈白夢蘭〉、〈平安夜〉、〈凱塞琳、萊蒙托夫與我〉、〈陽春白雪〉、〈亂世佳人〉、〈傷心之旅〉、〈白衣清淚〉、〈護士與病人〉、〈如夢記〉、〈除夕〉等十五篇。　高雄長城出版社出版《中華日報》連載的二十五萬字長篇小說《白雪青山》。　發表短篇小說、散文甚多。
民國五十四年乙巳（一九六五）	四十五歲	高雄長城出版社出版連載長篇小說《洛陽花似錦》、《春梅小史》、《東風無力百花殘》三部。　發表短篇小說、散文甚多。省政府新聞處出版長篇小說《合家歡》。
民國五十五年丙午（一九六六）	四十六歲	是年五月赴馬尼拉華僑文教講習會講授「紅樓夢的寫作技巧」及新詩課程一個月。商務印書館出版文學理論專著《紅樓夢的寫作技巧》，全書共十五萬字。商務印書館出版中短篇小說集《塞外》。收入〈塞外〉、〈鬍子〉、〈百合花〉、〈天山風雲〉、〈白金龍〉、〈白狼〉、〈秋圃紫鵑〉、〈曹萬秋的衣缽〉、〈半路夫妻〉、〈百鳥聲喧〉、〈風竹與野馬〉、〈美人計〉、〈夜襲〉、〈花燭劫〉等十四篇。

民國五十六年丁未（一九六七）	四十七歲	發表短篇小說、散文甚多。小說創作社出版連載長篇小說《碎心記》。
民國五十七年戊申（一九六八）	四十八歲	小說創作社出版《中華日報》連載長篇小說《靈姑》。水牛出版社出版散文集《鱗爪集》，收入〈家鄉的魚〉、〈家鄉的鳥〉、〈雪天的懷念〉、〈秋山紅葉〉、〈學問與創作之間〉等散文七十六篇、舊詩三首。
民國五十八年己酉（一九六九）	四十九歲	商務印書館出版中短篇小說集《青雲路》。收入〈世家子弟〉、〈青雲路〉、〈空棺記〉、〈久香〉等四篇。
民國五十九年庚戌（一九七〇）	五十歲	商務印書館出版中短篇小說集《變性記》。收入〈變性記〉、〈嬌客〉、〈歲寒圖〉、〈泥龍〉、〈祖孫父子〉、〈秋風落葉〉、〈老夫老妻〉、〈恩愛夫妻〉〈布販與偷雞賊〉、〈芳鄰〉、〈沙漠王子〉、〈沙漠之狼〉、〈世界通先生〉、〈寶珠的祕密〉、〈奇緣〉等十五篇。幼獅文化事業公司出版長篇小說《龍鳳傳》。臺北立志出版社出版長篇《火樹銀花》出版全集時易名《同是天涯淪落人》。
民國六十年辛亥（一九七一）	五十一歲	立志出版社出版長篇小說《火樹銀花》。發表散文多篇及在高雄《新聞報》連載長篇小說《紫燕》。
民國六十一年壬子（一九七二）	五十二歲	聞道出版社出版散文集《浮生集》。收入〈文藝的危機〉、〈貝克特高風〉、〈五十年華〉等散文十三篇，舊詩六首。學生書局出版短篇小說散文合集《斷腸人》。收入短篇小說〈斷腸人〉、〈薇薇〉、〈相見歡〉、〈滄桑記〉、〈恩怨〉、〈夜宴〉等七篇及散文〈文學系與文學創作〉、〈大學國文教學我見〉、〈作家之死〉等十五篇。　中華書局出版《墨人自選集》五大冊。包括長篇小說《白雪青山》、《靈姑》、《鳳凰谷》、《江水悠悠》（《東風無力百花殘》易名）及《短篇小說、詩選》（精選短篇小說二十八篇，抒情詩一〇六首），共一百五十萬字。
民國六十二年癸丑（一九七三）	五十三歲	發表散文多篇。列入英國劍橋國際傳記中心（International Biographical Centre Cambridge England）出版的《國際詩人名錄》（*International Who's Who in Poetry. 1973*）。

民國六十三年甲寅（一九七四）	五十四歲	出席第二屆世界詩人大會。發表散文多篇。
民國六十四年乙卯（一九七五）	五十五歲	列入正中書局出版的《中華民國文藝史》（1975）。發表〈臺北的黃昏〉新詩一首及散文多篇。
民國六十五年丙辰（一九七六）	五十六歲	列入英國劍橋國際傳記中心出版的 *Men of Achievement. 1976* 發表〈歷史的會晤〉新詩及散文、短篇小說多篇。
民國六十六年丁巳（一九七七）	五十七歲	應 I.B.C 邀請於三月間赴義大利翡冷翠出席國際文藝交流大會（The 3rd I.B.C. International Congress on Arts and Communications）。會後環遊世界。發表〈羅馬之雲〉、〈羅馬之松〉、〈翡冷翠的女郎〉、〈翡冷翠之柳〉、〈塞納河〉等詩及羅馬掠影」、〈單城記〉、〈威尼斯之旅〉、〈藝術之都翡冷翠〉、〈西雅奈與比薩斜塔〉、〈美國行〉、〈江戶、皇宮、御苑〉、〈環球心影〉等遊記。在《中國時報》發表有關中國文化論文〈中國文化的三條根〉，在《新生報》發表〈文藝界的『洋』癇瘋〉等多篇。
民國六十七年戊午（一九七八）	五十八歲	近代中國社出版長篇傳記小說《詩人革命胡漢民傳》。列入英國劍橋國際傳記中心出版的《國際名人辭典》（*Dictionary of International Biography.1978*）。《國際知識分子名錄》（*International Who's Who of Intellectual.1978*、《國際人名剪影》 *International Register of Profiles*）、《國際社會名人錄》（*International Who's Who in Community Service*），發表〈六月之荷〉詩一首。在各報發表〈中國文化的宇宙觀〉、〈中國文化的真面目〉、〈文化、社會形態與當代文學創作（爲亞洲文學會議而作）〉、〈人與宇宙自然法則〉等。出席亞洲文學會議。　列入中華書局出版的《中華民國當代名人錄》（*Who's Who of R.O.C. 1978*）　列入行政院新聞局編印的一九七八年英文《中華民國年鑑名人錄》（*China Yearbook Who's Who*）。

民國六十八年己未（一九七九）	五十九歲	學人文化事業有限公司出版長篇小說《心猿》（《紫燕》易名）。發表短篇小說〈春〉、〈杏林之春〉、長詩〈哀吉米・卡特〉及〈山之禮讚〉五首。短篇〈客從故鄉來〉、〈人瑞〉。理論〈中國古典小說戲劇〉、〈抗戰文學的整理與再創作〉（《中央日報》）等多篇。
民國六十九年庚申（一九八〇）	六十歲	秋水詩刊社出版詩集《山之禮讚》、收集六十四年以後新詩四十四首及七言絕律詩十首。　中華日報社出版散文集《心在山林》、收集〈花甲雲中過〉、〈老當益壯〉、及抒情寫景散文數十篇。臺中學人文化事業出 版有限公司出版《墨人散文集》收集〈文化、社會形態與當代文學創作〉、〈人與宇宙自然法則〉、〈中國文化的三條根〉、〈宇宙爲心人爲本〉、〈文藝界的『洋』瘋癲〉等理論性散文數十篇。在《中央日報・副刊》發表〈紅樓夢研究的正確方向〉，《中華日報・副刊》發表〈人生六十樹常青〉，《青年戰士報・新文藝副刊》發表〈山中人語〉專欄文章〈山水之間〉、〈生命長短價值觀〉、〈寶刀未老〉、〈七進七出鬼門關〉、〈報人甘苦〉、〈杏壇生涯〉等。接受《大華晚報》採訪組副主任程榕寧兩次訪問，一爲談胡漢民生平，一爲談《易經》、《道德經》、命學，並發表〈醫學命學與人生〉專文。
民國七十年辛酉（一九八一）	六十一歲	繼續撰寫《山中人語》專欄。應臺中市《自由日報》特約撰寫《浮生小記》專欄。應行政院新聞局邀請參觀本省農漁畜牧事業單位，並在《中央日報》發表〈人在福中〉散文。接受臺灣廣播公司《成功之路》節目訪問，於四月廿七日晚八時半播出。在高雄《新聞報》發表〈撥亂反正說紅樓〉（六月十七、十八日）論文。
民國七十一年壬戌（一九八二）	六十二歲	九月赴漢城出席第二屆中韓作家會議，並在東京參加中日作家會議，曾暢遊南韓、北海道、大阪至東京名勝地區，歸後撰寫〈韓國掠影〉、〈秋遊北海道〉，發表於《中央日報》。列入中華民國名人傳記中心出版的《中華民國現代名人錄》。

		列入英國劍橋國際傳記中心出版的《傑出男女傳記》（*Men and Women of Distinction*）並附照片。 列入美國 MarQuis 公司出版的《世界名人錄》（*Who's Who in the World*）第六版。 接受義大利藝術大學授予的文學功績證書。
民國七十二年癸亥（一九八三）	六十三歲	商務印書館出版散文集《山中人語》，收集散文七十篇。
民國七十三年甲子（一九八四）	六十四歲	商務印書館出版《論墨人及其作品》上、下兩冊，包括評論文章六十餘篇。 列入義大利 Accademia Itlia 出版英、法、德、義四種文字的《國際文學史》（*The History of International Literature*）及《百科全書：當代人物（*The Encyclopadeia: Contemporary Personalities*）。 端午節（六月四日）開筆撰寫已構思準備十餘年的一百餘萬字的大長篇小說《紅塵》，年底完成初稿四十餘萬字。 十月在韓國漢城舉行的第四屆中韓作家會議，事忙未能出席，但提出一萬餘字的論文〈古典與現代〉一篇。
民國七十四年乙丑（一九八五）	六十五歲	由江山出版社出版《三更燈火五更雞》、《花市》散文集等兩本，前者收入散文，理論二十四篇，後者收入散文遊記二十七篇。 八月一日退休，專心寫作《紅塵》，於十二月底完成九十二章，告一段落，共一百二十萬字，超出《紅樓夢》十餘萬字，內有絕律詩（聯）三十一首。
民國七十五年丙寅（一九八六）	六十六歲	年初開始研讀《全唐詩》，撰寫《全唐詩尋幽探微》，十一月完成，共十二萬餘字，一面在《新聞報・西子灣》發表，並連同歷年所作絕律詩三十七首，定名爲《墨人絕律詩集》，一併交與臺灣商務印書館簽約出版。 列入美國 A.B.I.出版的 5000 Personalities of the World；英國 I.B.C.出版的 *The International Authors and Writers Who's Who.*

民國七十六年丁卯 （一九八七）	六十七歲	訪問考察東南亞地區、國家馬來西亞、新加坡、泰國、菲律賓、香港十七天，並出席多次座談會。 商務印書館出版《全唐詩尋幽探微》（附《墨人絕律詩集》）。 《紅塵》長篇小說於三月五日開始在（臺灣新生報）連載。 七月四、五日出席在臺北市召開的抗戰文學研討會。 八月一日出席在高雄市召開的第七屆中韓作家會議。
民國七十七年戊辰 （一九八八）	六十八歲	元月二日完成《全唐宋詞尋幽探微》（附《墨人詩餘》）全書十六萬字。設於美國深受世界尊重的「國際大學基金會」（The Marguis Giuseppe Scicluna 1855-1907 Intemarional University Foundation）（Founded 1973）授予榮譽文學博士學位。
民國七十八年己巳 （一九八九）	六十九歲	臺灣商務印書館出版《全唐宋詞尋幽探微》。 臺北大地出版社三版長篇小說《白雪青山》。 世界大學（World University）授予榮譽文學博士學位。
民國七十九年庚午 （一九九〇）	七十歲	五月應大陸黃河文化實業公司邀請，作四十天文學之旅，與北京、上海、杭州、九江、武漢、西安、蘭州等地作家座談中華文化、文學創作，坦誠交換意見，獲得一致共識、真摯友情與尊敬，廣州電視臺並全程錄影，製作專輯播出，六月底返臺後即撰寫《大陸文學之旅》專著。 艾因斯坦國際學院基金會（Albert Einstein 1879-1955 Intemational Academy Foundation）授予榮譽人文學博士學位。 榮列英國劍橋國際傳記中心出版的 IBC Book of Dedications.占全書篇幅五頁，刊登照片五張，介紹五十年創作生涯，十分翔實，篇幅之大，爲全書冠，並禮聘爲 IBC 副總裁。
民國八十年辛未 （一九九一）	七十一歲	二月底新生報出版《紅塵》，二十五開本，上、中、下三鉅冊。黎明文化事業公司出版《小園昨夜又東風》散文集。 應香港廣大學院禮聘爲中國文學研究所客座指導教授。 《紅塵》榮獲新聞局著作金鼎獎及嘉新優良著作獎。

民國八十一年壬申（一九九二）	七十二歲	文史哲出版社出版《大陸文學之旅》。 應聘香港廣大學院中研所客座指導教授。 一月五日開筆寫《紅塵續集》，自九十三章起至一百二十章止，共四十萬字，六月十日完稿，《紅塵》全書共一百九十萬字。續集自十二月一日開始在《臺灣新生報・副刊》連載近年，雙破長篇鉅著及連載紀錄。中國廣播公司《中廣小說選播》節目，亦於十二月一日十四時三十分，在AM657千赫第一廣播網開始播出長篇鉅著《紅塵》上、中、下三冊，由戴愛華小姐導播，集該公司播音精英，通力合作，龍老夫人一角由播音元老白銀飾演，其餘人物均爲一時之選，效果奇佳，前所未有。　北京「中國文聯出版公司」出版《也無風雨也無晴》。 墨人故鄉九江《師專學報》，於本年起開闢《墨人研究》專欄，與《陶淵明研究》、《黃山谷研究》，並稱三大專欄，甚受教育、學術界重視。
民國八十二年癸酉（一九九三）	七十三歲	十月下旬，偕《秋水》詩刊同仁涂靜怡、雪柔、麥穗、汪洋萍、風信子、林蔚穎等爲慶祝《秋水》創刊二十周年，訪問哈爾濱、北京、西安三大都市，與當地詩人座談交流，水乳交融，兩岸詩人因而建立深厚友誼。十一月初，隻身訪問昆明、探親，昆明作協主席曉雪、八十多歲老作家李喬、小說家張昆華、《春城晚報》副總編輯熊廷武、副刊主編原因、理論家教授佘斌、作家湯世傑、李錦華等集會歡迎，其中多爲白族、彝族等少數民族作家，乃以雲南少數民族文化資源努力創作相勉，深獲共鳴。資深作家彭荊風，晚間並來下榻處暢談。 繼續應聘香港廣大學院中研所客座指導教授三年。 十二月新生報社出版《紅塵續集》，全書共四大冊，其實前後一貫，爲一整體，該報爲方便，乃以《續集》名之。一生心願心血得以完成，在輕、薄、短、小及商品文學獨占市場情況下，亦一大異數。北京「中國文聯出版公司出版《紅樓夢的寫作技巧》。

民國八十三年甲戌（一九九四）	七十四歲	一月開始研讀自北京購回的《全宋詩》，擬續寫《全宋詩尋幽探微》。 四月十一日接受臺北復興廣播電臺《名人專訪》節目主持人裴雯小姐訪問：談一生寫作歷程及大長篇《紅塵》寫作經過。 臺北《世界論壇報》副社長兼副刊主編詩人評論家周伯乃先生，特自五月三十一日起一連三天出版特刊，慶祝七十晉五誕辰暨創作五十五周年，除刊出〈小傳〉、〈七五人生一首詩〉、〈中國新詩與傳統詩詞的整合〉、〈叩開生命之門〉三篇新作外，並刊出蒙古族女詩人作家薩仁圖婭的〈墨人：屈原風骨中華魂〉，及馬來西亞霹靂州立女子中學校長，詩詞家、散文作家彭士麟女士論《紅塵》與大陸作家作品比較的書信，墨人著作校長，詩詞家、散文作家彭士麟女士論《紅塵》與大陸作家作品比較的書信，墨人著作目錄、美國兩個榮譽文學博士、一個人文學博士照片三張，《紅塵》獲獎照片一張，及周伯乃〈無限的祝禱〉文等。 八月七日，中國時報系的《工商日報・讀書版・大書坊》刊出蓓齡的《紅塵》墨人專訪文章，並配合攝影記者何日昌拍攝的墨人及《紅塵》四冊照片。 大陸廣州暨南大學中文系教授兼臺港暨海外華文文學研究中心主任、評論家潘亞暾，費時月餘撰寫《紅塵續集》論文達一萬餘字的〈偉大史詩的歸結〉，於九月二十一至二十五日在臺北市《世界論壇報・副刊》全文刊出，見解不凡，對《續集》的成功更使他大吃一驚，因此，更肯定《紅塵》的史詩價值、地位。 八月二十八日第十五屆世界詩人大會在臺北召開，僅提出〈中國新詩與傳統詩詞的整合〉論文一篇，並未出席、論文則由《中國詩刊》主編曾美霞女士代讀。
民國八十四年乙亥（一九九五）	七十五歲	一月，臺北文史哲出版社出版《墨人半世紀詩選》（一九四二—一九九四）。 一月十日應臺北廣播電臺《藝文夜話》主持人宋英小姐訪問，許導播秀玲決定十日開播《紅塵》全書四冊，每日廣播兩次。 中國詩歌藝術學會主辦、中國文藝協會協辦，於五月二十二日在臺北市中國文藝協會舉行《墨人世半紀詩選》學術研討會，與會詩人、評論家六十餘人，討論情況熱烈，並印發海峽兩岸評論家王常新、古繼堂、古遠清、李春生、楊允達、周伯乃等十三家論文專集。各家均推崇、肯定新舊詩兩方面的成就與半個多世紀的貢獻。

		英國劍橋國際傳記中心頒贈二十世紀文學傑出成就獎。 榮列一九九五年英國劍橋國際傳記中心出版的 The Definitive Book of the Deputy Directors General of the IBC.佔全書篇幅五頁，刊登照片五張，爲全書之冠。
民國八十五年丙子（一九九六）	七十六歲	臺北圓明出版社出版涵蓋儒、釋、道三家思想的散文集《紅塵心語》。卷首有珍貴的文學照片十餘張。 臺北中國詩歌藝術學會出版《十三家論文》論《墨人半世紀詩選》。
民國八十六年丁丑（一九九七）	七十七歲	臺北中天出版社出版與《紅塵心語》爲姊妹集的散文集《年年作客伴寒窗》，各篇亦均以五、七言詩作題，內中作者詩詞亦多，並附錄珍貴文學資料訪問記、特寫、著作目錄等十餘篇。出任「乾坤」詩刊顧問，並主編該刊古典詩詞。 完成《墨人詩詞詩話》、《全宋詩尋幽探微》兩書全文。
民國八十七年戊寅（一九九八）	七十八歲	構思六年的以佛學精義結合修行心得化爲文學創作的長篇小說《娑婆世界》，於三月二十八日開筆，十二月脫稿。共三十八章，五十多萬字。 英國劍橋國際傳記中心（IBC）出版《二十世紀傑出人物》以照片配合文字將墨人傳記刊卷首重要位置，並頒發獎狀。大陸中國國際經濟文化交流促進會、燕京國際文化藝術研究會等七大單位編纂出版的《世界華人文學藝術界名人錄》，中國國際交流出版社出版的《世界名人錄》，均爲十六開巨型中文本。
民國八十八年己卯（一九九九）	七十九歲	本年爲來臺五十周年，創作六十周年，中國習俗八十歲，昭明出版社出版長篇小說《娑婆世界》。 美國傳記學會（ABI）出版二十世紀《五百位有影響力的領袖》，以照片配合文字將墨人傳記刊於卷首重要位置並頒發獎狀。照片及詩詞五首編入中國《當代吟壇》巨著。　美國「世界智庫」與艾因斯坦國際學會基金會」聯合頒贈墨人傑出成就榮譽獎，以紀念千禧年，並榮列中國出版的《中華精英大全》。 美國傳記學會頒贈墨人「二十世紀成就獎」。

民國八十九年庚辰（二〇〇〇）	八十歲	臺北昭明出版社陸續出版定本長篇小說《白雪青山》、《滾滾長江》、《春梅小史》；文學理論《紅樓夢的寫作技巧》，連同民國八十八年出版的長篇小說《娑婆世界》，並列爲墨人一系列代表作品，以慶祝墨人八十整壽。 臺北詩藝文出版社出版《墨人詩詞詩話》。 臺北文史哲出版社出版《全宋詩尋幽探微》。
民國九十年辛巳（二〇〇一）	八十一歲	臺北昭明出版社出版長篇小說定本《紅塵》全書六冊及長篇小說《紫燕》定本。
民國九十一年壬午（二〇〇二）	八十二歲	五月三日偕長子選翰赴上海訪友小住。 英國劍橋國際傳記中心授予「終身成就獎」。
民國九十二年癸未（二〇〇三）	八十三歲	八月底偕夫人及在臺子女四人經上海轉往故鄉九江市掃墓探親並遊廬山。
民國九十三年甲申（二〇〇四）	八十四歲	準備出版全集（經臺北榮民總醫院檢查無任何疾病。）巴黎 you-Feng 書局出版豪華典雅法文本《紅塵》。
民國九十四年乙酉（二〇〇五）	八十五歲	此後五年不遠行，以防交通意外，準備資料。計劃百歲前開筆撰寫新長篇小說。北京「中央出版社」出版《強國丰碑》，以著名文學家張萬熙爲題刊出墨人傳略，爲臺灣及海外華人作家唯一入選者。並先後接到北京電話、書函邀請寄送資料編入《一代名家》、《中華文化藝術名家名作世界傳播錄》。
民國九十五年丙戌（二〇〇六）至民國一百年（二〇一一）——	八十六歲至九十二歲——	重讀重校全集，已與臺北市文史哲出版社簽訂出版《墨人博士作品全集》合約， 民國一百年年內可以出版。此爲「五四」以來中國大陸與臺灣所未有者。